nit der Solveig

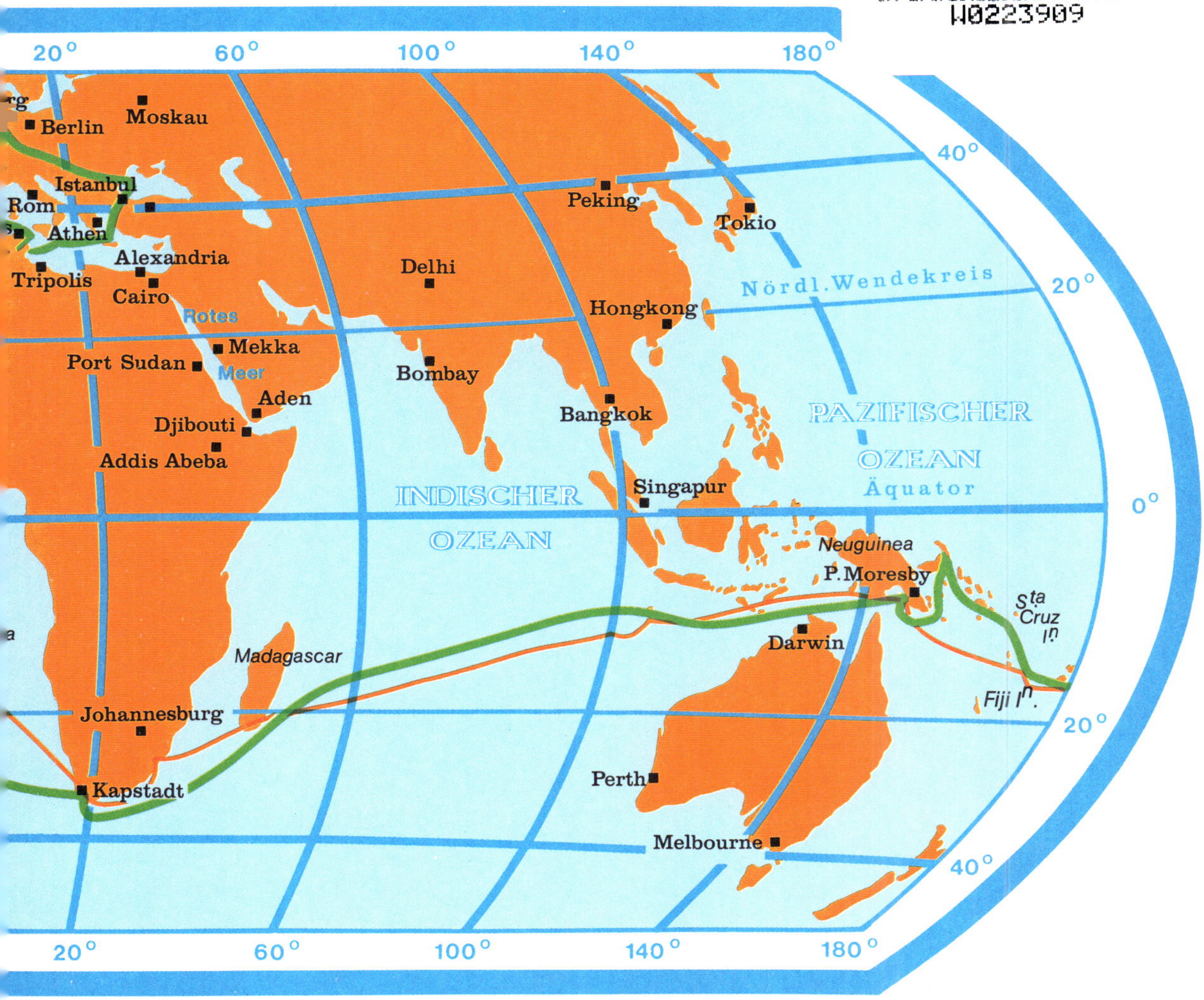

n März 1975 – November 1979
n August 1967 – Juli 1970

ke in Seemeilen

) 2350 sm
iinea) 525 sm
sm
) 3630 sm
25 sm

Cayenne – Martinique (Karibik) 855 sm
Martinique – Annapolis (Washington) 2290 sm
Annapolis – St. John's 1402 sm
St. John's – Gosport (England) 2165 sm
Gosport – Regensburg 1509 sm

Gesamtstrecke ca. 42 300 sm = 78 340 km

Rollo Gebhard

EIN MANN UND SEIN BOOT

Vier Jahre allein um die Welt

nymphenburger

BILDNACHWEIS

Fotos:	Rollo Gebhard, München
	Seite 176 und Seite 240 Hans-Otto Cohrs, Helgoland
Karten:	Werner P.C. Kümmelberg, München
Zeichnungen:	Barth + Partner, München

8. Auflage

Druck und Bindung: Wiener Verlag, Himberg bei Wien
Printed in Austria 1991
3-485-01691-8

Inhalt

Vorwort

Jahrtausende seemännischer Erfahrung und Überlieferung ermöglichten ein technisches Meisterwerk – die Segelyacht unserer Tage. Es gibt keine großartigere Antriebskraft als den Wind, ein Kind der Naturkräfte, die unseren Planeten mit Leben erfüllen. Diese Antriebskraft steht frei zur Verfügung, ohne Entgelt und ohne bei ihrem Gebrauch schädliche Rückstände zu hinterlassen.

Mit Schiffen, die hinsichtlich ihrer Konstruktion, ihrer Segeleigenschaften und des verwendeten Materials einer modernen Yacht weit unterlegen waren, ist die ganze Erde entdeckt worden.

Für denjenigen, der sich zur See hingezogen fühlt, der die Natur und das Erleben fremder Länder und Inseln liebt, ist schon das bloße Vorhandensein seetüchtiger Yachten eine ständige Versuchung.

Sieht er nun die Möglichkeit gegeben, sich ein solches Boot zu kaufen oder selbst zu bauen, und ist er darüber hinaus bereit, für einige Jahre auf Einkommen zu verzichten und sein gewohntes Leben aufzugeben, so kann der Wunsch, mit der eigenen Yacht auf große Fahrt zu gehen, schließlich alle Bedenken und Widerstände besiegen.

Erst 1956 konnte ich mir ein eigenes Segelboot leisten, eine Jolle auf dem Starnberger See. Mit diesem Boot unternahm ich im Urlaub längere Fahrten in der Adria. In Büchern las ich von abenteuerlichen Ozeanüberquerungen und Weltumsegelungen mit kleinen Booten. Meine Vorbilder waren Dr. Hannes Lindemann, der in einem Einbaum und später in einem Faltboot allein den Atlantik überquerte, und der Engländer Eric Hiscock, der mit seiner Frau in einer neun Meter langen Yacht zwei Weltumsegelungen glücklich vollendete.

Sie hatten mir gezeigt, daß für eine große Reise nicht unbedingt ein großes Boot erforderlich ist und daß man unter bestimmten Voraussetzungen auch alleine einen Ozean überqueren kann.

Zunächst dehnte ich meine Unternehmungen immer weiter aus: einer Fahrt in der Jolle durch den Suezkanal und das Rote Meer in den Jahren 1960/61 folgte zwei Jahre später meine erste Atlantik-Überquerung in einem englischen Sperrholzboot von fünfeinhalb Meter Länge.

Die Grundkenntnisse in der Navigation und im Gebrauch des Sextanten und der Nautischen Tafeln hatte ich mir aus Büchern angeeignet. In der Praxis sammelte ich Erfahrungen auf See. Ich segelte allein, immer bewußter die damit verbundenen Vorteile erkennend. Ich war auf niemanden angewiesen, konnte frei und unabhängig planen und mich unterwegs nach Gutdünken den gegebenen Verhältnissen anpassen. Auch brauchte ich mögliche Risiken und Gefahren nur vor mir selbst zu verantworten.

Zehn Jahre nach der ersten Segelerfahrung auf dem Mittelmeer war es dann soweit, daß ich eine Weltumsegelung begann und nach drei Jahren zu einem guten Ende brachte.

Schon bald nach der Rückkehr bedauerte ich, viele schöne Inseln, interessante Länder und ganze Erdteile, wie Süd- und Nordamerika, nicht angesteuert zu haben. Dem Wunsch folgte deshalb der Entschluß, nach einigen Jahren der Vorbereitung eine zweite Fahrt um die Erde zu unternehmen. Ich wollte nun nicht mehr auf dem kürzesten Wege mein Ziel erreichen, sondern so viel wie möglich von der Welt kennenlernen.

Im vorliegenden Buch habe ich versucht, die Eindrücke und Erlebnisse dieser Reise so wiederzugeben, wie ich sie damals empfunden habe.

München, im August 1980 *Rollo Gebhard*

In die Südsee

Fast senkrecht brennt die glühende Tropensonne auf die *Solveig* nieder. Es ist Ende März.

Vor uns tauchen am Horizont der Leuchtturm und eine Ansammlung von Schiffen auf. Die *Solveig* segelt unter Doppelfock, von einem kräftigen Passatwind getrieben, auf die Hafeneinfahrt zu.

Wir haben es geschafft!

Wir sind vor dem Hafen von Cristobal, dahinter liegt der Panamakanal, das Tor zum Pazifik.

Bis zum letzten Augenblick lasse ich die Segel stehen, berge sie erst, nachdem ich den Motor gestartet habe, der nur unwillig anspringt und dann dicke Rauchwolken aus dem Auspuff entläßt. Ich bin müde, leide unter der lähmenden Hitze. Mit dem Motor, der nur noch halbe Leistung bringt, runde ich den Kopf der riesigen Mole. Eine ungewöhnlich große Zahl von Schiffen liegt in langen Reihen vor Anker. Offensichtlich warten alle auf die Erlaubnis zur Kanaldurchfahrt. Was ist los? Ist der Kanal überlastet? Ratlos kurve ich zwischen den Kolossen hin und her, um die kleine *Solveig* scheint sich niemand kümmern zu wollen.

Endlich – nach zwei Stunden nähert sich eine Barkasse. Staunend beobachte ich das Manöver, mit dem der Rudergänger das schwere Boot auf Zentimeter genau an die *Solveig* heranbringt, ohne die Reling auch nur zu berühren, so daß mir der Beamte ein Bündel Papiere reichen kann. „Damit können Sie sich einstweilen die Zeit vertreiben! Ankern Sie am Ende der Bucht bei der Boje, in den Flats!“ Wo ist das nun wieder – und, was heißt hier Zeit vertreiben? Für eine Frage ist es zu spät, das Lotsenboot rauscht bereits mit voller Fahrt davon.

Es muß wohl die gleiche Ecke sein, in der ich damals vor acht Jahren schon geankert habe; so überquere ich die Bucht in der vermuteten Richtung. Dort finde ich auch zwei weitere Yachten sowie die besagte Boje und lasse den Anker fallen. Inzwischen ist es Nachmittag geworden, ich will die Einklarierung möglichst schnell hinter mich bringen, um endlich mit dem Schlauchboot an Land rudern zu können. Dort erwarten mich die unvermeidlichen Behördengänge bei der Kanalgesellschaft; außerdem brauche ich die Genehmigung für die Verlegung der *Solveig* in den Yachtclub, da ich nur dort die überfällige Motorreparatur in Angriff nehmen kann. Der nächste Tag ist Freitag, die Büros schließen um 13 Uhr. Am Montag bereits soll der Motor instand gesetzt sein, damit ich wenigstens Zeit habe, meine Lebensmittel für eine zweimonatige Pazifiküberquerung einzukaufen und an Bord zu nehmen.

Während ich die Segel verstaue und das Sonnensegel über dem Cockpit spanne, lauere ich unentwegt auf die Barkasse, die mir den Einklarierungsmann bringen soll.

Aber vergeblich – man hat uns anscheinend vergessen.

Gegen 22 Uhr, ich liege im ersten tiefen Schlaf, weckt mich das Dröhnen von Motoren.

Jetzt kommen sie! Mitten in der Nacht!

„Wollen Sie die Formalitäten erledigen?" ruft mir eine freundliche Stimme zu.

Ich kann nur schlaftrunken antworten: „Ja, ja, natürlich – gerne!"

Nur mit der Unterhose bekleidet sitze ich im Cockpit und reiche dem jungen Beamten die ausgefüllten Formulare. Die noch fehlenden Angaben setzt er selbst ein und erzählt mir dabei, daß die Angestellten der Kanalbehörde den Tag über gestreikt hätten, daß er deshalb so spät gekommen sei und daß der Streik auch die Ansammlung so vieler Schiffe verursacht habe.

Danach wälze ich mich auf der Koje, kann nicht wieder einschlafen – die Sorge um die Motorreparatur und die dadurch entstehende Zeitknappheit läßt mir keine Ruhe.

Am nächsten Morgen renne ich von Amtsstube zu Amtsstube.

Mittwoch wird mir als Schleusentag angeboten. Ich stimme zu, obwohl ich nicht die geringste Ahnung habe, ob ich bis dahin die *Solveig* wieder seeklar haben werde.

„Das macht dann 27 Dollar und 30 Cent", meint der zuständige Herr im Büro unter allgemeinem Gelächter.

„Willst du wirklich 30 Cent kassieren?" fragt eine Sekretärin.

Aber er nimmt es ganz genau, macht mich sogar noch darauf aufmerksam, daß 20 Dollar, die jetzt als Kaution vereinnahmt werden, später aus diesem Betrag wieder rücküberwiesen würden. Anschließend werde ich in das Dienstzimmer des Hafenkapitäns gerufen, und dieser fragt mich – mit einer Gelassenheit, die seiner hohen Stellung entspricht – nach der Länge, dem Tiefgang, der Geschwindigkeit unter Motor der *Solveig*, ob ich die benötigten vier Festmacheleinen von je 30 Meter Länge an Bord habe, die notwendigen fünf Mann Besatzung stellen könne und ob mein Motor auch ganz bestimmt zuverlässig sei.

Ich bejahe alles, unterschreibe einen Vordruck, wonach ich die Genehmigung zur Kanaldurchfahrt erhalte, aber jedweden Schaden, gleichgültig durch wessen Schuld entstanden, selbst tragen muß, da die *Solveig* mit ihren 7 Metern Länge und ihren 9 PS weder nach Größe noch Motorleistung den Mindestanforderungen entspricht.

Am Spätnachmittag endlich habe ich dann wirklich alle Papiere und Unterschriften zusammen, verhole die *Solveig* zum Panamakanal-Yachtclub und lege sie an einen Steg mit Wasserleitung. Das ist ein unglaublicher Luxus, seit Spanien nicht mehr erlebt und besonders willkommen wegen der bevorstehenden Arbeiten an der Maschine.

Aber wie – und vor allem wo – kann ich einen einigermaßen brauchbaren Mechaniker finden?

Ich verspüre wenig Lust in Colon nach einer Werkstatt zu suchen, denn die Gefährlichkeit eines solchen Unterfangens ist mir wohlbekannt von meinem ersten Aufenthalt vor acht Jahren, als ich auf offener Straße niedergeschlagen und ausgeraubt wurde.

Colon mit seinen 50 000 Einwohnern besitzt zwar zwei moderne Krankenhäuser, zumindest nach den Angaben meines Seehandbuches von 1972, aber die Bevölkerung der während des Kanalbaues entstandenen Stadt bildet ein buntes Gemisch meist recht verkommener Gestalten aus aller Herren Länder. Der Hafen wiederum, Cristobal genannt (nach Cristobal Colon = Christoph Columbus), liegt in der US-Kanalzone und besteht lediglich aus den Verwaltungsgebäuden der Kanalgesellschaft, einem Postamt, Telegraphenamt und einer Bank.

Von der wie ein Parkgelände angelegten, gepflegten Kanalzone sind es nur ein paar Schritte über die Straße, und man betritt das schäbige Nest Colon mit seinen verfallenen Häusern und morschen Holzbalkonen. Hier spielt sich das Leben ab. Ein Leben in einem Ort, der unter zunehmender Verarmung leidet. Seit der Einstellung des Passagierschiffverkehrs fehlen dieser einst wohlhabenden Handelsstadt die Devisen bringenden Fremden, die, und sei es nur auf der Durchreise, gerne die günstigen Einkaufsmöglichkeiten wahrnahmen.

Heute ist Colon ein unsicheres Pflaster geworden, Überfälle gehören zur Tagesordnung. Auch wenn auf vielen Straßen mit Maschinenpistolen bewaffnete Polizeiposten stehen, zählt zu ihren Aufgaben wohl mehr der Schutz des Staates als der einzelner Personen. Hier gilt die Devise: Hilf dir selbst, dann hilft dir Gott. So versuche ich denn zunächst im Yachtclub Hilfe zu erhalten und finde schließlich auch einen alten Wächter, der mir wortreich verspricht, daß sein „amigo" ein großer Motorenspezialist sei und morgen früh bestimmt kommen werde.

Ich kann nur hoffen.

Bis 9 Uhr am nächsten Tag wartete ich vergeblich, suchte an den Bootsstegen herum und fand schließlich zwei Einheimische im Gespräch. Ob sie wüßten, ob hier ein Mechaniker gewesen sei für eine Reparatur?

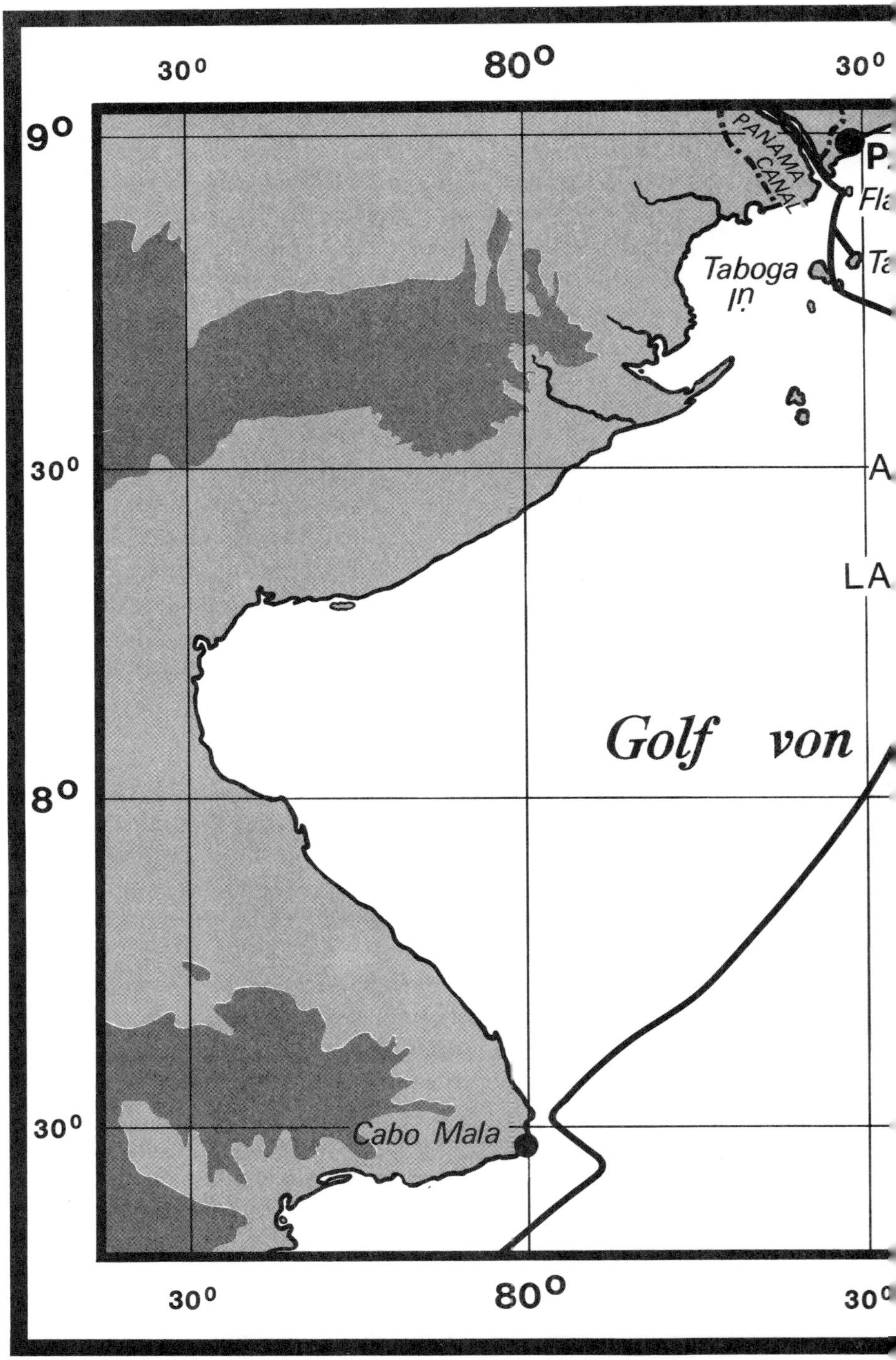

30⁰
80⁰
30⁰
9⁰
PANAMA CANAL
P.
Fla
Taboga In.
Ta
30⁰
A
LA
Golf von
8⁰
30⁰
Cabo Mala
30⁰
80⁰
30⁰

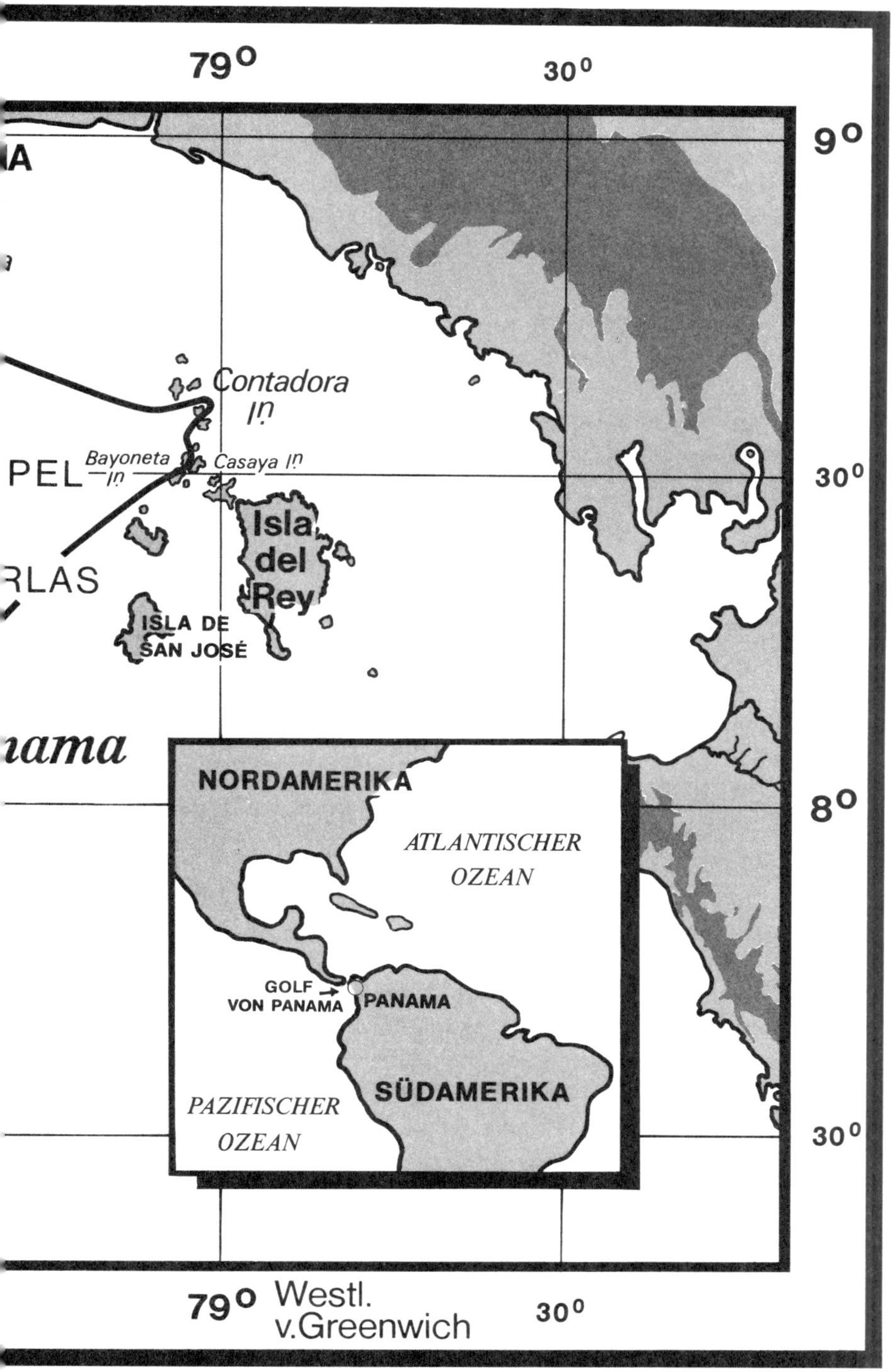
79°
30°
9°
A
Contadora
In
Bayoneta
In
Casaya In
PEL
Isla
del
Rey
RLAS
ISLA DE
SAN JOSÉ
nama
NORDAMERIKA
ATLANTISCHER
OZEAN
GOLF
VON PANAMA
PANAMA
SÜDAMERIKA
PAZIFISCHER
OZEAN
30°
8°
30°
79° Westl.
v.Greenwich
30°

„Aber ja“, meinte der eine, „das bin ich selbst, ich wußte nicht, auf welches Boot ich gehen sollte!“

Mein „Motorenspezialist“ sah aus wie ein junger Belafonte, mit blütenweißem Hemd und eleganter Hose.

„Wollen Sie sich den Motor einmal ansehen?“ fragte ich etwas zweifelnd.

Er nickte nur, ging mit mir zum Boot, ließ sich die Gebrauchsanweisung geben und fragte mich nach den aufgetretenen Mängeln.

„Wenn ich den Motor mehrere Tage nicht benütze, sammelt sich Wasser im Zylinderkopf, er springt dann kaum noch an und raucht furchtbar, wahrscheinlich sind die Ventile verrostet.“

Und jetzt, ich glaubte meinen Augen nicht zu trauen, rollte er vorsichtig seine weißen Hemdsärmel ein Stück nach oben, zog sorgfältig die Hosenbeine in die Höhe, um die messerscharfe Bügelfalte zu schonen und kniete sich in den schmalen Gang zwischen meinen Kojen.

Er ließ sich von mir das Werkzeug reichen und begann, den Motor in seine Bestandteile zu zerlegen. Da gab es kein Suchen nach dieser oder jener Schraube, auch keine Pause – erst als er nach drei Stunden Zylinderkopf, Laufbüchse und Kolben feinsäuberlich vor sich aufgebaut hatte, setzte er sich ins Cockpit und trank eine Tasse Tee mit mir.

Im Gespräch ergab sich, daß er jahrelang als erster Ingenieur auf Frachtern gefahren war, und er wußte manche abenteuerliche Geschichte zu erzählen:

„Schon als kleiner Junge bin ich zur See gefahren, und einmal wäre ich fast geblieben“, fuhr er beim Tee fort, „als nämlich unser alter Fischdampfer bei einem Sturm abgesoffen ist. Ich konnte mich auf ein leeres Faß retten, trieb aber fast zwei Tage auf den Wellen, die Beine immer im Wasser. Und da fingen die Fische an – viele kleine Fische waren es –, sich Fleisch aus meinem Bein zu beißen. Ich sah schlimm aus, als sie mich halb verhungert gerettet und ins Krankenhaus gebracht haben . . .“

Die ausgebauten Motorteile verschwanden in seiner Aktentasche, und als ich ihn zu seinem Wagen begleitete, versprach er mir, sofort mit der Instandsetzung und Reinigung zu beginnen. Wie gut, daß ich die benötigten neuen Ventile und eine Einspritzdüse an Bord hatte! So verlor ich keine kostbare Zeit, und bereits am Sonntag nachmittag konnten wir den Dieselmotor wieder zusammenbauen.

Der Fahrt durch den Panamakanal stand nun eigentlich nichts mehr im Wege.

Auch die dafür erforderliche Besatzung war inzwischen vollzählig. Jean, der Schipper einer französischen Yacht, hatte sich bereit erklärt, mit seinen beiden Söhnen die Fahrt auf der *Solveig* mitzumachen, um den Kanal für sein eigenes Schiff kennenzulernen. Der fünfte „Mann“ war meine Freundin Sigrun, die ihren Urlaub so genommen hatte, daß sie bei der Kanaldurchfahrt dabeisein konnte.

Außer dem Rudergänger werden nämlich vier Helfer gebraucht, um die Haltetaue zu bedienen. Nur so kann das Boot in der Mitte der Schleuse gehalten werden, wenn die wilden Strudel den Schiffskörper erfassen.

Am Mittwoch war die *Solveig* in tadellosem Zustand, sauber gewaschen und aufgeräumt, und wartete auf den wichtigsten Mann, unseren Lotsen. Nach dem, was unter Seglern so erzählt wird, sind die Lotsen sehr verschieden. Manche können einem den Tag zur Hölle machen, andere wieder empfinden die Fahrt auf einer Yacht als Kurzurlaub. Allen gemeinsam aber ist der Wunsch, so schnell wie möglich anzukommen.

Die Abfahrt war ursprünglich für 7 Uhr morgens vorgesehen. Aber der Lotse ließ auf sich warten. Ich hatte es dummerweise versäumt, den Termin schon am Abend vorher telefonisch bestätigen zu lassen, und so mußte ich bereits zwei Verschiebungen in Kauf nehmen: zunächst auf 8 Uhr, dann auf 9 Uhr, und jetzt rückte der Zeiger auf 10! Es würde Nacht werden, bis wir Balboa auf der Pazifik-Seite erreichten, und wie sollte dann meine Besatzung zurückkommen, wenn kein Zug mehr fuhr?

„Rollo, ich glaube dein Lotse ist da!"

Jean hatte ihn erspäht; ich rannte los und fand ihn auf einem Bootssteg. Er war ein untersetzter, kräftiger Mann um die sechzig, der sich zunächst einmal mit strenger Miene erkundigte, ob ich auch alle notwendige Ausrüstung an Bord hatte, insbesondere die vier je 30 Meter langen Festmacheleinen. Und er ließ es sich nicht nehmen, diese Leinen selbst durch seine Hände gleiten zu lassen und ordentlich aufzuschießen.

Eilig kam auch meine Crew getrabt, der Lotse nahm Platz im Cockpit und übernahm von jetzt an das Kommando.

Nachdem er über sein Funksprechgerät Verbindung mit der ersten Schleuse aufgenommen hatte, befahl er mir, sofort abzulegen.

Mit 4 Knoten Fahrt geht es nun in den Kanal, der hier an beiden Seiten von dichtem Urwald gesäumt ist.

„Ist das wirklich Ihre Höchstgeschwindigkeit, geht's nicht etwas schneller?" fragt der Lotse bekümmert.

Ich ziehe den Gashebel bis zum Anschlag, aber mehr ist beim besten Willen nicht herauszuholen.

Nach eineinhalb Stunden erreichen wir die erste Schleuse. Vor uns fährt ein großer Frachter ein. Er wird mit Stahlseilen von sechs elektrischen Lokomotiven gehalten, die ihn dann auch weiter durch die einzelnen Kammern ziehen. Um den Verkehr gleichzeitig in beiden Richtungen zu ermöglichen – es erfolgen jeweils rund 48 Schleusungen pro Tag –, sind die Schleusen paarweise angelegt. In den drei aufeinanderfolgenden Kammern von je 305 Meter Länge werden die Schiffe 26 Meter hoch auf den Wasserspiegel des Gatun-Sees gehoben.

Für ein kleines Boot wie die *Solveig* ist die Prozedur etwas vereinfacht.

Uns stehen oben auf der Mauer vier Mann zur Verfügung, von denen jeder eine dünne Wurfleine mit einem Ball am Ende über das Boot wirft. Wir müssen die Leinen heranziehen, um unsere Festmacher daran anzustecken. Dann werden die Festmacher hochgezogen und an Pollern belegt. Ist die Schleuse gefüllt und das Boot oben angekommen, marschieren die vier Mann mit den Leinen zur nächsten Schleusenkammer, während ich vorsichtig nach Anweisung des Lotsen mit eigener Kraft fahre.

Meine Mannschaft bedient die Leinen zuverlässig, und so gibt es keine Schwierigkeiten für die *Solveig*, trotz reißender Strudel beim Einströmen der gigantischen Wassermengen.

Ich kann mir aber vorstellen, daß es wesentlich schwerer ist, eine große Yacht von 12 oder 15 Meter Länge festzuhalten, als mein kleines Boot, und daß deshalb die Fahrt durch die Schleusen von anderen Seglern als so gefährlich beschrieben wird.

Im Gatun-See läßt mich unser Lotse einen Abkürzer steuern, um den Schwell der großen Schiffe zu vermeiden und natürlich auch, um schneller anzukommen.

Um 14.00 Uhr gibt es Mittagessen; ein Problem für meinen kleinen Haushalt und meine beschränkten Kochmöglichkeiten. Aber Sigrun hatte im Hafen schon die Speisen vorbereitet, und so sind die hungrigen Gemüter zufrieden mit Suppe, einem aus Österreich importierten Gulasch und Fruchtspeise als Nachtisch.

Nur die *Solveig* ist nicht glücklich über so viele Menschen. Als alle zugleich ins Cockpit klettern, um ihren „Schlag" in Empfang zu nehmen, sackt das Heck weit ab, und Wasser steigt durch die Lenzrohre ein. So kriechen die beiden Jungens eiligst zurück auf das Vordeck.

Einmal setzt der Motor für ein paar Sekunden aus, erholt sich aber sofort wieder. Ich erschrecke, denn auch für meine Maschine ist das stark überladene Boot eine außergewöhnliche Belastung.

Es wurde eine wundervolle Fahrt über den weiten See und zwischen zahlreichen, mit tropischem Pflanzenwuchs bedeckten Inseln hindurch. Bei strahlender Sonne und einer leichten Brise ließ mich der Lotse Segel setzen, um die Geschwindigkeit doch noch ein wenig zu erhöhen. Wir unterhielten uns in drei Sprachen, denn die Franzosen verstanden weder Deutsch noch Englisch, Sigrun kein Französisch, ebensowenig der Lotse. Ich mußte deshalb alle wichtigen Mitteilungen verdolmetschen.

Am Abend erreichten wir den spektakulären Teil des Kanals, den sogenannten „Gaillard Cut", welcher auf 7 Meilen Länge einen hohen Hügelrücken durchschneidet. Unvorstellbar, ja entsetzlich der Gedanke, daß bei seinem Bau diese Erdmassen allein von Menschenhand bewegt wurden! Tausende verzweifelter Menschen, Außenseiter der Gesellschaft, schufteten hier in mörderischer Hitze, von Moskitos geplagt und viele vom Fieber dahingerafft. – Seit Jahren wird jetzt an der Verbreiterung des Kanals gearbeitet, um die Begegnung von Schiffen zu erleichtern.

Ständig rechnete unser Lotse an der zurückgelegten Strecke, der Geschwindigkeit und der Zeit, die wir bis zur nächsten Schleuse brauchen würden, und holte über Funk die Genehmigung ein, falls wir es schafften, eine frühere als die für uns bestimmte Schleusung zu nehmen. Es gelang uns leider nicht, sehr zum Bedauern unseres Lotsen.

Trotzdem dauerte die Fahrt bis Balboa nur zwölf Stunden, und das war eine gute Zeit, denn auch die großen Schiffe müssen mit zwölf bis vierzehn Stunden rechnen.

Die drei Franzosen fuhren mit dem Taxi zurück nach Colon, und wir fanden für den Rest der Nacht einen halbwegs geschützten Ankerplatz bei Flamenco Island.

Noch etwas müde, doch mit dem beglückenden Gefühl, das eigentliche Ziel meiner zweiten Weltumsegelung, den Pazifik, erreicht zu haben, erwachte ich am nächsten Morgen.

– Als der spanische Konquistador de Balboa die Landenge – damals noch nach beschwerlichem Fußmarsch durch den Dschungel – überquert hatte, erblickte er, auf einem Hügel stehend, am 29. September 1513 die Wasserfläche der heutigen Bucht von Panama. Er nannte sie Mar del Sur – Südsee. Balboa konnte nicht ahnen, daß er in Wirklichkeit den Großen Ozean entdeckt hatte, der mit seinen 180 Millionen Quadratkilometern ein Drittel der Erdoberfläche bedeckt. Doch der Name Südsee blieb bestehen und lockte in den folgenden Jahrhunderten die großen Seefahrer der europäischen Nationen auf Entdeckungsreisen.

Der Hügel, auf dem Balboa damals stand, existiert nicht mehr. Er wurde im Zuge der Bauarbeiten für den Kanal abgetragen, und die Flamenco-Insel, vor der die *Solveig* ankerte, wurde durch einen Damm mit dem Festland verbunden. –

Ich sah Schiff auf Schiff, Frachter, Zerstörer, Tanker, in langer Reihe aus dem Kanal herausgleiten und später hinter dem Horizont verschwinden. Durch den Golf von Panama würde ihr Kurs noch gemeinsam verlaufen, dann aber würde jeder sein Ziel an den fernen Küsten dieses gewaltigen Meeres ansteuern. Nach Chile oder Peru mochte der eine bestimmt sein, der andere vielleicht nach Kalifornien, Alaska oder nach Asien und vorher zu einem der Häfen Polynesiens, die auch mein nächstes Ziel waren.

Heute war der 1. April, Sigruns Geburtstag, und ich wollte mit ihr auf eine kleine Insel in der Bucht von Panama fahren, vor deren Strand ich schon auf meiner ersten Reise gelegen hatte. Wir frühstückten und holten gegen 9 Uhr den Anker aus dem Grund, der hier nur 3 bis 4 Meter tief war. Mittags erreichten wir Taboga, so heißt die Insel, waren aber sehr enttäuscht über den schmutzigen Strand und den Ankerplatz, der ständig einem unangenehmen Seegang ausgesetzt war, so daß der Aufenthalt im Boot unerträglich wurde. Wir ruderten an Land, um einen Spaziergang durch das Dorf zu unternehmen. Unser erfolgloser Rundgang über kleine, schmuddelige Wege endete in einer Gaststätte, die allerdings eher zum Weiterlaufen als zum Verweilen einlud. Wir wollten auf das Boot zurück. Inzwischen aber war Hochwasser und der Seegang so stark, daß ich die Überfahrt mit dem Schlauchboot lieber unterließ, denn auch der Wind hatte kräftig zugenommen. So waren wir auf der Insel gefangen! Am Nachmittag warf ein moderner Fischdampfer unter Schweizer Flagge seinen Anker, und die Besatzung kam an Land – alles nette Schweizer Jungen! Und ausgerechnet hier, auf dieser öden Insel im Golf von Panama! Ihr Schiff hatte große Kühlräume, um den Fang von panamaischen Fischern zu übernehmen und später in den USA zu verkaufen.

Nach Einbruch der Dunkelheit wurde die See endlich ruhig genug, um die Überfahrt zum Boot zu wagen. Wir verbrachten eine unangenehme Nacht in der dümpelnden *Solveig* und verließen den Platz beim ersten Tageslicht.

Es gab jetzt nur noch eine Möglichkeit, wo ich mit Sigrun hinsegeln konnte, ohne ihren Rückflug zu gefährden: die Insel Contadora in der Perlas-Gruppe. Von dieser Insel hatten wir einen Prospekt in die Hände bekommen, demzufolge sich dort ein Hotel befinden sollte und, für uns entscheidend, ein Flugplatz mit täglicher Verbindung nach Panama City. Wir wurden nicht enttäuscht. Mit dem letzten Tageslicht steuerte ich Contadora an und fand, immer dicht an der felsigen Küste entlangsegelnd, zunächst den Flugplatz und eine Anlegebrücke für die Berufsschiffahrt. Dann, ein Stück weiter, um einen großen Felsen herum, eine versteckte kleine Bucht, in der sich eine Kolonie von Pelikanen tummelte. Nach einigem Suchen mit dem Echolot entdeckte ich ein Fleckchen Sandgrund zum Ankern, etwa 200 Meter vom Strand entfernt.

Das Boot lag hier ruhig, und ich schrieb am nächsten Tag eine Menge Briefe, die Sigrun mitnehmen wollte. Außerdem stopften wir Seekarten, Bücher und Andenken, die ich nicht mehr brauchte, in ihr Gepäck, um die *Solveig* für die kommende Überquerung des Ozeans zu entlasten. Um alles an Land zu schaffen, mußte ich zweimal mit dem Schlauchboot fahren; und dann war es eine schweißtreibende Arbeit, die Beutel und Taschen zum Flugzeug zu bringen. Das Ticket nach Panama und zurück kostete nur 15 Dollar, und so flog ich mit, um beim Tragen zu helfen. Etwas unruhig war ich schon, das Boot allein zu lassen, aber abends, bei der Rückkehr, fand ich das Schlauchboot am Strand und die *Solveig* unberührt wieder.

Nun war ich allein. Ziemlich durcheinander und nervös nach den Aufregungen und der Anspannung der letzten zehn Tage. Erst einmal wollte ich mich gründlich ausruhen und danach alles, aber auch alles, im Boot nachsehen, reinigen, klar machen für die schätzungsweise zwei Monate dauernde Überfahrt nach Tahiti. Der geschützte Ankerplatz vor Contadora erschien mir hierfür besonders geeignet, auch wollte ich mir die kleine Insel erst einmal richtig ansehen.

Zwar konnte ich nicht ahnen, daß hier später der Schah von Persien einmal Zuflucht finden würde, aber daß die Insel eine besondere Bedeutung erlangen könnte, war mir schon klar, denn zu der Zeit, als ich mich dort aufhielt, wurde im Landhaus des amerikanischen Botschafters der neue Vertrag über den Panamakanal ausgearbeitet.

Contadora ist etwa 4 Kilometer lang und 2 Kilometer breit. Die Insel war unbewohnt, bis sie von einer Baugesellschaft aufgekauft wurde, die zunächst ein Hotel errichtete und dann auch Grundstücke an Privateigentümer verkaufte und noch verkauft. Eine Landebahn für Flugzeuge wurde angelegt sowie eine Straße – zum Transport von Material –, die von der Schiffsanlegestelle zum Hotel und weiter zu den Villen führt. Wie die gesamte Gruppe der Perlas-Inseln hat auch Contadora keinen tropischen Pflanzenwuchs, wahrscheinlich fällt zuwenig Regen; ich habe jedenfalls keinen Tropfen fallen sehen. Der Weg, natürlich nur ein Trampelpfad von „meinem“ Strand zu dem des Hotels, führte an einer großen Baustelle vorbei, wo einige Wohnblocks für Feriengäste ihrer Fertigstellung entgegensahen. Für die dort beschäftigten Arbeiter war in einer Bretterbude ein kleiner Lebensmittelladen eingerichtet worden, und dieser Laden ermöglichte mir einen längeren Aufenthalt, denn so brauchte ich meine Vorräte für die Überfahrt nicht anzugreifen, sondern konnte mir Tütenmilch, Eier, Mehl, Nudeln und auch die eine oder andere Konservendose kaufen. Mir gefiel der einsame Platz, wo ich außer der Brandung in den Felsen nichts hörte. Dort konnte ich völlig ungestört eine Reihe von Arbeiten im Boot ausführen. Meine einzigen Gefährten waren Pelikane, die jeden Nachmittag von ihrem Streifzug über die See zurückkamen und dann auf den Felsen hockten oder in der Luft kreisten, um plötzlich, wenn sie eine Beute gesehen hatten, im Sturzflug unter die Wasseroberfläche zu verschwinden. Das gab jedesmal einen großen Platsch, und sofort waren kleinere Vögel zur Stelle, die nur darauf warteten, sich an der Mahlzeit zu beteiligen, wenn dem großen Bruder etwas aus dem Schnabel fiel.

An Bord nahm ich den Kampf auf gegen eine Pest, die ich mir aus den Supermärkten eingeschleppt hatte: kleine schwarze Käfer, die sich vor allem von Teigwaren, Brot, Reis und Keksen ernähren. Sie lieben die Feuchtigkeit und gedeihen wohl deshalb in einem Boot besonders gut. Die mit Konserven, Putzmitteln, Seekarten, Fotogeräten und Kochtöpfen vollgestopften Stauräume unter den Kojen mußten also einer nach dem anderen entleert und mit Baygon ausgesprüht werden. Ganz besonders natürlich die Schränkchen und Ecken, in denen ich meine Teigwaren verstaut hatte.

Und das war dann eine ganz miese Arbeit: alle Packungen öffnen, sozusagen jede Nudel in die Hand nehmen und ansehen, und, falls in Ordnung, neu verpacken. Andernfalls warf ich die mit Käfern und deren Larven verseuchte Ware gnadenlos über Bord. Später habe ich versucht, den „Einkauf" der Tierchen zu vermeiden, aber ich fand sie in fast allen Supermärkten, und es war nicht immer möglich, in die Packungen, etwa von Spaghetti, hineinzusehen. Gelegentlich habe ich dann doch das eine oder andere Paket heimlich aufgemacht, um mich zu überzeugen, daß ich keine blinden Passagiere dieser Rasse mit an Bord nahm.

In eine Zwischenwand des Bootes baute ich mir zwei Lautsprecher, um meine Kassetten mit klassischer Musik in Stereo hören zu können. Ein mühsames Beginnen, denn ich mußte zuerst einmal alle Schalter für die Positions- und Salinglampen an einer anderen Stelle einbauen, bevor ich Platz hatte, die runden Ausschnitte für die Lautsprecher auszusägen. Ein beachtliches Klangerlebnis belohnte die tagelange Bastelei. Beethovens dritte Sinfonie, von Karl Böhm dirigiert, eine alte Furtwängler-Aufnahme mit Ausschnitten aus Wagners „Götterdämmerung" sowie der Strauß-Walzer „Geschichten aus dem Wienerwald" waren die ersten Bänder, die ich laufen ließ. Wenn ich bei dieser Musik aus der Kajüte heraussah auf den felsigen Strand, wo Pelikane saßen und auf Beute lauerten, dann kam ich mir vor wie in einem Traum, in dem die Bilder durcheinanderfließen, Nicht-Zusammenpassendes sich dennoch ineinanderfügt. Wo war ich eigentlich? München, Wien, Bayreuth, Opernhäuser und Konzertsäle sah ich vor mir, während mein Boot auf dem etwas trägen Wasser im Golf von Panama schaukelte.

Es war heiß, der Schweiß lief mir in Strömen über die nackte Haut, obwohl ich nur eine Badehose trug. Heimweh hatte ich wohl nicht, aber ich fühlte mich sehr klein und kaum mehr vorhanden in der Weite dieser merkwürdigen Welt. Nur Tätigkeit, Arbeit im Boot, ließ mich mein Gleichgewicht wieder finden. Das Werkzeug wegräumen, den Kajütboden reinigen, Essen kochen, dann mit dem Schlauchboot an Land gehen und vom Wasserhahn am Hotel in zwei Kanistern das benötigte Trinkwasser anschleppen, das war die Forderung der Stunde, die mich in die Wirklichkeit zurückrief.

Es galt vor allem, mich auf die 4 600 Meilen lange Ozeanüberquerung vorzubereiten, und dazu gehörte, daß ich mir so genau wie möglich Klarheit verschaffte, mit welchen Bedingungen ich während der Überfahrt zu rechnen hatte.

Diese innerliche Vorbereitung war für mich wesentlich. So, wie man die Sehne eines Bogens spannt, um den Pfeil abzuschnellen, mußte ich meine Kräfte für die zu erwartenden Schwierigkeiten anspannen und auf das Ziel richten. Wichtigste Unterlage für alle meine Planungen waren die amerikanischen Monats-Wetterkarten, die sogenannten „Pilot Charts“, herausgegeben vom Hydrographischen Institut in Washington. Sie zeigen anschaulich die durchschnittlichen Werte für Windrichtung, Windstärke, Strömung und Sturmhäufigkeit. Mit ihrer Hilfe konnte ich einen günstigen Kurs aussuchen, Flautengebiete erkennen und die ungefähre Fahrzeit berechnen.

Daneben waren es die Seehandbücher mit ihren ausführlichen Küstenbeschreibungen und Angaben über Land und Leute, die mir einen Hinweis gaben, welche Gefahren ich auf bestimmten Ankerplätzen zu meiden hatte oder mit welchen Liegeplätzen und Einkaufsmöglichkeiten ich in den Häfen rechnen konnte. Es war schon Ende April, und ich durfte mit der Abfahrt nicht mehr lange warten, wenn ich Tahiti, als „Geburtstagsgeschenk“ an mich selbst, bis zum 7. Juli erreichen wollte.

Am 30. April mittags um 12 Uhr holte ich den Anker auf. Das Großsegel war vorher gesetzt, der Motor lief bereits, von drei Seiten war ich von Felsen und Klippen umgeben. Sowie der Anker aus dem Grund ausgebrochen war, in dem er sich vergraben hatte, begann das Boot zu treiben. Ein Umstand, der von mir größte Aufmerksamkeit verlangte, hatte ich doch niemanden an der Pinne, der die *Solveig* in diesen Minuten steuern konnte. Ich unterbrach das Aufholen der Kette, sprang zurück ins Cockpit und steuerte das Boot mit Hilfe des Motors erst einmal in freies Wasser, bevor ich den Rest der Kette und den Anker selbst an Deck brachte.

Noch einmal blickte ich zurück auf den Strand von Contadora, auf die bewaldeten Hügel, die mir bis jetzt Schutz geboten hatten. Kein Mensch war zu sehen, und ich fühlte mich sehr allein; vor mir lag der Große Ozean.

Die leichte Brise schlief bald ein, ich barg das Segel und motorte in südlicher Richtung durch die Perlas-Inseln. Es war mir ganz recht, daß ich auf dem flachen Wasser zwischen den Inseln nicht mit den Segeln zu manövrieren brauchte, sondern einen geraden Kurs steuern konnte und dabei Zeit hatte, ständig auf die Wassertiefe zu achten. Immer wieder verlor ich mich in dem Gewirr von Felsen und Untiefen. Es gab keine markanten Punkte zur Orientierung, ich sah auch keine Dörfer, nur selten einmal ein Haus. Nachdem ich vorsichtig zehn Inseln passiert hatte und die Einfahrt zu einem geschützten Sund erkannte, beschloß ich, für die Nacht dort zu bleiben.

Es war der Boba-Sund zwischen Gibraleon und Casaya. Vor Gibraleon warf ich den Anker. Die Insel schien unbewohnt.

Kein Lufthauch, keine Bewegung auf dem Wasser oder an Land durchbrach die völlige Stille. Der Ort war mir unheimlich. Aber was sollte ich draußen auf See? Das Boot in einer Nacht ohne Wind treiben lassen, ausgerechnet hier, wo so viele Schiffe von Panama durch den Golf dampften? Und für den nächsten Tag hatte ich auch noch etwas vor: Ich wollte einen Platz finden, an dem ich die *Solveig* festbinden konnte, um sie dann bei Niedrigwasser trocken fallen zu lassen und einen neuen Anstrich

„Antifouling“ aufzubringen. In einer Werft ist das ein teurer Spaß, und hier konnte mir die Natur behilflich sein, zumal gerade Vollmond war und die Tide besonders groß.

Am nächsten Morgen beobachtete ich mit dem Fernglas ein Felsplateau, welches bei Hochwasser gerade noch trocken blieb, und zu meiner Freude sah ich mittags bei Ebbe, daß dieser Felsen wie eine Mauer senkrecht abfiel und der Grund daneben schön austrocknete. Ich wartete nun eine weitere Nacht, um die Aktion durchzuführen, aber am folgenden Tag regnete es in Strömen. Sollte ich aufgeben und weiter segeln? Der Anstrich war aber wichtig, da der geringste Bewuchs am Schiffsboden die Geschwindigkeit erheblich herabsetzt und ich einige tausend Meilen vor mir hatte. Mein Entschluß, nun doch noch eine Nacht zu warten, sollte belohnt werden. Am 3. Mai steht im Logbuch: „Gutes, ruhiges Wetter. 8 Uhr in der Bucht an Felsen gefahren. An einem Baum mit mehreren Leinen festgemacht.“

Während das Wasser langsam fiel, packte ich meine Pinsel, Spachtel und die Antifouling-Farbe aus, legte alles auf dem Felsen bereit und stellte sogar noch den Honda-Generator an Land, um später mit der Schleifmaschine arbeiten zu können. Um 11 Uhr passierte es: Ein Geräusch schreckte mich auf, ein Ruck in den Festmachern, das Boot kippte weg! Im Cockpit und in der Kajüte fielen alle Gegenstände durcheinander. Mit weiter sinkendem Wasser bekam das Boot immer mehr Schlagseite, der Kiel fand im schlammigen Boden keinen Halt. Das hatte ich nicht bedacht! Immerhin wiegt die *Solveig* voll beladen ihre 4 Tonnen, und als ich versuchte, nun Hölzer unterzulegen, wurden diese wie Streichhölzer abgeknickt oder in den Schlamm gedrückt. Ich war machtlos und mußte zusehen, wie das Boot immer weiter krängte. In der Kajüte fielen die Konserven unter den Kojen heraus, und ich hatte zu tun, wieder etwas Ordnung in das gräßliche Durcheinander von Werkzeugen, Flaschen, Dosen, Lebensmitteln und Büchern zu bringen.

Inzwischen war das Wasser völlig abgelaufen, und das gekenterte Boot lag im Schlamm. Ich besah mir die Lage und stellte mit Schrecken fest, daß sich das Ruder unter den Felsvorsprung geschoben hatte. Der Schaft würde zweifellos abknicken, wenn der Rumpf noch ein Stück weiterrutschte oder vielleicht auch erst, wenn das Wasser wieder stieg und das Boot dann gegen den Felsen drückte. Da stand ich nun. Vor mir das umgefallene Boot und ich allein auf einer unbewohnten Insel!

So gut es ging, wollte ich wenigstens den Rumpf von Bewuchs säubern und den neuen Anstrich aufbringen. Die eine Seite des Bootes lag im Schlamm, und ich mußte mich mal auf den Bauch und mal auf den Rücken legen, um mit Spachtel und Pinsel so weit wie möglich vorzudringen. Es war mörderisch heiß, aber ich konnte nicht in die Kajüte flüchten und auch kein Trinkwasser entnehmen, da ich die Pumpe zum Wassertank bei der Schräglage nicht betätigen durfte.

Nach vier Stunden kam die Flut. Ich beobachtete angstvoll, wie sich das Boot neben dem scharfkantigen Felsen langsam aufrichtete. Nur dem glücklichen Umstand, daß wirklich nicht der kleinste Schwell in diese Bucht hereinlief, hatte ich es zu danken, daß sich die *Solveig* ruhig erhob und ohne größere Schäden davonkam. Eiligst verließ ich den Felsen und verbrachte eine ruhige Nacht auf meinem Ankerplatz.

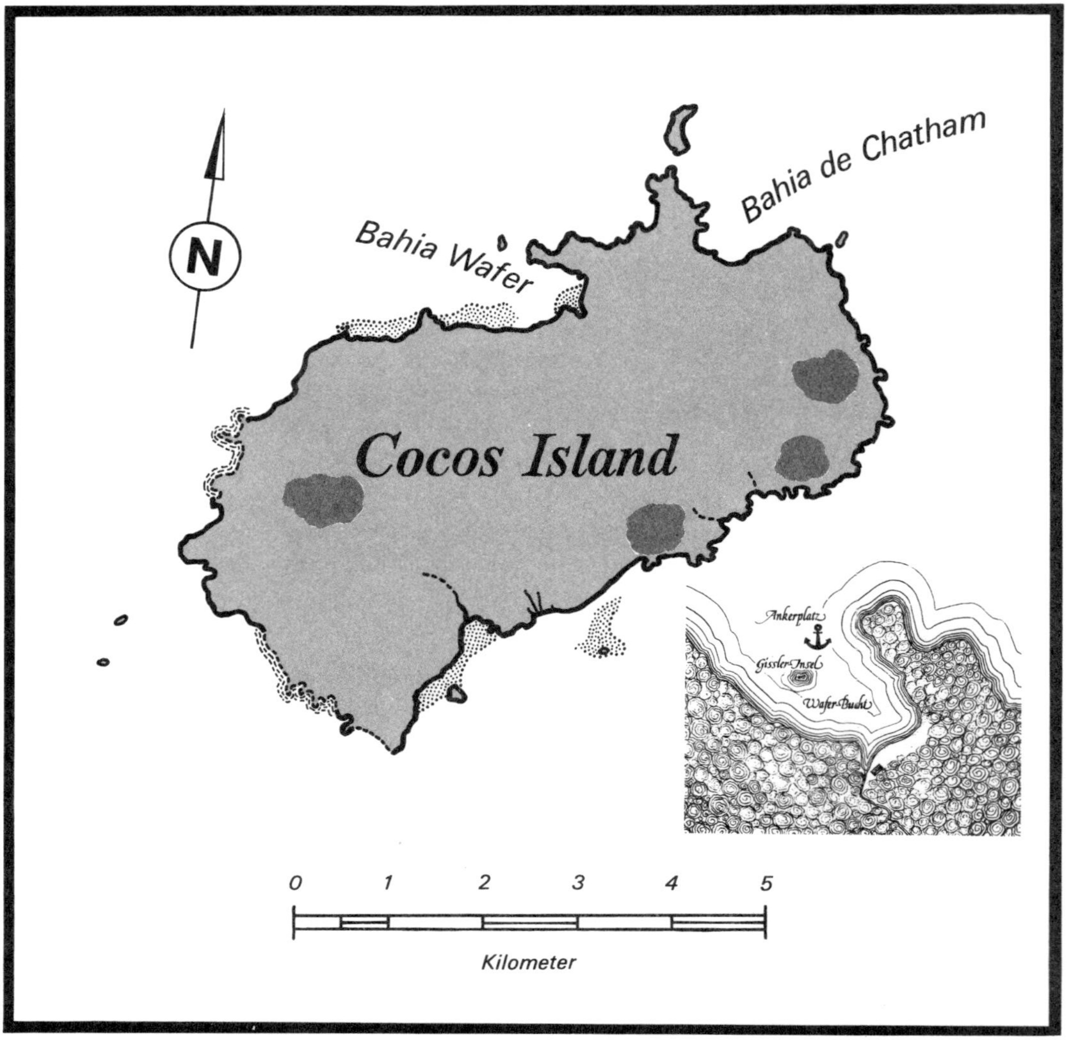
Bahia de Chatham
Bahia Wafer
N
Cocos Island
Ankerplatz
Gissler-Insel
Wafer-Bucht
0
1
2
3
4
5
Kilometer

Das Geheimnis der Cocos-Insel

Von den Perlas-Inseln hatte ich jetzt genug, und so begrub ich meine ursprünglichen Pläne, durch die gesamte Inselgruppe zu segeln. Vielmehr motorte ich am nächsten Morgen auf die offene See hinaus in südwestlicher Richtung auf Cabo Mala zu. Von nun an galten alle meine Erwartungen der geheimnisvollen Cocos-Insel, die zu besuchen ich schon seit Jahren geplant hatte. Einstmals ein Schlupfwinkel für Piraten und Freibeuter, später ein beliebter Frischwasserplatz der Walfänger, wäre die unbewohnte Insel in völlige Vergessenheit geraten, gäbe es nicht sichere Beweise dafür, daß auf der Cocos-Insel noch heute riesige Schätze an Gold und Edelsteinen verborgen sind. Aus diesem Grund ist das Anlaufen der Insel ohne Polizeieskorte und Genehmigung der Regierung von Costa Rica nicht erlaubt. Das Erlebnis aber, eine richtige Schatzinsel kennenzulernen, war mir ein Risiko wert.

Um 10 Uhr briste es auf, aus Süden leider, dennoch setzte ich sofort Segel, um Treibstoff zu sparen, den ich noch nötig brauchen würde. Gegen Mitternacht sah ich das Leuchtfeuer des Cabo Mala, mußte aber den Kurs ändern, da ich gegen den Südwind das gefährliche Kap zunächst nicht runden konnte. Es war eine unruhige Nacht, in der ich wegen der vielen Schiffe, die, von und nach dem Panamakanal fahrend, ständig in meiner Nähe zu sehen waren, kein Auge zutat. Dazu kamen die im Gebiet des Kaps immer kabbelige See und der auffrischende Wind. Erst um 6 Uhr früh konnte ich wieder auf den alten Kurs gehen und machte gute Fahrt. Bis Mittag nahm ich mehrere Messungen mit dem Sextanten und stellte befriedigt fest, daß ich seit gestern vormittag 110 Meilen zurückgelegt hatte. Ich hielt nun direkt Kurs auf die 500 Meilen entfernte Cocos-Insel. Bis zum folgenden Abend schaffte ich noch einmal 100 Meilen, aber dann schlief der Wind ein, das Boot dümpelte die ganze Nacht über hilflos in der Dünung. Ich befand mich auf 6°30′ Nord, ziemlich nahe am Äquator, und die Hitze war auch nachts kaum zu ertragen.

Die Cocos-Insel liegt in einem berüchtigten Flautengebiet, vor dem mich andere Segler schon gewarnt hatten. Ich hatte deshalb vorgesorgt und zusätzlich zu meinem 30-Liter-Tank und mehreren Kanistern noch einen 60-Liter-Behälter mit Dieselöl an Deck verzurrt. Während der folgenden drei Tage rührte sich kein Lufthauch. Nur mit Motor fuhr ich „bei irrer Hitze", wie im Logbuch nachzulesen ist, durch die Öde der unendlichen Wasserwüste. Zehn Stunden jeden Tag, länger konnte ich es nicht aushalten. Gelegentlich sah ich Delphine oder auch einen Hai oder eine Schildkröte, die erschrocken aufsah und dann eilig in der Tiefe verschwand.

Sechs Tage nach der Rundung des Kaps färbte sich die glatte, graue Oberfläche der See wieder dunkelblau, eine Brise kam auf. Ich stellte den Motor ab und genoß die totale Stille um mich herum, setzte dann die Segel, brachte das Boot auf den gewünschten Kurs und verband die Pinne in gewohnter Weise mit der Steuerleine von der Fock und einem Gummistropp. Anschließend justierte ich den Gummizug und die Leine so ein, daß die *Solveig* auf Kurs blieb.

Ich hatte jetzt Zeit, meinen Standort zu berechnen und stellte fest, daß ich während der Flautentage 145 Seemeilen zurückgelegt hatte, im ganzen fast 500 Meilen seit Contadora. Das war gar nicht übel in sieben Tagen. Unwillkürlich beschäftigten sich meine Gedanken ständig mit der Zahl der Meilen, die noch vor mir lagen; diese Grübelei wurde bei Flaute oft schmerzhaft und quälend. Bis zur Cocos-Insel waren es jetzt nur noch 100 Meilen, und meine Spannung wuchs, wenn ich daran dachte, was mich dort vielleicht erwartete.

– Die Geschichte dieser Insel liest sich wie ein Kriminalroman: Im Jahre 1816 machte Kapitän Dom Pedro, ein Spanier, von sich reden, der als einer der großen Freibeuter zwischen Westindien und dem Golf von Mexiko Kaperfahrten unternahm. Zahlreiche Schiffe fielen ihm zum Opfer. Auf der Flucht vor zwei englischen Fregatten, die ihn schon lange Zeit verfolgten, erreichte er glücklich um Kap Horn den Pazifik und setzte dort sein Piratenhandwerk fort. Hier gelang ihm 1819 ein großer Coup: Er überfiel mit seinem Seeräuberhaufen einen spanischen Mauleseltreck, der, im Auftrag der Regierung und von Soldaten bewacht, Gold und Silber im Wert von etwa 50 Millionen Mark nach Acapulco bringen sollte. Es gelang ihm, die Millionenbeute auf sein Schiff, die *Relampago,* und später auf die Cocos-Insel zu bringen.

Fast zur gleichen Zeit, im Jahre 1821, war Lima von der Befreiungsarmee bedroht. Der Vizekönig von Spanien wollte den berühmten Kirchenschatz vor den Angreifern retten. Es handelte sich um riesige Gold- und Silbermengen, die in den Gewölben der Kathedrale lagerten, vor allem aber um eine lebensgroße Statue der Madonna aus purem Gold, über eine Tonne schwer. Die Spanier baten Captain Jack Thompson, einen vertrauenswürdigen Schotten und guten Katholiken, den Schatz an Bord seines Schiffes *Mary Dear* zu nehmen und vor der Küste zu kreuzen, bis die Gefahr gebannt sei. Sollte Lima fallen, dann wäre die Ladung – nach heutigem Wert etwa 250 Millionen Mark – nach Panama zu verbringen und dort den spanischen Behörden zu übergeben.

So verließ im August 1821 die *Mary Dear* den Hafen von Callao. Bereits wenige Tage später wurden die spanischen Priester, die Bewacher der Schätze und eine Reihe von Passagieren umgebracht, und der Kapitän nahm Kurs auf die Cocos-Insel. Hier vergrub die Besatzung den Kirchenschatz von Lima. Nur ein kleiner Teil der Münzen wurde auf die Mannschaft verteilt.

Wenige Tage, nachdem die *Mary Dear* die Cocos-Insel verlassen hatte, wurde sie von einer spanischen Fregatte aufgebracht, Thompson und seine 15-köpfige Besatzung in Panama zum Tode durch den Strang verurteilt. Jedoch brachte man Thompson selbst und seinen Maat auf die Cocos-Insel zurück, versprach ihm Begnadigung, wenn er das Versteck preisgebe. Im undurchdringlichen Dickicht der Insel gelang es beiden, ihren Bewachern zu entfliehen. Alle Suchaktionen, später auch mit Bluthunden, blieben erfolglos. Im Frühjahr 1822 fand ein Walfänger, der auf die Insel kam, um Frischwasser zu holen, Thompson und seinen Maat. Die beiden gaben sich als Schiffbrüchige aus und ließen sich an der Küste von Costa Rica absetzen, wo der Maat am Fieber starb. Captain Thompson tauchte erst 1844 in Neufundland wieder auf.

Dort freundete er sich mit einem Matrosen namens John Keating an und vertraute diesem angeblich auf dem Totenbett die genaue Lage des Schatzes an. Thompson selbst ist nie nach der Cocos-Insel zurückgekehrt, Keating aber unternahm von Neufundland aus mehrere Reisen dorthin und galt in seiner Heimatstadt St. John's als reicher Mann. Er soll alte spanische Goldmünzen verkauft haben, deren Herkunft ungeklärt blieb. Das war 1846.

Und von jetzt an begann die Suche nach den Schätzen der Cocos-Insel!

Graf Luckner

Viele bekannte Männer suchten schon, zum Teil mit beträchtlichem Aufwand, vergebens nach dem Gold. Unter ihnen waren auch drei Deutsche. Zuerst der Hamburger Seemann August Gissler, der 17 Jahre lang auf der Insel lebte und sogar vom Präsidenten von Costa Rica zum Gouverneur ernannt wurde. Er starb 1935 als armer Mann in New York. Zwei Jahre später war es Graf Luckner, der mit seinem *Seeteufel* vor der Insel ankerte und einen wohl nicht ganz ernst gemeinten Versuch unternahm, das Versteck des großen Schatzes zu finden. Er schrieb:

„Eines haben die habgierigen Seeräuber unserer Welt hinterlassen: ein Stück echter Romantik. Noch in hundert Jahren werden Jungenherzen höher schlagen, wenn von dem großen Schatz auf der Cocos-Insel gesprochen wird. Sie werden Pläne schmieden, und jeder einzelne wird glauben, daß ihm das Unwahrscheinliche gelingen könnte."

Und nun könnte man denken, daß die ganze Geschichte hoffnungslos oder am Ende gar nicht wahr sei. Aber die Tatsachen sprechen dafür, daß der Schatz noch immer gefunden werden kann.

Im Herbst 1966 ließen sich vier junge Franzosen auf der Cocos-Insel absetzen und begannen eine systematische Suche, die durch einen Zufall zu einem Teilerfolg führte: Sie fanden in einer Höhle die Leichen von zwei Männern, die sich gegenseitig getötet hatten; es mußte schon hundert Jahre her sein, denn die Bibel, welche bei den Skeletten gefunden wurde, stammte aus dem Jahre 1846 und war in Boston gedruckt. Im Rücken des einen Skelettes fanden die Studenten ein Messer, welches in die Scheide des anderen paßte, während dieser wiederum eine Schädelverletzung aufwies, die mit der Axt geschlagen war, welche neben dem ersten Skelett lag. Hier hatte sich ein grausiger Zweikampf abgespielt. In einem Sack entdeckten die ob ihres Fundes völlig verstörten Franzosen an die 1 000 alte Goldmün-

zen und 15 Barren Gold, jeder ein halbes Pfund schwer, schließlich einen zweiten Sack mit gleichem Inhalt. Es gelang ihnen, die Münzen und Barren in ihren Sauerstoff-Flaschen zu verstecken, bis sie die Beute nach Frankreich gebracht hatten, dort ordnungsgemäß versteuerten und den Rest unter sich aufteilten. –

Ich wollte keineswegs nach dem Schatz suchen, aber ich wollte mir ein Bild machen, wo das Gold allenfalls liegen könnte und ob es eine Möglichkeit gäbe, diese Reichtümer jemals zu finden. Immer wieder stieg ich aus der Kajüte ins Cockpit, um den Kurs und die See zu beobachten. Der Wind ließ nach auf Stärke 2, es reichte gerade noch, um das Boot unter Selbststeuerung laufen zu lassen. Während der Nacht drehte der Wind auf West und kam mir nun entgegen; ich mußte nach Süden ausweichen. Am folgenden Nachmittag erkannte ich plötzlich einen grauen Umriß am Horizont. Vor mir lag die Cocos-Insel – schemenhaft – und verschwand bald wieder hinter einer Wolke. Aber ich hatte die Peilung für meinen Kurs genommen, warf den Motor an und steuerte darauf zu. Mit dem Wind war sowieso nichts mehr anzufangen.

Nach zwei Stunden Fahrt brach die Dämmerung herein, ganz deutlich zeichneten sich jetzt die Konturen der Berge neben der untergehenden Sonne ab. Aber die Insel war viel weiter entfernt, als ich gedacht hatte, und ich würde noch drei bis vier Stunden brauchen, bis ich in ihre Nähe kam. So legte ich mich erst einmal auf die Koje, stellte die Maschine ab und ließ das Boot treiben. Ich war sehr aufgeregt, aber die Erschöpfung war dann doch stärker, und ich schlief ein.

Am Morgen konnte ich die Insel zunächst nicht sehen, schwarze Regenwolken ballten sich drohend zusammen. Ich steuerte den Kurs nach Kompaß. Nachdem der tropische Regen niedergegangen war, sah ich die Felsen und den grünen Dschungel vor mir. Im Seehandbuch steht: „Vor den sehr zerklüfteten Küsten, denen bis zu 1 Meile weit viele kleine Inseln und Klippen vorgelagert sind, steht meistens hohe Brandung. Die noch nicht restlos erforschte und vermessene SW-Küste der Insel steigt mit steilen Abhängen von der Wasseroberfläche auf. Die Insel soll mit Wald und dichtem Buschwerk bewachsen sein."

Es war leicht, den Besuch dieser unbewohnten Insel zu planen, aber es war eine ganz andere Sache, allein in einem kleinen Boot vor den Felsen unbarmherzig von der Dünung und Strömung erfaßt zu werden und zu fühlen, daß nun das Leben auf dem Spiel stand. So steil und wild hatte ich mir den Seegang denn doch nicht vorgestellt!

Ich hielt die Pinne krampfhaft fest, starrte auf das Wasser, ob ich eine Klippe erkennen konnte. Meine Gedanken überschlugen sich: „Himmel, Donner, ich war mitten auf dem Ozean und steuerte direkt auf Felsen zu!"

Mir tropfte der Schweiß von der Stirn. Wellen, die von den Felsen zurückgeworfen wurden, stießen mit der ankommenden See zusammen, sprangen weiß und wild schäumend in die Höhe und klatschten dann auf mein Deck.

„Verdammte Falle!" Ich befand mich jetzt zwischen einem großen Felsen, der in den Berichten der Piraten als „Schlafender Löwe" bezeichnet wird, und der NO-Huk der Insel. Vor mir öffnete sich langsam die Chatham Bay, eine große, von Felsen umgebene Bucht mit einem kleinen Stück Sandstrand. Die Bucht war leer. Es war kurz vor drei Uhr und ich wollte zunächst weiterfahren bis zur Wafer Bay, um mich zu überzeugen, daß auch dort kein Boot liegt oder Menschen an Land sind. Wenn illegale Schatzsucher auf der Insel waren, die ein Schiff brauchten, um ans Festland zurückzukehren, würden sie mich vielleicht überfallen, um mein Boot zu nehmen. Nur sehr langsam kam ich vorwärts, denn der Strom, wilde Strudel bildend, kam mir mit ziemlicher Geschwindigkeit entgegen. Um vier Uhr erreichte ich die Wafer Bay und fand auch diese leer.

Auf dem Hügel entdeckte ich eine Flagge, es waren die Farben von Costa Rica. Mir blieb für einen Augenblick das Herz stehen! War doch Polizei an Land? Ich fuhr näher heran, suchte angestrengt mit dem Fernglas, aber es bewegte sich nichts und niemand. Anscheinend war ich allein. Der undurchdringliche Dschungel und die dunklen Felsen waren von grandioser Schönheit, doch auch unheimlich. Zahlreiche kleinere und größere Wasserfälle stürzten von der Steilküste in die See. In den Felswänden erkannte ich da und dort die Öffnung einer Höhle.

„Mein Gott", dachte ich, „hier einen Schatz finden, wenn man nicht weiß, wo er liegt, nur ein Wahnsinniger könnte das versuchen!"

So schnell ich konnte, fuhr ich zurück zur Chatham Bay, um dort für die Nacht zu ankern. Es dauerte lange, bis ich mit Hilfe des Echolotes einen Platz gefunden hatte, der mir frei von gefährlichen Klippen schien. Ich ließ das Eisen fallen. Als ich am nächsten Morgen erwachte, glaubte ich meinen Augen nicht zu trauen: Im Sonnenlicht lag um mich herum eine Märchenlandschaft. Silberne Bäche schossen aus dem grünen Dickicht der Hügel und zwischen den Felsen hinab zum Ufer. Fregattvögel zogen ihre Kreise über riesigen Urwaldbäumen, die in dem Tal wuchsen, welches sich vom Scheitel der Bucht zwischen steilen Bergen zur höchsten Erhebung der Insel hinaufzieht.

Ich hatte geschlafen, die beklemmende Angst, die ich am Abend empfunden hatte, war der Freude gewichen, daß es mir vergönnt war, dieses Wunder der Natur mit eigenen Augen zu sehen. Nicht nur die dunkle und blutige Geschichte dieser Insel war faszinierend, sondern auch ihre Schönheit. Aber nun wollte ich an Land, und das war gar nicht einfach. Auch im Seehandbuch steht, daß die Landung schwierig ist und das Wasser von Haien verseucht. Gleiches ging aus allen Berichten hervor, die ich über frühere Expeditionen gelesen hatte. Ich pumpte mein kleines Schlauchboot auf – das große war mir zu schwer, um es über die Felsen hochzuziehen. Filmkamera und Leica sowie das Kassettengerät samt Mikrofon und Kabel, Stativ, Fernglas und Fernauslöser verstaute ich in einem wasserdichten Beutel.

Vom Boot aus konnte ich schon sehen, daß eine Landung am Strand in der Brandung unmöglich war. Ich suchte mir deshalb einen Platz an der Seite der Bucht, wo das Wasser noch tiefer war und ich vielleicht über eine Felsplatte aussteigen konnte. Mehrere Versuche, nahe genug an die Felsen heranzukommen, scheiterten zunächst, aber dann gelang es mir doch, ein Fleckchen ruhigen Wassers zwischen den Steinen zu finden. Ich sprang heraus, zog das Schlauchboot mit all seinen Geräten schnell hinter mir her, bevor die nächste Welle es erfassen und umdrehen konnte. Sobald das Boot auf den Steinen sicher war, lud ich die Ausrüstung auf einen großen Felsen und trug das leere Schlauchboot so hoch an die Grenze des Buschwerks, bis ich sicher war, daß es von der Flut nicht mehr erreicht werden konnte. Ich hängte mir die Leica um den Hals, nahm die Filmkamera in die Hand und stolperte los, von Stein zu Stein kletternd.

Nach einer halben Stunde betrete ich den kleinen Sandstrand. Draußen, Hunderte von Metern entfernt, schaukelt die *Solveig* auf der Dünung. Das Schlauchboot hinter den Felsen ist nicht mehr zu sehen. Um mich herum im Sand liegen rostige Maschinenteile, Kolben, ein Kurbelgehäuse, und ein Stück weiter finde ich eine mit Wasser gefüllte Grube, die mit einer runden Eisenwand abgestützt wird.

Das war alles, was die Natur von den vielen aufwendigen Unternehmungen übriggelassen hatte; mit Bohrern, Bulldozern und sonstigen Maschinen hatte man hier versucht, dem Boden das begehrte Gold zu entreißen. Es überkam mich eine seltsame Ahnung, wie schnell unsere ganze Zivilisation einmal von der Erde verschwunden sein könnte, wenn die einzig nach Gewinn strebenden Bemühungen der Menschheit erfolglos in einer Katastrophe endeten.

Ein Bach schlängelt sich durch den Sand. Hier, siebzig Schritte landeinwärts, mochte nach den alten Beschreibungen der Schatz versteckt worden sein. Sicher lag er heute nicht mehr so nahe, sondern war längst von gierigen Händen weiter ins Innere der Insel gebracht worden. Von Menschen, die zitternd die Beute umklammert hatten, aber keine Möglichkeit sahen, ihren vermeintlichen Reichtum unbemerkt ans Festland zu bringen.

Trotz der glühenden Sonne setze ich meinen Erkundungsgang fort. Ich versuche, in den Wald einzudringen und einen der Hügel zu ersteigen, aber das Gehölz und die Pflanzen wachsen so dicht, daß ich keine zehn Schritte vorankomme. Mit dem Buschmesser hätte ich mir Meter um Meter den Weg freischlagen müssen, aber bei der Hitze reichen meine Kräfte für derartige Schwerarbeit nicht aus. So untersuche ich weiter die Felsen am Strand, drehe jeden Stein um, immer hoffend, daß ich vielleicht einen Hinweis finde, was sich hier in letzter Zeit ereignet hat.

Außer weiteren verrosteten Maschinenteilen fällt mir auch zunächst nichts auf. Diese Bucht ist so unwegsam, daß ich mir kaum vorstellen kann, wie seinerzeit schwere Kisten oder gar jene berühmte Statue der Madonna transportiert werden konnten. Als ich dann weiter herumklettere, finde ich, in Felsen eingemeißelt, die Namen von Schiffen, die hier einmal geankert hatten. Neugierig geworden klettere ich weiter, bis zu einem Bach, der von einem Steinbecken in einem kräftigen Strahl, wie ein Brunnen, in ein tieferes Becken fällt. Ich trinke so viel von dem frischen Wasser, wie ich nur kann, und dabei mache ich die schönste Entdeckung des Tages: Neben dem Bach, in einen dunklen Stein eingehauen, finde ich die Inschrift von Graf Luckner, der in den dreißiger Jahren die Cocos-Insel besucht hatte. Die Buchstaben seines Namens sind noch teilweise zu erkennen.

Mit seinem Schoner *Seeteufel* wurde er bei der Landung von Haien umringt, hatte Schwärme von Seevögeln angetroffen, und im Busch machten ihm Moskitos das Leben schwer. Nichts von alledem war mir widerfahren.

Gerne wäre ich noch Stunden neben dem Bach sitzen geblieben, um meinen Gedanken weiter nachzugehen, aber die Unruhe um mein Boot ließ mich nicht los. Merkwürdig, wie gleichgültig mir das Gold in diesem Augenblick war. Ich kehrte auf die *Solveig* zurück, wollte aber nachmittags eine weitere Überfahrt mit dem Schlauchboot riskieren, um meine Wasserbehälter aufzufüllen. Auch bei diesem zweiten Landgang in der Chatham Bay fand ich keine Spur, daß sich in jüngster Zeit Menschen dort aufgehalten hatten.

Dieser Eindruck sollte sich jedoch schnell ändern, als ich am nächsten Tag in der 2 Meilen entfernten Wafer Bay den Strand betrat.

Schon bei der Annäherung waren mir die Überreste eines verfallenen Holzhauses aufgefallen. Als ich die Stelle erreichte, hatte ich eher den Eindruck, daß das Haus nie fertig geworden ist, denn ich fand keinerlei Trümmer eines Daches. Aber dicht daneben, hinter einigen Büschen, entdeckte ich plötzlich eine kleine Hütte, davor eine Wäscheleine und – Wäsche, zum Trocknen aufgehängt. Was tun?

Wenn Leute hier waren, hatte man mich sowieso längst gesehen. Ich schlich vorsichtig weiter – horchte angestrengt, ob Stimmen zu hören waren.

Aber kein Laut war zu vernehmen, außer dem Rauschen der Brandung und den heiseren Schreien der Fregattvögel, die gelegentlich zu mir herabstießen, ärgerlich ob des ungebetenen Eindringlings. Als ich mich der Hütte bis auf wenige Meter genähert hatte, erkannte ich, daß die Wäsche, es war auch ein Damenhöschen dabei, zerrissen, das herumliegende Gerät angerostet war, wie mitten in der Arbeit liegengelassen. Der Eindruck einer plötzlichen Flucht verstärkte sich, als ich in der Hütte eine Schachtel Zigaretten auf dem Tisch fand und auch Töpfe und Pfannen auf dem Herd standen. Sogar die Bettwäsche lag noch auf den zerschlissenen Matratzen. Hier mußten zwei bis drei Personen gehaust und zweifellos nach Schätzen gesucht haben, denn das Werkzeug war eindeutig: Eisenstangen, Hacken, Spaten sowie ein großer Knäuel Schnur, wohl um den Weg aus einer Höhle zurückfinden zu können. War doch jemand auf der Insel? Wurde ich beobachtet? Oder hatten diese Menschen die Flucht mit einem Boot ergriffen? Waren sie verhaftet worden, als die Insel von Militär kontrolliert wurde? Die Flagge, die mir schon gestern aufgefallen war, mußte erst kürzlich gehißt worden sein . . . Zunächst einmal setzte ich mich, um meine Gedanken zu ordnen, um meine Aufregung abklingen zu lassen.

Gleich hinter der Hütte mündete ein kleiner Fluß. Dieser paßte viel besser zu der alten Beschreibung der Piraten über das Versteck des Goldes, als der Bach in der Chatham Bay. Ich holte meine Kameras und folgte vorsichtig dem Flußlauf. Schon nach 100 Metern wurde der Busch so dicht, daß ich nur im Bachbett weiterwaten konnte. Goldgelbe, handgroße Blüten, die von den Bäumen fielen, schwammen auf dem Wasser bergab. Um mich herum Totenstille. Auch die Brandung war nicht mehr zu hören. Ab und zu knisterte der Wind in den Zweigen der Bäume. Immer wieder rutschte ich aus auf den glatten Steinen im Bach, versuchte mit einer Hand, mich an den herunterhängenden Zweigen festzuhalten, während die andere krampfhaft meine Kameras umklammert hielt. So drang ich Schritt für Schritt vor, bis ich einen riesigen alten Baum von gut einem Meter Durchmesser entdeckte. Das mußte der Baum sein, von dem die Piraten in ihren Aufzeichnungen geschrieben hatten! Aufgeregt kletterte ich weiter und fand tatsächlich ganz in der Nähe zwei frisch ausgehobene Gruben, etwa zwei mal zwei Meter und einen Meter tief. Offensichtlich waren hier Schatzsucher bereits am Werk gewesen und mußten ihre Suche aus irgendwelchen Gründen abbrechen. Es war ziemlich dunkel, die Blätter der hohen Bäume bildeten ein dichtes Dach über mir. Trotzdem wollte ich noch tiefer in den Dschungel eindringen, um möglicherweise weitere Spuren zu verfolgen. Immer wieder schreckte ich auf, wenn die Äste gar zu laut knackten. Allmählich wurde der Bach so tief, daß mir das Wasser über die Brust reichte – ich mußte umkehren. Was ich da so ganz alleine machte, kam mir nun doch ziemlich verrückt vor. Wenn ich stolperte und mir den Fuß brach – ich dachte lieber nicht weiter. Auch wuchs die Unruhe um mein Boot, das ich über Stunden allein gelassen hatte. Durch das Bachbett arbeitete ich mich zurück, und fand die *Solveig* noch an ihrem Ankerplatz.

Ich setzte mich neben der Hütte nieder und genoß die unbeschreibliche Schönheit der Landschaft um mich her.

Aber niemand hatte es auf die Dauer hier ausgehalten, und auch ich empfand jetzt wieder deutlich die unheimliche, bedrohliche Stimmung. Wie mußte es erst sein, wenn hier düstere Regenwolken zwischen den Bergen hingen und die Wasser niederrauschten!

Ich war noch sehr aufgeregt über die letzten Eindrücke, als ich zu meinem Schlauchboot und mit ihm zur *Solveig* zurückkehrte.

Wie sicher fühlte ich mich vergleichsweise in der Geborgenheit meiner Kajüte, mit dem Bewußtsein, jeden Augenblick fahren zu können! Wie hatte ich doch alles schön unter Kontrolle in meinem kleinen Reich!

Über 400 Millionen Mark in Gold, Silber und Edelsteinen ließ ich auf der

Insel zurück; und sie werden wohl dort bleiben. Zweifellos haben Leute wie Keating und andere Schatzsucher, die das Gold aufgrund ihrer Aufzeichnungen entdeckt hatten, den Schatz dann in neue Verstecke im Inneren der Insel gebracht, wie es ja aus dem Fund in der Höhle deutlich wurde. Was sie nicht abtransportieren konnten, sollte auch kein anderer finden. Überdies mögen Bergrutsche, Flutwellen und sogar die Sprengungen der Schatzsucher soviel an der Landschaft verändert haben, daß die zunächst den Inkas und dann den Spaniern geraubten Reichtümer gar nicht mehr zugänglich sind.

Noch am gleichen Nachmittag verließ ich meinen Ankerplatz und verbrachte die Nacht auf See, wo ich mich sicherer fühlte.

Am nächsten Tag herrschte völlige Flaute, und ich setzte mich fünf Stunden lang an die Pinne, um mit Hilfe des Motors weiter zu kommen. Dieses Motoren bei brennender Sonne war für mich eine einzige Qual, zumal ich ja keine Landmarken wahrnehmen konnte, die See um mich herum sah immer gleich aus. Auch die tatsächlich erbrachte Leistung – nach fünf Stunden waren es 20 Seemeilen – war eher deprimierend, ja lächerlich, wenn ich an die 3 000 Seemeilen dachte, die bis zu den Marquesas noch vor mir lagen. Aber es ging ja darum, daß nur 200 bis 300 Seemeilen südlich von mir die Zone des Südost-Passates begann, die es zu erreichen galt, um dann mit zuverlässigem Wind nach Westen segeln zu können. Und für diese Entfernung waren 20 Meilen eben doch ein Fortschritt, den ich mir erkämpfen mußte, wollte ich nicht wochenlang in der Kalmenzone festgehalten werden.

In den folgenden Tagen bekam ich etwas Wind, aber aus vorwiegend südwestlichen Richtungen. Meinen Plan, vielleicht doch noch eine der Galapagos-Inseln anzusteuern, mußte ich deshalb aufgeben. Gerne hätte ich meine Freunde von der ersten Weltumsegelung, Gus Angermeier aus Hamburg und Frau Wittmer aus Köln, noch einmal besucht. Seit den dreißiger Jahren leben diese außergewöhnlichen Menschen auf ihren öden Vulkaninseln, ihren Aschenhaufen, wie sie sie scherzhaft nennen, in selbstgewählter Einsamkeit und Beschränkung.

Ein harter Schlag reißt mich aus meinen Erinnerungen. Der Baum ist übergegangen, das Boot ist aus dem Kurs gelaufen, segelt jetzt auf dem anderen Bug. Ich stolpere ins Cockpit, binde die Pinne los, an der noch die Leine für die Selbststeuerung verknotet ist. Dann steuere ich die *Solveig* per Hand wieder durch den Wind auf richtigen Kurs. Die Brise hat nachgelassen, ich muß die Fock herunterholen und die Genua, ein größeres Vorsegel, setzen. Die See läuft noch ziemlich hoch, ist überhaupt in diesem Gebiet kabbelig und unregelmäßig. Deshalb kann ich mich auch nicht mehr auf mein Steuersystem verlassen, denn der Wind ist zu schwach, um das Boot gegen den Druck der Wellen in der gewünschten Richtung zu halten. Es ist eine mühselige Arbeit, die Segelstellung immer wieder zu korrigieren, die Steuerleine neu einzustellen.

Nur etwa 260 Meilen habe ich geschafft, seit ich die Cocos-Insel vor fünf Tagen verlassen hatte und mich nun auf 3° Nord und 91° West befinde.

Wegen der großen Hitze habe ich mir zu Mittag nichts gekocht, sondern nur eine Büchse Kompott ausgelöffelt. Die See ist bewegt, das Boot steuert endlich seinen Kurs, wenngleich ich noch immer nicht genug Süd machen kann, um über den Äquator zu kommen.

Plötzlich höre ich Wellenschlag in der Nähe und sehe kurz darauf einen Wal auftauchen. Er verschwindet unter Wasser, um in einiger Entfernung wieder hochzukommen. Ich bemerke weitere Wale, im ganzen vier, um mein Boot herum. Es ist ein wunderbares Erlebnis, diese Riesentiere zu beobachten, wie sie langsam mit Kopf und Rücken die Meeresoberfläche durchbrechen und dann wieder in die Tiefe gehen. Jede Begegnung mit einem größeren Lebewesen ist nach so langen Tagen des Alleinseins eine Aufregung. Bei Walen kommt auch noch eine gewisse Angst hinzu, denn mir sind einige Fälle bekannt, in denen Yachten von einem Wal zum Sinken gebracht wurden. Auch auf meiner Fahrt nach New York, 1964, in einem nur 5,50 m langen Sperrholzboot, war ich im Golfstrom von einem Wal gerammt worden; der Kiel hatte sich gelockert, und Wasser drang durch das entstandene Leck. Vier Tage und vier Nächte mußte ich Wasser auspumpen, bis ich schließlich den Hafen erreichte.

Diesmal will ich den Wal filmen, falls er nochmals in meine Nähe kommt. So klettere ich in die Kajüte und hole die Kamera herauf. Wie lange ich das Meer mit meinen Augen absuchte, ob einer der Riesen wieder zum Vorschein kommt, weiß ich nicht mehr, aber plötzlich sehe ich einen der Wale seine weiße Fontäne blasen und weit vorausschwimmen. Dann bleibt er an der Oberfläche. Ich reiße die Filmkamera ans Auge, beobachte alles Weitere durch den Sucher. Der Koloß bleibt liegen, vor mir, auf *meinem* Kurs; ich sehe den eckigen Kopf eines Pottwales, sehe seine Augen und das Boot steuert direkt auf ihn zu! Ich überlege fieberhaft – der Zusammenstoß scheint unvermeidlich –, mein Herz klopft bis zum Hals. Die Pinne ist festgebunden, es bleibt keine Zeit mehr für ein Ausweichmanöver. Starr vor Schreck tue ich gar nichts, sondern filme nur. Das Tier bleibt tatsächlich an der gleichen Stelle liegen, bis der Bug der *Solveig* seinen Rücken mit einem leichten Stoß berührt.

Für einen Augenblick sehe ich die Schwanzflosse in der Luft, dann geht der Wal neben dem Boot auf Tiefe, taucht achtern hoch und schaut sich noch einmal um, wer ihn da so respektlos behandelt hat. Dann verschwindet er zwischen den Wogen.

Der Schreck steckt mir in allen Gliedern, und ich setze mich erst einmal hin, um mein Gleichgewicht wieder zu finden. Es war alles gut gegangen, aber ich wollte doch lieber keine Wale mehr beim Boot sehen.

In der Nacht prasselten heftige Regenschauer nieder. Aus den schwarzen Wolken, die in der Dunkelheit noch bedrohlicher wirkten, als sie tatsächlich waren, peitschten Windböen aus verschiedenen Richtungen die See auf, die dann wild durcheinanderlief und die Bewegungen des Bootes so heftig werden ließ, daß an Schlaf nicht mehr zu denken war.

„Man sollte so eine Überfahrt nicht nach Tagen rechnen, sondern nach Nächten", dachte ich, denn sie wollten für mich diesmal kein Ende nehmen. Angstvorstellungen verfolgten mich, wenn ich auf dem Bauch in meiner Koje lag und mich mit den Händen festkrallte, um bei einem plötzlichen Stoß nicht herunterzufallen ...

Mit dem neuen Tageslicht wurde alles besser. Ich konnte erkennen, was draußen los war, der Seegang hatte in den Morgenstunden nachgelassen, so daß ich, völlig übermüdet, noch etwas Schlaf fand. Bei vollem Tageslicht wurde ich tätig, machte Eintragungen ins Logbuch, stieg an Deck und sah nach den Segeln und begann danach, mir Tee und Frühstück zuzubereiten. Bei der unruhigen See war das eine langwierige und mühsame Arbeit, aber als ich die erste Tasse heißen Tee getrunken hatte, erschien mir die Welt wieder bedeutend freundlicher.

„Was hast du denn", sagte ich zu mir selbst, „du segelst in einem festen kleinen Boot wunderbaren Inseln entgegen, es ist alles trocken und in Ordnung, du bist gesund, und bald scheint die Sonne wieder, kein Grund, den Kopf hängen zu lassen. Ja, gewiß, du möchtest endlich weiter nach Süden kommen, um den Passat zu erwischen, aber ein paar Tage Geduld mußt du schon noch haben, es geht eben nicht immer so leicht und mühelos."

So baute ich meine Moral nach dieser harten Nacht wieder auf, beschäftigte mich mit der Navigation, dem Reinigen der Kajüte, Kurskorrekturen und der Zubereitung meiner Mahlzeiten. Zwischendurch hörte ich im Radio über Kurzwelle Nachrichten der BBC und der Deutschen Welle. Dann kam die nächste Nacht. Sie war nicht besser als die vorige.

Im Logbuch verzeichnete ich am 24. 5.:

„Nachts Regen, viel Wind und Seegang, berge die Genua. Himmel bedeckt und scheußliche Kabbelsee. Sehr feucht (85%)."

In den folgenden Tagen setzte endlich Passatwetter ein. Es wurde sonnig, die Wellen regelmäßiger, die Luft kühler. Bisher war es so heiß gewesen, daß ich jetzt 27 Grad in der Nacht bereits als kalt empfand und mich fest in meine Wolldecke einwickelte. Der Südost-Passat hatte diese Erfrischung gebracht. Der Wind wehte kräftig, bekam aber nun mehr und mehr eine östliche Komponente. So konnte ich Südwesten steuern und näherte mich langsam dem Äquator. Noch immer mußte ich hoch am Wind segeln, was zur Folge hatte, daß die Brecher ständig über das Boot liefen und innen alles feucht wurde. Salz, Zucker, Bettzeug, leider auch Kameras und Papiere saugten sich voll Nässe. Ein Brecher landete so voll über dem Deck, daß ein dicker Strahl Wasser aus dem eigentlich wasserdicht gebauten Lüfter dennoch in die Kajüte schoß. Ständig mußte ich den Boden und meine Koje sowie alle möglichen Gegenstände trockenwischen und -reiben. Eine Woche dauerte dieser Spuk, dann kreuzte ich Ende Mai die berühmte „Linie“, den Äquator.

Ich hatte keine Lust mehr, das Ereignis in irgendeiner Form zu feiern, aber in der Nacht erlebte ich doch noch eine freudige Überraschung. Die Deutsche Welle war eingestellt, und in der Sendung „Grüße aus dem Heimathafen“ wurde auch die *Solveig* angesprochen. Es fällt mir schwer, die Gefühle zu schildern, die ich dabei empfand. Für Stunden war ich innerlich völlig aufgewühlt. Plötzlich war ich der Heimat ganz nahe. Ich wollte telefonieren, sofort schreiben. Aber ich brauchte nur das Luk aufzuschieben, auf die schwarze See und die im matten Sternenlicht grau leuchtenden Brecher zu starren, um mir der Realität wieder bewußt zu werden.

Eine gänzlich unerwartete Schwierigkeit stellte sich mir in der folgenden Woche in den Weg. Zwar war der Wind jetzt günstig, ein frischer Südost, aber ich mußte feststellen, daß ich in eine starke Gegenströmung geraten war, die ich so weit südlich nicht vermutet hatte.

Der „Äquatoriale Gegenstrom“ bewegt sich – laut Karte – zwischen 3° und 10° Nord mit unterschiedlicher Geschwindigkeit in östlicher Richtung. Ich befand mich jetzt auf 3° Süd und wurde offenbar von der vollen Stärke dieses Stromes erfaßt, denn ich verlor bis zu 40 Meilen im Etmal. Erst konnte ich es nicht glauben und dachte, daß mir irgendein Irrtum unterlaufen sei, aber Tag für Tag ergab sich das gleiche Bild: Die Entfernung von einer Mittagsposition zur nächsten war jeweils um 30 bis 40 Meilen weniger, als die vom Log gemessene Fahrtstrecke durch das Wasser. Ich verwendete das Sumlog, welches mit Hilfe eines kleinen Propellers unter dem Schiffsboden die gefahrenen Meilen über eine biegsame Welle – wie beim Auto – auf den Zähler überträgt. Auch der Seegang war ungewöhnlich steil, da die Wellen gegen die Strömung anrollten. Es zeigte sich eben wieder einmal, daß Meeresströmungen keineswegs immer dort zu finden sind, wo sie nach der Karte sein sollten . . .

Aber am 7. 6., dem Pfingstmontag, stimmte die berechnete Strecke mit der gemessenen plötzlich wieder überein. Die Bewegungen des Bootes wurden ruhiger, ich konnte schlafen und fühlte mich am nächsten Tag wohl genug, um eine große Körperwäsche und -pflege zu veranstalten. Das tat so richtig gut!

Noch einen Tag später hatte ich endlich reinen Ostwind und setzte die Doppelfock, die „Passatsegel“ – so genannt, weil ein Boot unter dieser Besegelung nicht manövrieren, sondern nur mit dem Wind laufen kann, also auf eine stetige Brise aus immer der gleichen Richtung angewiesen ist. Unter Passatsegeln wird die Fahrt selbst in einem kleinen Boot zur reinen Freude. Die Wellen laufen von achtern unter das Heck, heben dieses ein wenig an und rauschen dann unter dem Schiff hindurch, ohne einen harten Stoß zu verursachen.

Bei diesen Bewegungen konnte ich schlafen, arbeiten, gemütlich essen und kam langsam wieder zu Kräften. Die ganze Welt sah anders aus! Ich machte mich nun daran, meinen Kocher zu reinigen, Scheren und Messer zu entrosten und endlich auch meine Leica-Filme zu entwickeln. In einer kleinen Tageslicht-Entwicklungsdose war das nicht besonders schwierig. Allerdings mußte ich mit 27 Grad warmen Chemikalien arbeiten, denn das war die Temperatur des Seewassers, und etwas Kühleres gab es nicht. Schwarzweißfilme ertragen diese Tortur, mit Farbfilmen kann man selbstverständlich solche Scherze nicht wagen. Zum Wässern verwendete ich Salzwasser und gab den Filmen nur eine letzte Spülung in kostbarem Süßwasser. Anschließend hängte ich sie in der Kajüte zum Trocknen auf.

Ein Ausflug in das vergangene Jahr

Die Tage glichen einander so sehr – stets blauer Himmel mit weißen Passatwolken –, daß ich das Gefühl für die Zeit völlig verlor. Dabei kam ich gut voran, 100 oder mehr Seemeilen im Etmal legte ich zurück, die Hälfte davon schlafend. Nun würde ich die Marquesas-Inseln bald erreichen; in knapp drei Wochen könnte ich dort ankern, wenn der Wind mir treu blieb.

Meine Gedanken wanderten in die Vergangenheit. Regensburg, Starnberg – das lag nun schon so weit hinter mir! Nie werde ich den Anblick meiner völlig eingeschneiten *Solveig* in der Starnberger Bootswerft vergessen, als ich am 26. März 1975 die zweite Weltumsegelung begann.

Mit Heißdampf mußten Deck und Cockpit von Schnee und Eis befreit werden, um die *Solveig* von ihrer unfreiwilligen Zierde zu befreien.

Ein Kran mühte sich redlich, mein immerhin vier Tonnen wiegendes Schiffchen aus dem eisigen Starnberger See zu heben und setzte es vorsichtig auf den bereitstehenden Tieflader. Noch immer steif gefroren von meiner ersten Nacht an Bord, war ich ein letztes Mal in meinen Wagen gestiegen, um auf der Autobahn meiner *Solveig* zu folgen.

Eine Flußfahrt hatte ich ihr bis jetzt nie zugemutet, aber diesmal sollte die Reise um die Welt in Regensburg beginnen.

Es war einer meiner Kindheitsträume, einmal die ‚schöne blaue' Donau bis zum Schwarzen Meer in ihrer ganzen Länge zu befahren. Natürlich wußte ich inzwischen, daß die Donau nicht blau ist, aber der Traum war geblieben. Außerdem bot die Donau mir die einzige Möglichkeit, aus dem Münchener Raum auf eigenem Kiel die Weltmeere zu erreichen.

Zwei Tonnen Ausrüstung lagen mehr oder weniger geordnet in der Kajüte und den Stauräumen. Das Durcheinander hatte ich dem österlichen Wintereinbruch zu verdanken, der es mir unmöglich gemacht hatte, die Sachen einen Tag vorher am Kai der Bootswerft aufzubauen, um sie von dort planmäßig in das Boot zu räumen.

Ein Omnibus wäre mühelos voll geworden mit all den Konserven, Fotogeräten, Büchern, Seekarten, Wäsche, Tauwerk, Segeln, Schlauchboot und hundert weiteren wichtigen Ausrüstungsstücken. Doch die *Solveig* ertrug ihre Last ungerührt, die Regensburger Segler halfen bei den letzten notwendigen Arbeiten und bereiteten uns einen fröhlichen Abschied.

Von vielen guten Wünschen begleitet, tuckerten wir aus dem Hafen und wurden sogleich von dem großen Strom erfaßt, der uns von nun an unaufhaltsam vorwärts trug.

Über ein Jahr ist das jetzt her, und mir kommt es vor, als sei es gestern erst gewesen. Schnell hole ich mein Logbuch hervor, werfe noch einen kurzen Blick auf den Kompaß und beginne zu blättern.

2 380 Kilometer war ich damals von Regensburg bis zum Schwarzen Meer motort, und was hatte ich auf dieser Fahrt alles erlebt!

Linz – unwillkürlich sehe ich vor mir das vierstöckige Krankenhaus, dem ich einen unfreiwilligen Besuch abstatten mußte. Es war schon verrückt, um ein Haar hätte die Reise nach einer Woche ein vorzeitiges Ende gefunden. In meinem Logbuch finde ich die Notiz:

1. 4. 11.00: Pünktlich Linz Winterhafen. Abends Vortrag im Hotel „Euro".
2. 4. 4.00: Aufwachen im Boot mit Kopfweh, Erbrechen.
9.00: Mit Auto ins Unfallkrankenhaus. Intensivstation. Sauerstoff.

Die Gas-Heizsonne, einzige Wärmequelle an Bord, war während der Nacht ausgegangen, und so strömte das restliche Gas aus dem Behälter in die Kajüte, die ich wegen der Kälte fest verschlossen hatte.

Wie mir später berichtet wurde, verursachte dieses Mißgeschick in der Presse ziemlichen Wirbel, und einige Freunde und Bekannte glaubten sogar, ich sei daran gestorben.

Wien – ein letzter Besuch im Burgtheater.

Vor Preßburg rannte ich auf einen Felsen.

Viel Regen und Kälte am Eisernen Tor.

Ungarn, Rumänien, einmal in meinem Leben besaß ich zuviel Geld, eine Folge des Zwangsumtausches. Da ich kein Hotel benötigte, zerbrach ich mir jeden Tag den Kopf, wie ich die Devisen loswerden könnte. In Rumänien wies man lächelnd mein Geld zurück, als ich eine Omnibusfahrt bezahlen wollte. Ganz sicher glaubte ich zum Schluß meine Scheine bei einem Tankschiff loszuwerden, aber sogar das Dieselöl erhielt ich geschenkt. In Sulina, dem letzten Hafen vor der Mündung der Donau, waren Post und Geschäfte geschlossen, so ließ ich später die Banknoten im Schwarzen Meer treiben.

40 Tage war ich auf der Donau unterwegs gewesen. Langsam folge ich mit meinem Zeigefinger dem Lauf des Stromes auf dem Atlas, während die *Solveig* unverdrossen über den Pazifik steuert. Im Schwarzen Meer hatte ich direkten Kurs auf den Bosporus genommen, ohne die Häfen der rumänischen und bulgarischen Schwarzmeerküste anzulaufen. Nach fünf Tagen Fahrt waren schon die Berge der türkischen Küste zu erkennen. Vor Istan-

bul machte ich fest und segelte eine Woche später am Goldenen Horn vorbei durch das Gewühl von kleinen Passagierdampfern, Frachtern, Fischerbooten und Luxusschiffen verschiedenster Nationen. Den Spuren Odysseus' folgend, steuerte ich sieben Inseln in der Ägäis an.

Am Strande von Lesbos wurde die *Solveig* über Holzbalken mit einer Winde an Land gezogen, um die schlimmsten Schäden, die auf der Donau entstanden waren, zu beheben und sie wieder seetüchtig zu machen. In Ios bekam sie, frisch überholt, Besuch aus der Schweiz. Einem jungen Ehepaar gefiel die *Solveig* so gut, daß es trotz stürmischer See bis Santorin an Bord blieb. Ein Absetzen der Passagiere an der Mole erwies sich als unmöglich, die Böen erreichten Windstärke 7 bis 8. Bei der nahegelegenen Kraterinsel fand ich einen geschützten Ankerplatz. In der winzigen, aber gegen den Wind geschützten Bucht trafen sich nun zwei Dampfer, zwei Fischerkaiken, eine Motoryacht, eine Segelyacht und die *Solveig* mit ihren Gästen an Bord. Auch Sigrun war dabei, die mich eine Weile begleitet hatte, um dann in Kreta ihren Urlaub zu beenden. Das Schweizer Pärchen wurde von einer Barkasse zum Hafen gebracht, und für uns beide begann der Wettlauf mit der Zeit, da Sigrun zurückfliegen mußte.

Am nächsten Tag blies der Meltemi mit unverminderter Stärke. Ich hatte einige Bedenken, ob ich der *Solveig* und ihrer Besatzung eine solche Überfahrt zumuten könnte. Mit Tee, Brot und Optimismus gestärkt, entschlossen wir uns, es mit Neptun aufzunehmen, und nach einer sehr harten und nassen 12-Stunden-Überfahrt erholte sich die *Solveig* im Hafen von Iraklion.

Sigrun flog nach Berlin zurück, ich traf meine Vorbereitungen für den anschließenden Törn nach Malta und gönnte dem Boot und seinem Kapitän noch eine kleine Verschnaufpause. Vor mir lag die erste anstrengende Seestrecke: Das östliche Mittelmeer hat im Sommer ständig Westwinde, was bedeutete, daß ich die ganze Strecke von 600 Meilen gegen die kurze, steile See aufkreuzen mußte. Wenig Schlaf und wenig Essen brachten mich an den Rand totaler Erschöpfung. Zudem war die *Solveig* an vielen Stellen noch undicht, und ich bekam eine Menge Wasser ins Boot. Nach zehn Tagen erreichte ich die Marina von La Valetta auf Malta.

Wie schwer war es mir damals gefallen, mich auf die noch ungewohnten Bewegungen des Bootes körperlich einzustellen! Und wie vertraut ist mir inzwischen das Leben auf der *Solveig* geworden!

Mitte August: Gibraltar. Ein wenig wehmütig dachte ich an den einst so pulsierenden Hafen. Ich konnte meine Enttäuschung kaum verdrängen, als ich die vertrauten Gassen aufsuchte. Diese Stadt, an den berühmten Felsen geschmiegt, litt wie Berlin unter der abschnürenden Blockade. Nur wenige Touristen belebten die Straßen und indischen Bazare. Ich kaufte größere Vorräte an Lebensmitteln, die dort „Frei Haus“ an das Boot geliefert wurden.

Einige Tage lag die *Solveig* auf der Lauer, bis der Wind günstig war für die Fahrt durch die Meerenge. Wir mußten eine starke Gegenströmung überlisten und trotz Nebel unseren Weg durch die Strudel finden.

Ein starker Nordost füllte die Segel und trieb uns in wenigen Tagen nach Madeira. Auch bei der späteren Weiterfahrt nach Las Palmas brauchte ich mich über Mangel an Wind nicht zu beklagen.

Als die *Solveig* am 21. September vor dem Club Nautico ankerte, ahnte ich noch nicht, was mich wenige Wochen später dort erwarten würde.

Den folgenden, im Original wiedergegebenen Bericht habe ich damals unter dem Eindruck des Geschehens niedergeschrieben:

Las Palmas, den 18. 10. 1975

Überfall am Abend des 16. 10. 75

Es war ein schöner und ruhiger Abend. Die Besatzungen der beiden benachbarten Yachten *Kleiner Bär* und *Lumme* waren zu einer Volkstanzveranstaltung an Land gegangen. Ich saß allein im Cockpit und wollte Briefe schreiben. Kurz nach 18 Uhr schnurrte ein kleines Boot mit Außenborder zwischen den ankernden Yachten auf mich zu. Zwei Männer waren an Bord. Der Jüngere, etwa 30, mittelgroß, mit Brille und einem blassen Gesicht. Der andere groß, kräftig, ein südländischer Typ. Er bediente den Motor. Der Jüngere rief mich freundlich an:

„Hallo, Landsmann, wie geht es, ich freue mich, die deutsche Flagge zu sehen! Wo kommen Sie her, kann ich etwas für Sie tun?"

„Nein, danke", antwortete ich.

„Was machen Sie denn hier in Las Palmas?"

„Wir sind Fischer. Zu viert auf einem kleinen Motorschiff. Sind noch mehr Deutsche da?"

„Ja, der da drüben ist aus Hamburg! Die anderen sind aus Berlin!"

„Wie schön, Hamburg ist meine Heimat."

„Sie sind aber gerade an Land gegangen, wenn Sie sie sprechen wollen, kommen Sie doch morgen wieder", antwortete ich.

„Soviel Zeit haben wir nicht!"

Inzwischen hatte er sich an der Reling festgehalten und sein Boot schlug gegen die Bordwand der *Solveig*. Ich war verärgert, wollte ihn loswerden. „Was fischen Sie denn?" fragte ich, um von mir abzulenken.

„Haie", entfuhr es ihm, aber er verbesserte sich sofort:

„Auch andere Fische, natürlich".

Und er fügte noch hinzu:

„Wo fahren Sie denn hin, zurück nach Hamburg?"

„Nein, ich segle über den Ozean in die Karibik“, gab ich kurz zurück.

„In dem kleinen Boot? Da haben doch höchstens zwei oder drei Mann Platz?“

„Ich segle allein.“

„Wirklich? Geht denn das?“

„Doch, ja“, sagte ich.

„Tut mir leid, da haben Sie diesmal Pech gehabt! Sie fahren mit uns, und zwar sofort!“

Mit diesen Worten zog er eine Pistole aus der Tasche, schwang sich ins Cockpit und hielt mir die Mündung der Waffe vor die Brust.

„Sie fahren uns nach Afrika und folgen meinen Befehlen, sonst lege ich Sie um. Ich tue es nicht gerne, aber ich habe keine andere Wahl, ich habe ein Ding gedreht und muß von der Insel verschwinden! Holen Sie Ihren Anker auf!“

Ich blickte in den Lauf der Pistole, überlegte fieberhaft. Es war etwa 18.30 Uhr, die Dämmerung brach herein. Wann würden meine Nachbarn zurückkommen? Ich mußte Zeit gewinnen, erzählte von allem Möglichen, was am Boot nicht in Ordnung sei und ich hätte kein Wasser. Das machte wenig Eindruck.

„Wir werden heute nacht gemeinsam welches holen, ich kenne mich hier gut aus.“

Inzwischen lud der hünenhafte Komplize auf Geheiß des Jüngeren das Gepäck ins Cockpit der *Solveig*. Er sprach kein Wort, ich weiß nicht, woher er stammte. Ich versuchte weitere Ausflüchte, kämpfte mit Worten um jede Minute. Ewigkeiten schienen zu vergehen. In Wirklichkeit waren es 40 Minuten. Ein Beiboot näherte sich, es gehörte zu einer englischen Yacht, die weit entfernt lag. Der Hamburger herrschte mich an:

„Nicht rufen, sonst schieße ich!“

Jetzt kam mein schwerster Entschluß:

Ich rief dennoch und wartete auf den Schuß. Aber der Bursche drückte nicht ab, das Boot des Engländers war schon zu nahe. Dieser war auch nicht allein, seine Frau saß mit ihm im Dingi. Ich bat den jungen Engländer an Bord, ich hätte ein „Problem“, schob seine Frau aber zurück. Er setzte sich nichtsahnend, sah sich plötzlich mit der Pistole konfrontiert und bemerkte:

„Now, I see your problem.“

Der Hamburger forderte ihn auf, das Boot wieder zu verlassen. Er wollte natürlich gehen, aber ich hielt ihn fest. Zu dritt waren wir überlegen. Weitere 30 Minuten kämpfte ich mit Worten um unsere Freiheit, denn der Hamburger hatte sich nunmehr entschlossen, uns beide als Geiseln mitzunehmen.

Endlich gelang es mir, den Hamburger von der Aussichtslosigkeit seiner Lage zu überzeugen, ich bot ihm Geld als „Fluchthilfe“, damit er die Insel mit dem nächsten Schiff verlassen konnte. Und tatsächlich ergriff er dann mit seinem Komplizen und einigen tausend Peseten die Flucht in die Dunkelheit. Ihr Boot, es war gestohlen, ließen sie auf den Ufersteinen zurück.

In diesem Augenblick kamen auch meine Freunde aus der Stadt zurück. Der Engländer wurde vor Aufregung beinahe ohnmächtig, doch mit einem Schluck Whisky brachten wir ihn wieder auf die Beine. Er war vollkommen mit den Nerven fertig. Bei mir kam die Reaktion erst im Laufe des nächsten Tages.

Seit dem „Besuch" der Piraten vor der arabischen Küste 1961 war dies der vierte Überfall auf mein Boot. Wenn ich damit rechnen mußte, daß es nicht der letzte war, stimmte mich dieser Vorfall für den weiteren Verlauf meiner Reise nicht sehr zuversichtlich.

Das graue Hafenwasser, die endlose Betonmauer, oben der Verkehrslärm der Schnellstraße und die staubigen Gassen, alles schien mir nach dem Zwischenfall unerträglich. Selbst die Tasse Kaffee im Catalina Park schmeckte nicht mehr.

Ich fragte mich: „Warum bist du eigentlich hier?" Wo war meine Begeisterung geblieben? Dabei mußte ich mir sagen, daß der gleiche Vorfall auf der Straße, im Flugzeug oder im Auto hätte geschehen können und mit einer Weltumsegelung gar nichts zu tun hatte. Schön und gut, aber hier wollte ich heraus.

Der 7. November war als Abfahrtstag vorgesehen, doch es war wie verhext:

Schon am 5. November schlief der Nordwind, der seit Wochen regelmäßig das Hafenwasser aufgewühlt hatte, endgültig ein. Totale Flaute. Die *Solveig* hat nur einen kleinen Hilfsmotor und ich konnte wenig Kraftstoff mitnehmen. Deshalb mußte ich warten. Zwei volle Wochen, bis zum 17. November, als endlich eine leichte Brise am Morgen mich anspornte, seeklar zu machen. Mittags verließen wir den Hafen, und bereits nach Einbruch der Dunkelheit hatten wir die Südspitze von Gran Canaria erreicht. In der zweiten Nacht setzte der Passat voll ein, wurde von Tag zu Tag kräftiger, und mit Höchstfahrt, die Nase immer wieder tief in die Wellen eintauchend, rauschte die *Solveig* nach Westen. An die 6 Windstärken warfen eine ziemlich grobe See auf. Leben, Essen und Schlafen an Bord wurden beschwerlich bei dem wilden Tanz, den das kleine Boot vollführte. Jeden Tag konnte ich nach den Messungen mit dem Sextanten feststellen, daß ich über 100 Seemeilen – etwa 200 Kilometer – zurückgelegt hatte.

Ich bemühte mich zu frühstücken, um bei Kräften zu bleiben: Tee mit viel Zucker, die Stahlkanne zwischen den Füßen, damit sie nicht umfiel, die Tasse in der Hand. Ich hatte wenig Hunger, war auch durch Schlafmangel zu erschöpft, um mich mit dem Küchengerät, das in alle Richtungen rutschte und fiel, herumzuschlagen.

Aber ich kam vorwärts, rechnete mir schon aus, daß es eine Rekordfahrt werden könnte, da ich bereits nach 14 Tagen über die Hälfte des Ozeans achteraus gelassen hatte. Doch mit dem Mondwechsel setzte der Wind plötzlich aus. Langsam, unendlich langsam schob sich der Bug meines winzigen Schiffchens durch die glatte Oberfläche der See. Heiß brannte die Sonne nieder und tauchte als feuerroter Ball in das Meer ein.

Meine Mahlzeiten wurden wieder reichlicher: Thunfisch oder Sardinen aus der Büchse, abends ein paar Spiegeleier oder Suppe.

Nach zwei langen Wochen setzte endlich der Passat wieder ein. Seit 28 Tagen war ich auf See, wollte eigentlich schon am Ziel sein, und jetzt fehlten noch immer ein paar hundert Meilen!

Vielleicht trug die Einsamkeit zu meiner ständig wachsenden Unruhe bei, oder die Enge der Kajüte wirkte sich auf mein Gemüt aus, jedenfalls erreichte ich in der Nacht vom 17. zum 18. Dezember einen Punkt höchster seelischer Anspannung . . .

Immer wieder öffnete ich das Luk, schaute über die im Mondlicht silbern glänzende See. Barbados konnte doch erst morgen abend in Sicht kommen! Gegen 4 Uhr früh döste ich ein, war zu müde noch einmal aufzustehen.

Entsetzlicher Krach und ein furchtbarer Stoß reißen mich aus dem Schlaf. Ich höre das Geräusch noch heute: Stahl auf Stahl! Ich hatte ein Schiff

gerammt – war es das Ende? Ich springe hoch, reiße das Luk auf, sehe eine riesige schwarze Schiffswand vor mir, an der ich entlangschramme. Dann kommt das Heck des Schiffes hoch über mir, mein Boot wird in die Strudel der Schrauben gezogen, mit Wasser überschüttet, zugedeckt. Ich glaube nach unten gerissen zu werden, bin unfähig mich zu bewegen, wenigstens das Luk zu schließen. Überall Wasser!

Für einen Augenblick treibe ich in der glatten Hecksee, aber sofort kommen die Brecher der angestauten Wogen mit doppelter Gewalt nach. Hat die *Solveig* ein Leck? Wird sie sinken? Was tun?

Ich stelle die elektrische Pumpe an. Nach einer Weile ist die Bilge leer, kein Wasser kommt nach. Jedenfalls keine größere Menge.

Ich springe an Deck, nackt, rutsche aus, halte mich irgendwo fest, kann nichts sehen. Springe zurück in die Kabine, rutsche wieder aus, schlage mir eine tiefe Wunde ins Schienbein. Der Schmerz bringt mich zur Besinnung. Ich schalte die Salinglampen ein, klettere langsam ins Cockpit und taste mich Schritt für Schritt zum Bug vor. Da finde ich die Bescherung! Bugkorb und Bugbeschlag, beides aus kräftigem Stahl, sind völlig verbogen und zusammengedrückt. Meine Augen wandern nach oben. Gott sei Dank! Die Stage unbeschädigt, die Segel stehen einwandfrei. Aber die Windmeßanlage auf der Mastspitze ist abgebrochen! Ich klettere zurück, fühle die Seen kaum, die über das Deck brausen, halte mich nur krampfhaft fest. In der Ferne erkenne ich das riesige Schiff. Ein Tanker, mindestens 50 000 Tonnen. Doch weiter – was ist mit dem Bootskörper? Aufgeregt untersuche ich, teilweise auf dem Bauch liegend, beide Bordwände meiner *Solveig*. Kaum zu glauben – aber ich kann nicht eine Schramme finden, auch keinen Riß, durch den möglicherweise Wasser eindringen könnte.

Dann zum Heck. Da, das Ruder ist verbogen, hängt schräg im Wasser, aber der Kurs stimmt, die Selbststeuerung funktioniert! Brave *Solveig*!!! Dem schier überfesten Boot habe ich mein Leben zu verdanken!

An das, was danach kam, erinnere ich mich heute nur noch schemenhaft.

Mechanisch, wie im Traum, muß ich wohl im Morgengrauen, als die See sich endlich etwas beruhigt hatte, versucht haben, Ordnung in das entstandene Chaos zu bringen. Geschirr, Bettzeug, Radio, Kameras, Konserven, Zucker, Tee, Kleidung – alles lag mehr oder weniger durchnäßt auf und zwischen den Bodenbrettern meiner Kajüte. Selbst der Motor war aus seinen Gummilagern herausgerissen worden.

Erst Tage später, als ich in den Westindischen Inseln, vor St. Vincent, ankerte, folgte die eigentliche Reaktion:

Meine ganze Reise schien mir unter einem Unstern zu stehen. Nachts schreckte ich hoch, von Alpträumen geplagt, und verfiel tagsüber in lähmende Lethargie. Jegliche Initiative und Lust für weitere Unternehmungen war mir fürs erste genommen; dazu kam wohl auch die völlig veränderte

Atmosphäre auf den Inseln. Wenn ich auf meiner ersten Weltumsegelung von den Bewohnern noch gefragt wurde: „May I help you?“, so hieß es inzwischen: „Give me money!“

Zunehmende Armut und Arbeitslosigkeit waren wahrscheinlich mit ein Grund, daß das Hauptinteresse der Einheimischen nunmehr darin bestand, Besuchern ihrer Inseln das Geld aus der Tasche zu ziehen. Aber sicherlich erschien mir in meiner pessimistischen Stimmung damals manches schlimmer, als es in Wirklichkeit war.

Fast zwei Monate brauchte ich, um meine zurückliegende Pechsträhne nach und nach zu verarbeiten.

Am 3. März holte ich endlich den Anker auf, um mit kräftigem Rückenwind nach Curacao zu segeln. Diese einwöchige Überfahrt war für mich wie ein neuer Beginn, eine Befreiung! Alles Vergangene, all die unerfreulichen Ereignisse der letzten Wochen schüttelte ich von mir ab, tat so, als ob nichts geschehen wäre.

In Curacao angekommen, nutzte ich die guten Einkaufsmöglichkeiten, die die holländische Überseeprovinz den Seglern bietet. Ich hatte keine weitere Zeit mehr zu verlieren, wollte ich doch so schnell wie möglich die Küste Panamas, die San-Blas-Inseln ansteuern, um dort eine Weile zu bleiben, bevor ich durch den Panamakanal ging.

Die windigste Ecke der Karibik wartete auf die *Solveig.* Jede Kleinigkeit versuchte ich so zu verstauen, daß nichts mehr im Wege war und sich auch nichts bewegen konnte. Ölzeug, Werkzeug und Sturmsegel lagen griffbereit, auch genügend Lebensmittel, die ich, ohne zu kochen, schnell in den Mund stecken konnte.

In der ersten Nacht segelte ich durch eine ganze Flotte von Tankern, die zwischen Aruba und der Küste Venezuelas geankert hatten. Bald danach schon geriet die *Solveig* in schwere Brecher. Oft glaubte ich auf flaches Wasser geraten zu sein, denn wie Grundseen warfen sich die Wellenberge über das kleine Boot. Für ein paar Stunden trat Beruhigung ein, doch dann bildeten sich erneut wilde Brecher, unheimlich, wie von einer unsichtbaren Kraft aufgewühlt, aus der Tiefe des Meeres aufsteigend und um sich greifend.

Unter Doppelfock und mit achterlichem Wind machte die *Solveig* sehr schnelle Fahrt, legte bis zu 140 Seemeilen im Etmal zurück.

Und da beging ich einen Fehler!

Im Rausch der Geschwindigkeit unterließ ich es, die Sturmsegel zu setzen, obwohl nach der dritten Nacht der Windmesser volle 7 anzeigte.

Noch während ich überlege und abwarte, ob der Wind vielleicht wieder nachläßt, geschieht es: wie von einer Riesenfaust gepackt, wird die *Solveig* zur Seite geschleudert und von Wassermassen so überschüttet, daß diese durch jede Ritze des Schiebeluks in die Kajüte hereinschießen. Unmittelbar darauf folgt ein Krachen in der Takelage. Zum Teufel auch! Hätte ich doch die Segel vorher eingeholt!

Ich springe heraus, das Cockpit ist randvoll mit Wasser, die Segel schlagen wie wild, beide haben sich losgerissen. Einer der Bäume hängt noch am Mast, der andere ist abgebrochen! Er treibt achteraus an der Schot. Was für eine Wucht muß diese See gehabt haben!

Nachdem ich die Segel geborgen habe, fische ich die Spiere aus dem Wasser und besehe mir den Schaden. Ein Beschlag hängt noch am Mast in der Halterung, darin steckt das abgebrochene Holz. Mit Taschenmesser, Bohrer und Schraubenzieher pule ich Stück für Stück den Holzstumpf heraus, bis ich zwei Stunden später den Beschlag am Spinnakerbaum neu anbringen und die Sturmsegel setzen kann.

Na ja, es ist nochmal gut gegangen. Ein paar Sachen sind naß geworden, der Spinnakerbaum ein Stück kürzer. Ich schwöre mir, in Zukunft vorsichtiger zu sein und jeden Wunsch nach Geschwindigkeit und „früher Ankommen“ um der Sicherheit willen zu unterdrücken. Schließlich segle ich kein Rennen.

Jetzt heißt es Zähne zusammenbeißen, noch zwei Nächte durchhalten, dann müßte ich die Küste Panamas, die San-Blas-Inseln, vor mir sehen. Schwierig nur bei diesem Seegang, wo eine genaue Sextantenmessung kaum möglich ist, auf eine Gruppe Hunderter kleiner Inseln, von Korallenriffen umgeben, zuzusteuern. Keinesfalls darf ich mich in der Dunkelheit den Inseln nähern, auf denen es nicht ein einziges Leuchtfeuer gibt.

In der übernächsten Nacht beobachtete ich ständig das Echolot. Auch am folgenden Morgen war noch nichts zu sehen, erst gegen 9 Uhr erkannte ich ein paar Kokospalmen über dem Horizont. Das war eine der Inseln, aber welche? Weder in der Seekarte noch im Seehandbuch fand ich einen Hinweis, wie die Inselchen heißen. Nach zwei Stunden kam die Sonne heraus, und ich konnte eine genaue Messung vornehmen. Ich befand mich 25 Seemeilen südlich des vorgesehenen Ankerplatzes. So weit hatte mich also der Strom in der Nacht abgetrieben!

In respektvollem Abstand segelte die *Solveig* an der Inselkette entlang. Nachmittags suchte ich vorsichtig die Durchfahrt in der Riffmauer. Sobald ich das Korallenriff umfahren hatte und die *Solveig* auf ruhigem Wasser dahinglitt, nahm ich den geradezu märchenhaften Anblick um mich herum wahr:

Unzählige kleine Inseln tauchten vor meinen Augen auf, mit schneeweißen Sandstränden, Kokospalmen und Tropenwäldern geschmückt. Das glasklare Wasser schimmerte in leuchtendem Grün. Welch ein Paradies!

Ich steuerte langsam auf den Strand zu und versuchte zu ankern, bis mir ein Indio in seinem Einbaum den günstigsten Ankerplatz wies. Ganz vorsichtig, ja scheu hatte er sich dem Boot genähert, um dann sofort wieder zu verschwinden, nachdem ich das Eisen geworfen hatte. Keine Fragen, keine Neugier.

– Die Kunas-Indios sind ein Stamm, der seinerzeit vor den spanischen Eroberern auf diese Inseln und in die Urwälder an der Küste geflohen war und sich seither seine Lebensart so ziemlich erhalten hat. Bestimmend bei ihnen sind die Frauen, also ein echtes Matriarchat. Und diese Frauen sind Künstler!

Von Hand fertigen sie die berühmten Molas, fantasievolle Muster, meist Tierdarstellungen oder Szenen aus dem Alltagsleben. Diese Molas bestehen aus verschiedenen einfarbigen Tüchern, die in mehreren Schichten übereinander liegen. Aus ihnen werden nach einer Vorlage einzelne Muster ausgeschnitten, sodaß die jeweils darunterliegende Farbe zu erkennen ist. Dann wird das Ganze zusammengenäht. Früher nur als unverzichtbares Schmuckstück für Kleider verwendet, werden sie heute auch zum Verkauf an Händler gefertigt.

Eine Kuna-Frau zeigte mir bereitwillig ihre Palmenhütte: in der Mitte die Feuerstelle, über der Glut hing an einem Ast der Kochtopf. An der linken Seite ein Holzrost, auf dem über nie erlöschender Glut Fische gedörrt werden. Da das ganze Gebiet den Indios als Reservat gehört, ist es verboten, kommerziell zu fischen oder Plantagen anzulegen. Ich fand Tausende von Muscheln am Strand, wie ich sie in solcher Vielfalt selbst in der Südsee noch nie gesehen hatte. Ein Stück unberührter Natur . . . –

Nach einer Woche nahm ich schweren Herzens Abschied von meinem kleinen Paradies und steuerte am nächsten Mittag auf die Wellenbrecher zu, hinter denen die Einfahrt zum Panamakanal beginnt.

Meine 9 300 Meilen lange Anreise von Regensburg bis zum Panamakanal lag hinter mir, und nach der Durchfahrt hatte ich endlich den Pazifischen Ozean, das Ziel, dem ich seit Beginn meiner Reise entgegenfieberte, erreicht.

Fatu Hiva und Tahiti

Etwa 900 Meilen nordöstlich von Tahiti liegen die Marquesas, eine Gruppe weitverstreuter, gebirgiger Vulkaninseln. Sie wurden 1595 von dem Spanier Alvaro de Mendana entdeckt und nach dem damaligen Vizekönig von Peru, Marques de Mendoza, benannt.

Die *Solveig* rauschte Tag und Nacht von Wellenberg zu Wellental – unermüdlich und immer bemüht, ihre Nase oben zu behalten. Gelang ihr das nicht, so brauste das Wasser über den Bug und die Ankerwinsch, weiter über das Vordeck und schäumte schließlich auf das Kajütdach, um von dort langsam in die See zurückzufließen. Von Zeit zu Zeit griff eine riesige Welle das ganze Boot, warf es auf die Seite und deckte es mit der blaugrünen Flut zu. Danach stand das Cockpit halb voll Wasser, und es dauerte eine Weile, bis sich die Wanne durch die Lenzrohre entleert hatte. Nach so einem „Überfall" Neptuns waren dann auch die Segel bis zur halben Masthöhe tropfnaß.

Bereits 100 Meilen vor den Marquesas-Inseln ließ der Seegang nach, ein Tropikvogel, seine weißen Schwingen schlagend, flog auf die *Solveig* zu; auch er ein Künder des nahen Landes. Minutenlang schwebte er über dem Cockpit, besah sich alles mit seinen neugierigen Augen, kam dann noch einmal zurück, um ja jede Einzelheit genau zu beobachten. Mit ihrem schneeweißen Gefieder und den bis zu einem halben Meter langen Schwanzfedern bieten die Tropikvögel einen zauberhaften Anblick.

Als ich am 23. Juni mittags meine Position bestimmte, rechnete ich mir aus, daß am nächsten Tag Fatu Hiva in Sicht kommen müßte. Der Landfall nach fast zwei Monaten auf See war ein Ereignis. Ich würde die Insel wirklich sehen, die so lange nur auf der Karte für mich existiert hatte.

Würde ich Fatu Hiva im Süden oder im Norden runden müssen? Ich war unruhig, denn bei genauem Studium der Seekarte hatte ich etwa 30 Meilen vor Fatu Hiva einen kleinen schwarzen Punkt entdeckt: einen einzelnen Felsen in der See! Ich begann fieberhaft zu rechnen, meinen geschätzten Kurs seit der letzten genauen Position in die Karte einzuzeichnen und kam zu dem Schluß, daß ich die Nähe dieses Felsens nach Mitternacht erreichen würde. Das bedeutete für die ganze Nacht Alarm! Als die Dunkelheit hereinbrach, starrte ich immer wieder über die schwarzen Wogen, ob ich eine Brandung erkennen könnte. Kurz nach Mitternacht entschloß ich mich beizudrehen. Ich barg das Vorsegel, reffte das Groß tief herunter und holte es dicht. Das Risiko, einfach weiter zu segeln, war mir zu groß. Zwar würde ich nun später ankommen, vielleicht eine weitere Nacht auf See verbringen müssen, aber die Gefahr, dem Felsen in der Dunkelheit zu nahe zu kommen, war gebannt.

Beim ersten Tageslicht setzte ich wieder Segel, und tatsächlich erkannte ich eine Stunde später diesen verdammten Stein, „Rock Thomasset", in der See direkt voraus!

Ich änderte sofort den Kurs und segelte in 100 Meter Abstand vorbei, sah die Dünung wütend gegen den breiten Felsen anrennen und die Steine mit Schaum bedecken. In Gedanken streichelte ich die *Solveig* dafür, daß sie in der Nacht gehorsam stehen geblieben war und die Nähe dieser tosenden Strudel gemieden hatte.

Eine graue Kontur zeichnet sich am Himmel ab. Fatu Hiva erhebt sich bis 1 000 Meter über dem Meeresspiegel. Ich steuerte auf die Südspitze zu, und bald ragten die drohenden und abweisenden schwarzen Felswände dicht vor mir in die Höhe. Die See war, wie nicht anders zu erwarten an so einem steilen Kap, sehr steil und konfus, überall mit weißen Schaumkronen bedeckt. Ich startete den Motor, um möglichst schnell ruhiges Wasser zu erreichen. Dunkle Regenwolken hingen tief um die Berge, ab und zu ging ein Schauer nieder. Da war nicht die geringste Ähnlichkeit mit der Landschaft, wie ich sie bisher als Südseeinsel kennengelernt hatte.

Ich befand mich in Hochstimmung, alle Müdigkeit der letzten Wochen war verflogen, alle Strapazen der langen Ozeanüberquerung vergessen, denn ich hatte die erste Insel Polynesiens vor mir!

Schon zwei Stunden später hatte ich das Kap umrundet und fuhr dicht an der Küste entlang, durch die hohen Berge vor dem Passatwind geschützt. Ich stellte den Motor ab, ließ die *Solveig* treiben und wollte auch die äußeren Zeichen der langen Fahrt von mir abwaschen. Das Süßwasser war jetzt nicht mehr kostbar, ich füllte zwei große Eimer, stellte sie ins Cockpit und begann mit einer gründlichen Reinigung vom Kopf bis zu den Zehen. Danach folgte eine sorgfältige Rasur und ein Bartschnitt. Aus dem Schränkchen, in dem meine Hosen und Hemden monatelang vor sich hingemuffelt hatten, suchte ich mir „frische" Kleidung heraus, stellte nach vollbrachtem Werk die Maschine wieder an und fuhr kreuzvergnügt der Küste entlang nach Norden.

Um 16 Uhr steuerte ich in die „Baie des Vierges", die „Bucht der Jungfrauen", eine zwar geschützte, aber schmale Felsenbucht. Drei weitere Yachten lagen dort vor Anker, es blieb mir nicht viel Platz, und ich kreuzte lange vor und zurück, ohne eine Stelle zu entdecken, an der ich auf mäßiger Tiefe meinen Haken fallen lassen konnte. Endlich erhielt ich von einer

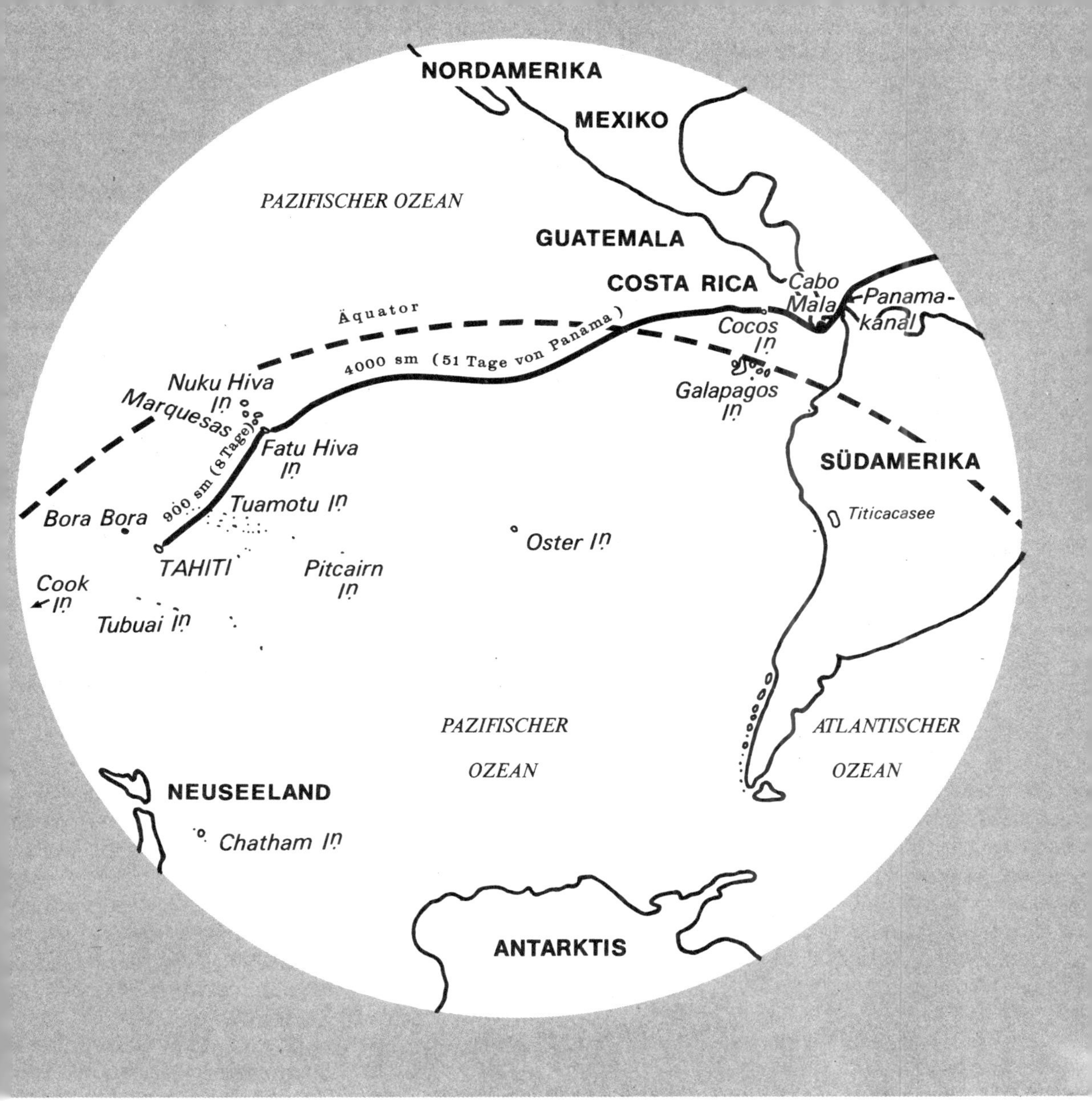

französischen Yacht einen Zuruf, wo noch halbwegs flaches Wasser und Sandgrund zu finden sei.

Dort warf ich meinen Anker. An Landgang war heute nicht mehr zu denken. Der Wind pfiff von den Bergen herab durch das Tal und jagte über die Wasserfläche der Bucht. Mit dem Schlauchboot konnte ich gegen die Böen, die Stärke 8 bis 9 erreichten, nicht anfahren, der Wind hätte es glatt umgeworfen. Es überfiel mich eine bleierne Müdigkeit – die Entspannung, nachdem ich mein Ziel erreicht hatte.

Am Morgen ließ ich mich von dem großen Beiboot meiner Nachbaryacht mit an Land nehmen und näherte mich den Hütten des Dorfes, die entlang dem Pfad zwischen Palmen und Brotfruchtbäumen verstreut lagen. Kinder rannten auf mich zu, boten mir Orangen, Pampelmusen und Limonen in solchen Mengen an, daß ich sie nicht tragen konnte. Frauen und Männer hießen mich lachend willkommen. – Ja, das war Polynesien – die Lebensfreude und Offenherzigkeit scheinbar sorgloser Menschen. Doch eben diese Eigenschaften wurden zu ihrem Verderben. Willig hatten sie im vorigen Jahrhundert die Besatzungen der Walfänger aus Amerika, der Handels- und Kriegsschiffe aus Europa bei sich aufgenommen. Als Gegengeschenk erhielten sie dafür Alkohol, Syphilis und die Masern, welche eine verheerende Wirkung hatten, da die Insulaner gegen diese wie auch gegen einfache Erkältungskrankheiten keine Abwehrkräfte besaßen. Zu Tausenden wurden die arglosen und unwissenden Einwohner von Seuchen dahingerafft. Von einstmals 50 000 war ihre Zahl auf 2 200 im Jahre 1926 gesunken! Die Missionare nahmen ihnen ihre Religion, und damit ihre Lebensform, so daß nur eine moralisch gebrochene und ihrer Tradition beraubte Restbevölkerung zurückblieb. –

Fatu Hiva ist mit seinen hohen Bergen, grünen Tälern, seinen Bächen und Wasserfällen von unbeschreiblicher Schönheit. Kein Wunder, daß Thor Heyerdal gerade hier seinen Versuch unternommen hatte, ein Leben in der reinen Natur zu führen. Ich selbst war von der Insel so beeindruckt, daß ich zusammen mit Ruth und Don, einem Ehepaar von einer amerikanischen Yacht, ins Gebirge wandern wollte.

Mit unerschütterlichem Optimismus versuchten wir immer wieder den genau beschriebenen Pfad zu finden, kehrten aber jedesmal, zum Vergnü-

Tropikvögel im Nest

gen der Dorfbewohner, ohne Erfolg und zunehmend verlegener zurück. Schließlich überredeten wir eine junge Einheimische, uns am nächsten Tag zu führen. Mit ihren großen ausdrucksvollen Augen, der olivfarbenen Haut und dem langen schwarzen Haar, welches ihren Rücken bis zu den Hüften bedeckte, erschien sie uns als Inbegriff der Südseeschönheit. Auf einem Pferd ritt sie uns voran, Straßen oder Fahrzeuge gibt es noch nicht auf Fatu Hiva. War es Traum oder Wirklichkeit? Vor uns, hoch zu Roß, eine fast schon märchenhafte Gestalt, die den kleinen Wanderern, die ihr folgten, den rechten Weg wies, der in einen hohen, lichten Wald führte. Unser Pfad verlief in Serpentinen leicht bergauf, von Palmen, Orangen- und Grapefruitbäumen gesäumt.

Über uns jagten dunkle Wolkenfetzen am Himmel und hüllten die Berge in tiefes Schwarz. Nach zehn Minuten war der Spuk verschwunden, die Landschaft erstrahlte von neuem in hellem Sonnenlicht. Dieses Schauspiel der Natur, der ständige Wechsel zwischen Glanz und drohendem Unheil, übte auf mich eine kaum zu beschreibende Faszination aus . . .

Nach einer halben Stunde endete der Pfad, unsere polynesische Führerin sprang mit einem eleganten Satz von ihrem Pferd, band die Zügel an einen herunterhängenden Zweig und begann, mit uns ein steiles Bachbett hinaufzuklettern. Dabei brach sie von den Büschen immer wieder kleine Zweige ab, um später den Rückweg nicht zu verfehlen, wie sie mir auf meine erstaunte Frage hin erklärte. Nach einem einstündigen Aufstieg erreichten wir einen Grat, von dem aus wir den Blick frei hatten zu einem Wasserfall. Ein hinreißender Anblick bot sich unseren Augen: die hohe Felswand, von der der Bach herunterstürzte in ein weites Wasserbecken, umgeben von üppigem, tropischem Pflanzenwuchs und dazwischen das glasklare Wasser des kleinen Sees.

Tutana, so hieß unsere Schönheit, erzählte, daß vor kurzem ein Amerikaner in eine tiefe Felsspalte gefallen war, als er heimlich Jagd auf Rinder und Ziegen machte, die hier verwildert in den Bergen leben. Erst nach drei Tagen wurde er mit Hilfe von Einheimischen und der französischen Polizei gefunden. Ich hörte später, daß gerade Segler oftmals illegal Tiere schießen, um sich billige Fleischvorräte zu sichern.

Der Abstieg durch das Bachbett, über Geröll und Steinblöcke, war für unsere ungeübten Beine eine arge Schinderei, und mehr als einmal rutschte ich auf den nassen Felsen aus. Tutana sprang uns barfuß und mühelos voran, suchte ihre Markierungen und wartete dann an einem schattigen Plätzchen, bis wir sie wieder eingeholt hatten. Erst in der Dunkelheit kehrten wir in das kleine Dorf zurück und setzten zu unseren Booten über, die von Windböen gepeitscht an ihren Ankerketten hin und her gerissen wurden. Das Heulen des Windes wurde durch das Echo zwischen den hohen Felswänden noch verstärkt, als ob es warnend das kommende Unwetter ankündigte . . .

Am Abend kam Ruth noch zur *Solveig* herüber und brachte Bananen, Mangos und Orangen für meine Weiterfahrt. Als sie sich verabschieden wollte, ging ein Wolkenbruch von solch unheimlicher Gewalt nieder, daß die ganze Welt um die *Solveig* herum zu versinken schien. Die Luft bestand nur noch aus Wasser. Ruth stand bereits in ihrem Schlauchboot, und triefend vor Nässe holte ich sie zurück in meine Kajüte. Ich machte uns eine Suppe heiß und sie bemerkte staunend, wie gemütlich es in der *Solveig* sein kann, die von außen so unscheinbar und klein aussieht. Erst nach einer Stunde hatten sich die Naturgewalten soweit ausgetobt, daß Ruth, ohne Gefahr, mit dem Schlauchboot abgetrieben zu werden, auf ihre Yacht zurückkehren konnte.

Am 28. Juni mittags holte ich den Anker auf, drehte mit der *Solveig* noch eine Ehrenrunde, um uns von den anderen Yachten zu verabschieden, und steuerte auf die offene See hinaus, bis ich von der Insel völlig frei war, und nahm direkten Kurs auf Tahiti.

Während die *Solveig* durch das tiefblaue Wasser der Südsee pflügte, kletterte ich aus dem Cockpit an Deck, und weiter zum Mast, um das Groß für die Nacht ein paar Drehungen zu reffen. Zu gut waren mir die stürmischen Böen in Erinnerung, die, mit Regenschauern einhergehend, selbst auf dem Ankerplatz durch die Takelage pfiffen. Ich hatte noch 900 Seemeilen vor mir und dazu noch eine besonders gefürchtete Strecke durch die Tuamotus, 78 flache Korallenatolle, die nur schmale Durchfahrten aufzuweisen haben und wegen ihrer geringen Höhe von nur 1–2 Metern über dem Meeresspiegel erst auf kurze Distanz sichtbar werden. Das sich auf Fotos so romantisch ausnehmende Bild der Kokospalmen am Meereshorizont ist für den Segler leider auch immer ein untrügliches Zeichen, daß Korallenriffketten davorliegen; denn sie sind es, die Wind und Ozean von den Atollen fernhalten und so das Gedeihen der Palmen erst möglich machen. In dem Augenblick, in dem die Baumkronen am Horizont auftauchen, kann es oft schon zu spät sein. Die scharfkantigen Riffe liegen nämlich in der Regel ein paar Meilen vor dem Atoll.

Die Kette der Inseln in den Tuamotus ist so lang (1 700 km, das entspricht etwa einer Strecke von Hamburg bis Sizilien), daß ein Umfahren kaum möglich ist.

Jedes Jahr gehen einige Yachten auf den Riffen verloren; auf Raroia strandete Thor Heyerdahl 1947 mit seinem Floß Kontiki.

Genaueste Navigation hatte bei mir von jetzt an Vorrang. Häufige Regenschauer und Starkwind, der einen steilen Seegang aufwarf, machten mir die Arbeit mit dem Sextanten und den nautischen Tafeln nicht gerade leicht. Ich brachte nur notdürftige und ungenaue Messungen zustande, da ich den Horizont hinter den vielen Brechern nicht mehr erkennen konnte. Die Nächte wurden zur Qual. Am 2. 7. steht im Logbuch:

„Schlimme Nacht, meist Windstärke 6, um 2.30 Segel geborgen, um 4.30

Segel wieder gesetzt. Schwere Brecher. Alles durcheinandergeworfen. Nicht geschlafen."

Am Morgen raffte ich meine letzten Kräfte zusammen, um mir Tee aufzugießen. Mein Vorhaben endete jedoch damit, daß sowohl Teekanne als auch mein schwerer Werkzeugkasten heruntergeschleudert wurden und das verstreute Werkzeug mit Tee und Lebensmitteln auf den Bodenbrettern ein wüstes Durcheinander bildeten. Ich war den Tränen nahe, stieß mehr als einen kräftigen Fluch aus.

Am 3. 7. vermerkte ich, daß, obwohl das Wetter sich beruhigt hatte, eine Welle sich so brutal über dem Boot brach, daß das Cockpit bis zum Rand gefüllt wurde. Das bedeutete etwa zwei Tonnen Wasser zusätzlich im Schiff. Die *Solveig* sackte bedenklich tief mit dem Heck ab. Minuten der Angst und Beklemmung für mich. Aber das Boot schüttelte die eingestiegene See von sich ab – das Wasser floß allmählich durch die Lenzrohre zurück – und setzte die Fahrt unbeirrt fort. Warum sollte ich dann verzagen?

Oft bin ich gefragt worden, wieviel Wind ein kleines Boot wie die *Solveig* eigentlich aushält. Die Frage ist, glaube ich, kaum zu beantworten, denn nicht der Wind birgt die Gefahr, sondern der Seegang. Wie hier, in der Nähe von großen Inseln oder Riffen, vielleicht noch von einer Strömung beeinflußt, kann die See selbst bei mäßigen Windstärken schon gefährlich werden. Ein Sturm in diesem Gebiet wäre nur mit Glück zu überleben.

Am 4. 7. kommt das Atoll Rangiroa in Sicht – sechs Stunden muß ich an der Riffmauer entlangkreuzen, bis ich die Durchfahrt erreiche und abends, gerade noch vor Dunkelheit, das offene Meer gewinne. Im Radio höre ich von dem geglückten Handstreich der Israelis in Entebbe und der 200-Jahr-Feier der Vereinigten Staaten.

Das wechselhafte Wetter mit Regenschauern und Böen hält weiter an, doch die Passage durch die Tuamotus war geschafft. Am nächsten Abend flaut der Wind ab, kommt sogar aus Süden. Ich reffe das Segel aus.

Gegen Mitternacht öffne ich das Schiebeluk, um Ausschau zu halten. Der laue Wind scheint mir schwerer als sonst, für ein paar Atemzüge sauge ich den warmen Duft von Land und Blüten ein. Ist so etwas möglich? Nach ein paar Minuten spüre ich den warmen Hauch wieder, der süßliche Geruch der Tiareblüten von Tahiti war nun unverkennbar! Mich durchströmt ein Gefühl unbändiger Freude. Die *Solveig* nähert sich zum zweiten Mal in ihrem und meinem Leben Tahiti, dem Traumland der Südsee!

Bei Tagesanbruch sehe ich die Umrisse des 1 500 Meter hohen Orohena vor mir. In einer Woche beginnen die Festlichkeiten anläßlich des französischen Nationalfeiertages, eine der größten Attraktionen in der Inselwelt des Pazifik. Ob da für die *Solveig* noch ein Liegeplatz frei sein wird? Und wie wird es, nach zehn Jahren „Entwicklung", im Hafen von Papeete aussehen?

Zunächst einmal heißt es weitersegeln; für die letzten 30 Meilen muß ich noch einmal die Doppelfock setzen, das bedeutet eine Stunde harter Arbeit an Deck und dazu habe ich jetzt nicht mehr die geringste Lust. Die Müdigkeit ist übermächtig, aber ich nehme mich zusammen, ordne meinen Kram in der Kajüte und hole die Ausrüstung für den Hafen hervor. Dazu gehören vor allem die Festmacheleinen, Ankerkette, Sonnensegel, der Tisch fürs Cockpit, meine Papiere für die Einklarierung und ordentliche Kleidung sowie die französische Flagge, die an der Steuerbordsaling gesetzt wird zur Ehrung des Gastlandes. Aus dem Heckstauraum zerre ich den letzten Kanister mit Diesel, fülle den Tank auf und bin gerüstet für das Manövrieren im Hafen. Um 12 Uhr runde ich Point Venus mit seinem alten Leuchtturm, dem berühmten Ansteuerungspunkt für Tahiti.

– Auf dieser flachen Halbinsel hatte Kapitän Cook im Jahre 1769 seine Zelte aufgeschlagen, um den Durchgang des Planeten Venus durch die Sonne zu beobachten, die wichtigste Forschungsarbeit auf seiner Weltreise. Er ergriff deshalb besondere Vorsichtsmaßnahmen, um seine unersetzlichen Instrumente vor etwaigen Übergriffen der Tahitianer zu schützen. Doch sollte er schon bald die besondere Mentalität der Tahitianer kennenlernen.

Kapitän Cook

Auf der sandigen Landzunge beschloß er, ein Zelt aufzubauen, das als Observatorium dienen sollte und dieses dann mit einem Palisadenzaun und einem Graben zu umgeben. Die fleißigsten Helfer beim Bau waren die Tahitianer selbst, die die eifrigen Bemühungen als großes Spektakel betrachteten und nicht im geringsten daran dachten, daß die Befestigungsanlagen gegen sie selbst gerichtet waren. Neugierig wie ein Kind und ohne rechten Sinn für Mein und Dein überlistete ein junger Tahitianer den Wachtposten, schlug ihn nieder und entwendete seine Muskete. Noch auf der Flucht, mit der Trophäe in der Hand, wurde er erschossen.

Dieser Zwischenfall trübte die sonst so herzlichen und recht intimen Beziehungen der englischen Seeleute zu den Inselbewohnern, und so versuchte Capitän Cook im Gespräch mit den Häuptlingen, den erstaunten Tahitianern zu erklären, welch schweres Vergehen ein Diebstahl sei. Auf

Cook's „Resolution" und „Adventure" in Matavai Bay

Tahiti gab es alles Lebensnotwendige im Überfluß, der Begriff „stehlen" (ebenso der Begriff „Sünde"!) fehlte im Sprachschatz dieses glücklichen Volkes. So nahm man sich die Ermahnung in dem Sinne zu Herzen, in Zukunft vorsichtiger zu sein und sich jedenfalls nicht erwischen zu lassen.

Der Tag der wichtigen Venus-Beobachtung rückte näher und alle kostbaren Geräte, insbesondere ein Quadrant, wurden an Land gerudert und fanden ihren Platz im gut bewachten Zelt. Am nächsten Morgen machte Kapitän Cook seinen gewohnten Rundgang. Alles befand sich an Ort und Stelle, auch der Wachtposten stand neben der schweren Kiste, die den Quadranten enthielt – vielmehr enthalten sollte, denn dieser war über Nacht verschwunden.

Die Aufregung Cooks und seiner Leute war verständlich, und so befahl er, sofort die ganze Bucht abzuriegeln. Ein Häuptling erkannte den Ernst der Lage, die Gefahr, daß dies ein schwarzer Tag für Tahiti werden könnte und erbot sich, die Wissenschaftler bei der Suche zu unterstützen.

Bis zur Erschöpfung rannten der verzweifelte Astronom und sein Begleiter in der glühenden Hitze auf die Hügel um Matavai Bay, um endlich – nach Stunden – eine Gruppe von Einheimischen aufzuspüren, die ihnen das geraubte Stück, in mehreren Teilen allerdings, zurückgaben.

Cook konnte so die wichtige Messung schließlich doch noch vornehmen, und sie verlief zu seiner vollsten Zufriedenheit. –

Von Matavai Bay, die ich nun passiert hatte, waren es noch 4 Meilen, eine Stunde etwa, bis zur Hafeneinfahrt von Papeete. Hätte ich ein Funkgerät an Bord gehabt, wäre es möglich gewesen, mit einer der Yachten im Hafen Verbindung aufzunehmen oder sogar mit dem Hafenmeister direkt. Doch hätte ich mir damit einen Teil der Ungewißheit genommen, die die Ankunft in einem fremden Hafen immer so spannend machte.

Bis dicht an die Riffeinfahrt ließ ich die Doppelfock stehen, erst als ich den Paß klar vor mir hatte, holte ich das Tuch herunter – mir war richtig feierlich dabei zumute – und verstaute es unter Deck. Ich setzte die gelbe Flagge an der Backbord-Saling, den Buchstaben „Q" des internationalen Signalbuches. Sie bedeutet: „An Bord alles gesund, ich bitte um freie Verkehrserlaubnis!" In die Alltagssprache übersetzt, heißt das soviel wie: „Ich möchte die Einreiseformalitäten erledigen und dann so schnell wie möglich an Land gehen."

Mit dem Motor steuerte ich durch die Riffpassage, die bei einem so wichtigen Hafen natürlich mit Bojen markiert ist. Trotzdem kann die Strömung des aus der Lagune auslaufenden Wassers so stark sein, daß ein kleines Boot unter Segel Schwierigkeiten hat, das Riff zu meiden und das ruhige Wasser des Hafens zu erreichen.

Dicht bei dicht lagen die Yachten entlang der Wasserfront, dem Qai Bir-Hakeim. Ich sah das Postamt und den kleinen Park daneben, die Cafes mit den Tischen auf der Straße und das lässig vorbeischlendernde Volk.

Bald nahm mich ein Lotsenboot wahr und wies mir einen Liegeplatz zu; den letzten, wie der freundliche Franzose meinte. Morgen sollte ich in die Büros gehen, er würde mich inzwischen schon anmelden.

Für heute hatte ich es geschafft. Nach zwei Monaten Überfahrt war ich in Tahiti, es schien mir wie ein Traum, aus dem man nicht erwachen möchte. Doch zunächst wollte ich schlafen, nichts als schlafen.

Am Morgen, es war der 7. Juli und mein Geburtstag, schaukelte die *Solveig* ruhig vor dem grünen Ufer mit seinen Hibiskusbüschen. Das Heck des Bootes war mit zwei Festmachern an den Pollern vertäut, die in regelmäßigen Abständen unter den Bäumen der Allee angebracht sind. Es war nur ein Paddelschlag nötig, um mit dem Schlauchboot an die Steine der Uferbefestigung zu gelangen.

Neben der Bordwand tummeln sich Korallenfische in herrlich leuchtenden Farben. Für mich ist der Kai in Papeete der schönste Liegeplatz einer Hafenstadt, den ich mir vorstellen kann. Eilig springe ich an Land – mein Hunger und meine Gier auf frisches Brot und die gute französische Butter treiben mich in den nächsten Supermarkt, wo ich die ersehnten Köstlichkeiten finde und meine Frühstückstafel noch mit frischem Käse, Milch und Eiern ergänze. Nun kann ich schwelgen und eine ganze Stunde lang frühstücken! Ich habe meinen Tisch im Cockpit gedeckt und blicke auf die Straße, wo Einheimische, Touristen und die Segler der benachbarten Yachten vorbeikommen.

„Guten Appetit! Wo kommen Sie denn her mit dem kleinen Boot?"

Bei diesen fröhlichen Zurufen schmeckt mir mein erstes „tahitianisches" Frühstück noch einmal so gut, und ich fühle mich nicht allein.

„Hallo, Rollo – wie geht's dir?"

Zu meiner Überraschung und Freude erkenne ich Jenny, eine attraktive Blondine aus Lindau, die seit gut zehn Jahren mit ihrem Mann, einem Tahitianer, in der Nähe von Papeete lebt. Sie hat erfahren, daß die *Solveig* wieder im Hafen ist und lädt mich für den nächsten Sonntag zu ihrem Gartenfest ein.

In bester Laune marschiere ich zur Post und schicke ein Telegramm an Freund Michael in Garmisch, das ihm meine glückliche Ankunft und meine Adresse übermittelt.

– Neben dem Postamt stehen noch immer die beiden Krupp-Kanonen von Graf Luckners *Seeadler*, mit der er im Ersten Weltkrieg auf Kaperfahrt bis in die Südsee kreuzte. Er verlor seinen stolzen Dreimaster durch eine Flutwelle auf einem geheimen Ankerplatz zwischen den Riffen der Insel Mopelia, von wo die Franzosen die beiden Geschütze als Kriegsbeute nach der Hauptstadt Papeete brachten. Graf Luckner ist in der Südsee noch heute eine legendäre Gestalt, und es werden allerlei Geschichten über ihn erzählt.

So berichtet der australische Händler John Webb, der auf der abgelegenen Flint-Insel eine Art Robinson-Leben führte, daß dort eines Tages (im Jahre 1917!) Graf Luckner mit seinem *Seeadler* ankerte, um Kompaß und Chronometer zu justieren. Webb hielt den Hilfskreuzer für ein Handelsschiff und fuhr mit seinem Boot, das er mit Kokosnüssen beladen hatte, zum *Seeadler* heraus. Luckner stellte sich vor und fragte:

„Wissen Sie nicht, daß Deutschland und Großbritannien Krieg führen?"

„Nein", antwortete Webb. „Und ich hoffe, daß wir nicht im Kriegszustand sind!"

Luckner lächelte: „Ich wüßte nicht, warum wir gegeneinander Krieg führen sollten!"

Er lud den Australier in seine Kajüte ein und entließ ihn später mit einer ordentlichen Ladung Kartoffeln, Zwiebeln und anderen Lebensmitteln. –

Ich schlendere weiter, entlang der Wasserfront, betrachte die zum Teil abenteuerlichen, meist aber sehr luxuriösen Yachten, die an diesem komfortablen Kai festgemacht haben: Amerikaner, Franzosen, Australier, ein paar Engländer und viele andere Nationen sind vertreten.

Graf Luckners Viermastschoner, mit dem er nach dem Ersten Weltkrieg in völkerverbindender Mission um die Welt segelte.

In einem neu erbauten Pavillon am Hafen sind jetzt Polizei, Zoll und die Hafenbehörde untergebracht, speziell nur für die Yachten, so daß mir die früher notwendige Lauferei von einem grauen Amtsgebäude zum anderen erspart bleibt. Die französische Verwaltung will offenbar zeigen, daß sie ein Herz für Segler hat.

„Bon jour, Monsieur! Waren Sie schon einmal in Tahiti?“

Nicht ohne Stolz antworte ich: „Ja, im November 1968.“

„Einen Augenblick bitte!“ Der Einwanderungsbeamte verschwindet im Nebenzimmer, und wenige Minuten später kommt er mit einer Akte *Solveig III* wieder zurück. Lächelnd blättert er in den Unterlagen, er scheint mit dem Inhalt zufrieden. „Sie sind Deutscher? Dann können Sie drei Monate bleiben, danach beantragen Sie bitte ein Visum.“

Besser hätte mein Geburtstag gar nicht anfangen können!

Durch und durch zufrieden und vergnügt marschiere ich zur *Solveig* zurück, nicht ohne mir unterwegs im Supermarkt noch ein ordentliches Steak mitzunehmen.

Bevor ich meinen Braten genieße, räume ich erst einmal meine Kajüte von „Seefahrt“ auf „Hafenleben“ um, spanne das Sonnensegel über dem Cockpit aus, stelle den Wasserkanister an Deck, während Kompaß und Segel möglichst weit weg ins Vorschiff verstaut werden. Ich wickle die Teetassen aus dem schützenden Papier, lege ein sauberes Tischtuch auf und verzehre in Ruhe meinen Geburtstagsbraten.

Auf einem der Ufersteine sitzt ein kleines Mädchen, vielleicht zehn Jahre alt, ihr langes schwarzes Haar hängt fast bis zum Wasser herab. Mit einem dünnen Nylonfaden und einem Häkchen versucht sie zu angeln.

„Hast du schon etwas gefangen?“

„Nein, es sind heute gar keine Fische hier“, meint sie betrübt.

„Ist das dein Boot?“ Neugierig betrachtet sie die *Solveig*.

„Ja, du kannst es dir gerne anschauen, wenn du magst.“

Freudig nimmt sie mein Angebot an und setzt sich zu mir ins Cockpit.

„Haben deine Eltern den Laden da drüben?“

Entsetzt weiten sich ihre dunklen Augen.

„Nous ne sommes pas des Chinois, nous ne travaillons pas, nous sommes des Polynésiens!“ (Wir sind doch keine Chinesen, wir arbeiten nicht, wir sind Polynesier.)

Den Polynesiern gehört in der Tat das Land, die Kokospalmen, die Grundstücke. Sie leben für das Heute, um das Morgen machen sie sich weniger Gedanken. Die Chinesen dagegen arbeiten mit unermüdlicher Emsigkeit, immer die ganze Familie, gönnen sich nichts und tragen Bündel für Bündel auf die Bank. Kein Wunder also, daß das gesamte Kapital in ihren Händen ist. Im vorigen Jahrhundert als Plantagenarbeiter „importiert“, haben sie heute das Wirtschaftsleben von Tahiti so ziemlich unter Kontrolle.

Die französische Verwaltung wollte den Polynesiern das Geld und die damit verbundene Korruption so lange wie möglich fernhalten.

Doch mit der Eröffnung des Flughafens im Jahre 1960 begann der Tourismus, und bei den Dreharbeiten für den Film „Meuterei auf der Bounty“ gelangten allein schon Hundertausende von Dollars in die Hände der Einheimischen, die als Statisten mitgewirkt hatten. Von da an war die Entwicklung nicht mehr aufzuhalten. Während es 1960 noch kaum Autos gab, ist Tahiti heute das Land mit der größten Pro-Kopf-Motorisierungsrate der ganzen Welt geworden. Jedes Jahr werden 3 000 neue Fahrzeuge zugelassen, dabei besitzt die Insel nur eine einzige Straße von insgesamt 120 km Länge.

Am nächsten Tag gab es eine freudige Überraschung. Die Yacht *Kleiner Bär* steuerte in den Hafen von Papeete. In Panama waren unsere Boote noch einträchtig nebeneinandergelegen, doch hatte ich seitdem Anne und Helmuth, die Besatzung von *Kleiner Bär*, aus den Augen verloren. Umso größer war jetzt die Freude, als wir unser Wiedersehen feierten.

„Wie lange wollt ihr denn hierbleiben?"

„Du, wir haben schon so viel Zeit verloren, daß wir uns höchstens 14 Tage Pause erlauben können", meinte Helmuth damals auf meine Frage, doch inzwischen sind die beiden bereits das vierte Jahr in Tahiti.

Die Kontakte unter den Seglern waren recht eng, und täglich machten neue Geschichten die Runde. Auch wenn dabei Dichtung und Wahrheit meist nahe beieinanderlagen, wechselte so manche Besatzung, Freundin oder Ehefrau, Kapitän und Schiff. Dazu kamen mehr oder weniger zufällig mit dem Flugzeug angereiste Urlauber, die nichts dagegen hatten, sich auf einer Yacht anheuern zu lassen. An Gelegenheiten fehlte es jedenfalls nicht, seinem Leben eine neue Wendung zu geben ... Die Zeiten allerdings, da die „Vahines", die tahitianischen Mädchen, mit Vorliebe auf einer Yacht im Hafen wohnten, sind vorbei.

Bei meinem ersten Aufenthalt kam es noch hie und da vor, daß so eine langhaarige Schönheit auf dem Deck eines Bootes saß und Gitarre spielte. Inzwischen sind Europäer für die Einheimischen nicht mehr so „gefragt". Der Reiz des Fremden ist längst verflogen. Auch der weltbekannte Tanzschuppen „Quinn's", Treffpunkt für alle, die irgendetwas suchten, ist abgerissen und mußte gepflegten Parkanlagen weichen. Früher wurde es gerne so dargestellt, daß die Mädchen zwar untröstlich und in Tränen aufgelöst waren, wenn „ihr" Käptn eines Tages den Hafen verließ, die Tränen dann aber schnell trockneten und die große Liebe bald vergessen war. Ganz so verhielt es sich wohl doch nicht, und der Kummer der verlassenen Frauen hat sicherlich bei anderen nicht gerade den Wunsch erweckt, ähnliches zu erleben.

Am 14. Juli sehe ich schon am frühen Morgen froh gestimmte Tahitianer zu ihren Versammlungsplätzen wandern. Einzeln und in Gruppen kommen sie am Ufer entlang, leuchtend weiße Kronen aus Tiareblüten im Haar, die Männer mit nacktem Oberkörper, die Frauen mit farbigen Tüchern geschmückt. Ihre bronzefarbene Haut schimmert im Sonnenlicht. Hier, auf der entlegenen Insel im Pazifik, wird der französische Nationalfeiertag zum großen Fest der Polynesier.

Die natürliche Ausgelassenheit, mit der sich die Insulaner einem solchen Fest hingeben, die Blüten und Blumen, die alle, auch die Kinder, tragen, machen einen tiefen Eindruck auf mich.

Die große Schau spielt sich täglich auf und an der Straße ab, die am Ufer vor meinem Boot vorbeiführt; ich stehe mittendrin im Geschehen. Nur

100 Meter entfernt ist der Strand, von dem aus die Kanus ins Wasser geschoben werden für die verschiedenen Regatten. Diese Pirogen sind selbstverständlich in der traditionellen Form mit Ausleger gebaut, jede Mannschaft trägt andere Farben und eine Blütenkrone im Haar. Eine Rennstrecke für Kanufahrer führt sogar bis zur 20 Kilometer entfernten Nachbarinsel Moorea – eine Art Marathon zur See.

Abends besuche ich die große Tanzveranstaltung. Unter freiem Himmel, mit Blick auf die hinter den Palmen aufsteigenden Berge, führen Gruppen von jeweils 50 bis 80 Tänzern und Tänzerinnen historische und neue Tänze Polynesiens auf. Von den Tuamotus, den Marquesas, den Austral-Inseln sind sie gekommen, um ihre traditionsreichen Tänze zu zeigen, von denen jeder in ausdrucksvollen Gesten eine Begebenheit aus dem Leben erzählt.

Die Tage und Wochen vergingen wie im Flug. Ich schrieb viele Briefe und erhielt auch eine Menge Post, darunter die Mitteilung, daß das Finanzamt umgehend meine Steuererklärung haben wollte, einen letzten Aufschub hatte man mir bereits gewährt. Alle Unterlagen befanden sich an Bord, aber die Ozeanüberquerung und die glückliche Ankunft auf Tahiti hatten mich nicht gerade in Laune versetzt, langwierige Buchführungsarbeiten zu machen. Es half nun aber alles nichts, es mußte sein. Ich faßte einen heroischen Entschluß: Wenn diese Arbeit schon unvermeidlich war, wollte ich dazu wenigstens den schönsten Platz ansegeln, der denkbar war, Moorea!

Jeden Abend hatte ich von meinem Boot aus das grandiose Schauspiel verfolgen können, wenn die Sonne hinter der Silhouette der bizarren Bergformationen dieser Trauminsel versank. Somerset Maugham hat geschrieben, das Schönste an Tahiti sei der Blick auf Moorea. Ich glaube, er hatte recht.

Kurzum, ich holte meinen Anker auf, machte die Leinen los und segelte in die Cooks Bay herüber. Obwohl nach ihm benannt, ist es die einzige Bucht, in der Kapitän Cook nie selbst gewesen ist. Auf der ersten Karte, die er von Tahiti und Eimeo (Moorea) zeichnete, fehlt sowohl diese als auch die benachbarte große Oponohu Bay völlig.

Ich ankerte in einer kleinen Seitenbucht neben den strohgedeckten Hütten des Aimeo-Hotels, und damit ich über dem Belegesortieren und Zahlenaddieren nicht völlig die Herrlichkeit der Landschaft vergaß, fuhr ich mit dem Schlauchboot jeden Morgen für eine Stunde über das geschützte Wasser der Cooks Bay zu einer idyllisch gelegenen kleinen Kapelle am anderen Ufer oder einfach den palmenbestandenen Strand entlang. Einmal gönnte ich mir etwas Besonderes: Ich nahm an einem echten tahitianischen Essen teil, wie es im Hotel von Zeit zu Zeit veranstaltet wird.

Schon am Vormittag sehe ich vom Boot aus Rauch zwischen den Büschen und Bäumen aufsteigen. Die erste Vorbereitung für das festliche Mahl, das

Tamaraa, besteht nämlich darin, auf den Steinen des Erdofens ein großes Feuer zu entzünden. Am Nachmittag rudere ich an Land, um dabei zu sein, wenn die jungen Burschen die Asche von den Steinen abfegen und anschließend die Mädchen ein sauber vorbereitetes Schwein, Fische, Brotfrucht, Süßkartoffeln und Kochbananen, alles fein säuberlich geordnet, nebeneinander auf die glühend heißen Steine legen. Darüber bauen sie mit Holzstäbchen eine Art Dachgerippe und decken das ganze dann mit Blättern in mehreren Schichten fest zu. Einige Stunden müssen die Speisen in dieser Umhüllung garen, bis das Blätterdach gegen Abend schließlich abgedeckt und das Mahl auf blumenverzierten Holzplatten aufgetragen wird.

Früher kostete ein solches Essen eigentlich nichts, denn Früchte und Fisch waren reichlich vorhanden, und man hatte Zeit im Überfluß. Nur das Schweinefleisch war schon immer eine Rarität auf den Inseln und blieb bessonderen Festen vorbehalten. Heute sind Arbeitsaufwand und Zutaten teuer geworden, da außer Kokosnüssen und einigen wenigen Sorten Gemüse auf Tahiti nichts mehr angebaut wird. So ist ein „original" polynesisches Essen auch für die Einheimischen selbst kaum mehr zu bezahlen.

Nach dem großen Schmaus, zu dem mit Ananas und anderen tropischen Fruchtsäften bereitete Rum-Drinks gereicht werden, treffen sich die Mädchen und Jungen des Dorfes auf der Wiese unter den mächtigen Kokospalmen zu einem fröhlichen Musik- und Tanzfest.

Ich ziehe mich in mein Schlauchboot zurück, rudere zum Strand auf die andere Seite der kleinen Landzunge und lausche den Klängen der Trommeln und Gitarren, höre die sehnsüchtigen Melodien alter polynesischer Lieder, während die Wellen leise auf den Korallen am Ufer spielen. Über mir der Sternenhimmel, in der Ferne die Bergkonturen, einem Geisterschloß ähnlich. Ich fühle mich aus Zeit und Raum enthoben in eine Sphäre unendlicher Harmonie mit der Natur, die auf dieser Insel und in dieser Bucht in ungebrochener Schönheit lebt.

Besuch bei Tom - Abschied für immer

Am 6. Oktober holte ich zum letzten Male Post ab, wohl oder übel mußte ich mich nun auf meine nächste Überfahrt vorbereiten.

– Als Kapitän Cook vor fast genau zweihundert Jahren seine *Endeavour* klar hatte zum Anker lichten, fehlten zwei Mann seiner Besatzung. Sie hatten sich in den Bergen Tahitis versteckt, um für immer dort zu bleiben. Nur durch eine rigorose Geiselnahme konnte er die Einheimischen zwingen, die beiden Abtrünnigen zu verraten und auszuliefern. Auch Kapitän Bligh mit seiner *Bounty* blieb fünf Monate in Tahiti, und als er die Insel mit seinen mühsam gezüchteten Brotfruchtpflänzchen verließ, kam es zu der berühmten Meuterei. –

Eine Meuterei konnte ich leider nicht anstiften, dafür spielte sich der Kampf in meinem Herzen ab. Der Leser möge deshalb Verständnis haben, wenn ich Bora-Bora, wohin ich von Moorea aus gesegelt war, erst am 29. Oktober verließ, ohne für diesen verlängerten Aufenthalt bessere Gründe angeben zu können, als daß es mir dort einfach zu gut gefallen hat.

Mein Ziel war jetzt das Suwarrow-Atoll, seit 25 Jahren von Tom Neale, dem Robinson unserer Tage, allein bewohnt. Ich hatte in Erfahrung gebracht, daß er noch immer auf seiner winzigen Insel Anchorage lebt. Doch vorerst lag ich wieder einmal in einer Flaute fest. Nach 24 Stunden „Fahrt", zum Teil mit Motor, zum Teil mit einem leichten Windhauch, konnte ich die markanten Gipfel von Bora-Bora noch immer sehen. Es war zum Verzweifeln. Erst hatte ich mich von der Insel nicht trennen können, und nun hielt sie mich fest.

Tag um Tag quälte sich die *Solveig* ein paar Meilen weiter, die Hitze steigerte sich ins Unerträgliche. Ich verzeichnete im Logbuch: „41 Grad in der Kajüte". Wenn der Motor einige Stunden gelaufen war, dann erreichte die Temperatur 45 Grad. Es wurde Frühjahr, die zuverlässigen Passatwinde der Wintermonate auf der Südhalbkugel waren vorbei, und die Regenzeit stand vor der Tür.

Erst am 9. November setzte wieder Ostwind ein, und zwei Tage später sah ich im ersten Tageslicht die Palmwipfel des Suwarrow-Atolls über dem Horizont auftauchen.

Jetzt hieß es vorsichtig sein! Ich mußte ein gutes Stück um das Riff herumsegeln, denn ich kam von Südosten, und die Einfahrt befindet sich auf der Nordseite. Die beinahe kreisförmige Riffmauer umschließt eine Lagune von 12 Kilometer Durchmesser. Im Mai 1969 hatte ich das Atoll bereits einmal angesteuert und Tom Neale kennengelernt. Während meines zweiwöchigen Aufenthalts wurden wir Freunde. Seit Jahren freute ich mich darauf, Tom wiederzusehen – und jetzt, in wenigen Stunden, würde es soweit sein! Auch wegen Tom hatte ich diese zweite Fahrt in den Pazifik unternommen.

Wie würde ich ihn antreffen? Was hatte sich in den fast acht Jahren verändert?

Nur schwer konnte ich meine Aufregung so weit unterdrücken, daß ich die notwendige Konzentration für die Segel, den Kurs und das Boot aufbrachte. Der weiße Schaum der Brecher auf dem Riff war inzwischen gut sichtbar geworden, ich fühlte ein Frösteln im Rücken, während ich dieses Naturschauspiel betrachtete. Noch eine Stunde würde ich von hier brauchen, bis ich die Einfahrt ansteuern konnte.

Ich passierte mehrere kleine Inseln, Motus, die auf der Riffmauer liegen. Einige waren nur mit Büschen bewachsen, andere trugen stolze Kokospalmen. Die See war unruhig wie ich selbst, aber nicht steil.

Meine Augen suchten angestrengt den Verlauf des Riffes, und ich bemühte mich, die einzelnen Motus nach der Karte zu identifizieren. Die größte Insel heißt Anchorage, aber auch sie ist nur 800 Meter lang und 200 Meter breit.

Da, plötzlich sehe ich einen roten Schimmer am Horizont. Was kann das sein? Ich greife zum Fernglas, kann aber bei dem Geschaukel des Bootes

nicht ausmachen, welche Form der Gegenstand hat, der auf dem Riff steht. Immer näher komme ich darauf zu. Das Rote zeichnet sich nun deutlich als eine lange Fläche ab. Ein Hausdach? Ein Schuppen? „Die haben einen Schuppen auf Suwarrow gebaut!“ entfährt es mir unwillkürlich. Wofür nur?

Es dauert noch eine ganze Weile, bis ich nahe genug bin, um erkennen zu können, daß es der rote Boden eines gestrandeten Schiffes ist. Hell leuchtet die Farbe in der Sonne, das Wrack kann noch nicht allzu lange auf den Korallen liegen. Und Tom? Was ist mit ihm? Hat er die Schiffbrüchigen bei sich aufgenommen, oder weiß er gar nichts von der Katastrophe?

Ich bin wahnsinnig aufgeregt, aber ich will erst einmal weiter die Einfahrt suchen und nach Tom sehen. Wenn überhaupt, kann ich sowieso nur von innen, von der Lagune aus, an das Wrack herankommen.

Nach einer halben Stunde sehe ich Anchorage unverkennbar vor mir, die Peilungen stimmten auch, und ich steuere auf die Einfahrt zu. Eine Riffeinfahrt zu navigieren, die keinerlei Markierung oder Betonnung aufweist, ist ein ganz schöner Nervenkitzel. Viel aufregender übrigens in einem kleinen,

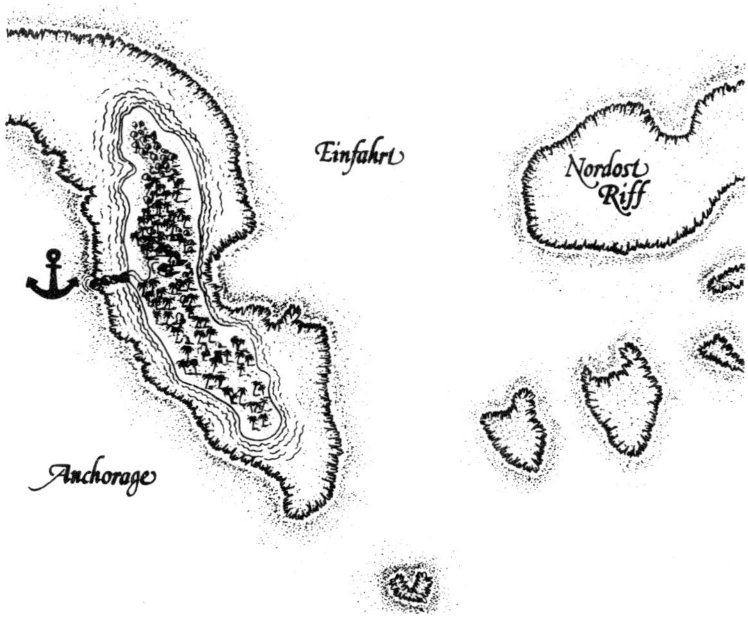

niedrigen Boot, von dem aus man keinerlei Übersicht hat, wo die Korallenstöcke liegen. Von einem größeren Schiff, von dessen hoch gelegener Kommandobrücke oder gar vom Mastkorb aus, kann man die tiefblaue Fahrrinne zwischen dem bräunlichen Wasser über den Riffen gut erkennen. Ich kann nicht einmal zum Bug der *Solveig* gehen, muß achtern an der Pinne bleiben, um mein Boot zu steuern. Ich starte den Motor, um für alle Fälle in jeder Richtung ausweichen zu können.

Langsam arbeite ich mich an den Schlund heran, durch den die *Solveig* schlüpfen muß, um in die Lagune zu gelangen.

Anchorage mit seinem weißen Sandstrand und den hohen Kokospalmen liegt an Steuerbord vor mir! Mehrere Fregattvögel kreisen in der Luft, sonst kein Zeichen irgendwelchen Lebens. Eine Südseeinsel wie aus dem Bilderbuch, friedlich und doch so schwach gegen die unendliche Gewalt des Ozeans. Verständlich, daß Tom Neale sofort verzaubert war, als er sie vor 30 Jahren zum ersten Mal sah . . .

Für einen Augenblick springe ich auf das Kajütdach, lasse die *Solveig* treiben, um mir von oben die Lage der Riffe einzuprägen, rase an die Pinne zurück und steuere dicht an der Brandung vorbei in die Einfahrt.

Klopfenden Herzens und mit „volle Kraft voraus“ versuche ich, meinen Kurs gegen die Strömung zu halten, die der *Solveig* mit ziemlichem Speed entgegenläuft. Nach fünf Minuten Anspannung ist es geschafft; auf ruhigem Wasser halte ich auf den Strand zu.

Da, verdammt noch mal – Korallenköpfe genau vor dem Bug!

Ich reiße das Steuer herum, der Bug schwingt in die entgegengesetzte Richtung – es ist nochmal gut gegangen!

Der Schreck sitzt mir in den Knochen, und ich halte eine Weile von der Insel Abstand. Meine Ungeduld hat mir da fast einen bösen Streich gespielt.

Am Strand ist nichts zu sehen, kein Boot und kein Tom.

Langsam gleitet die *Solveig* durch das tiefgrüne Wasser der Lagune, bis ich endlich die Riffspitze umfahren habe und auf die Mitte des Strandes zuhalten kann, wo die Reste der alten Landungsbrücke mir die Stelle zum Ankern zeigen.

Es ist kein guter Platz. Überall wachsen Korallenstöcke wie Pilze vom Grund herauf, und ich muß mehrmals hin und her kreuzen, bis ich ein Fleckchen Sand gefunden habe.

Dort lasse ich mein Eisen fallen, hole das Segel herunter und stelle den Motor ab. Ich starre hinüber nach dem Strand, der etwa 50 Meter entfernt vor mir in der Sonne leuchtet. Doch nichts deutet auf die Anwesenheit eines Menschen, außer dem makellos sauberen Strand. Tom muß hier sein, sonst lägen irgendwelche Holzstücke, Blätter oder Treibgut herum.

Vielleicht hat er die *Solveig* nicht bemerkt, während er bei seiner Hütte hinter den Büschen und Palmen arbeitete? So klare ich zuerst einmal auf, verstaue die Segel und hole das Schlauchboot heraus. Dabei schiele ich wieder und wieder zur Insel hinüber und glaube jetzt, eine kleine Bewegung gesehen zu haben.

Ich hole mein Fernglas und beginne Stück für Stück, das Ufer abzusuchen. Und richtig, hinter einem Busch entdecke ich den wohlbekannten alten Hut von Tom!

Dort hockt er und glaubt, von mir nicht gesehen zu werden! Was ist los mit ihm?

Ist er so scheu geworden?

Ich rufe laut: „Toom!"

Er zuckt zusammen, und wie ein ertappter Schuljunge springt er hinter den Blättern hervor. Langsam geht er weiter zum Strand, stellt sich auf die Korallenblöcke der zerstörten Mole.

Ich rufe wieder:

„Tom, ich mache mein Schlauchboot fertig, komme in einer halben Stunde an Land!"

Mit seiner heiseren, ungeübten Stimme antwortet er:

„Ich kann dich nicht verstehen, ich muß jetzt arbeiten, komm herauf zu meiner Hütte!"

Damit dreht er sich um und verschwindet auf dem Pfad zwischen den Bäumen.

Die heiße Sonne läßt die Luft erzittern, Palmen und Strand verschwommen und geisterhaft erscheinen. Eilig gehe ich daran, das Dingi aufzupumpen. Im engen Cockpit, wo ich die Hülle des Schlauchbootes nicht auslegen kann, ist das eine schweißtreibende Arbeit. Ich fühle mich reichlich erschöpft, als ich die drei Luftkammern gefüllt habe und das Dingi mit Sitzducht, Riemen und Bodenbrettern längsseit liegt, um mich an Land zu tragen.

Ich lasse das Boot auf den Strand gleiten und wate das letzte Stück durch seichtes Wasser.

Ein schmaler, gewundener Pfad, auf beiden Seiten mit Muscheln eingefaßt, führt am Bootsschuppen vorbei zu den Hütten, die Tom als Wohnhaus, Küche und Geräteraum dienen. Dieser höchste Platz der Insel liegt etwa 3 Meter über dem Meeresspiegel. Wenn ein Sturm kommt, muß Tom seine wertvollen Werkzeuge vergraben und sich auf einen Baum flüchten. Die Holzdächer sind mit Stahlseilen abgesichert, um einem Orkan widerstehen zu können.

Tom kommt auf mich zu und sagt in seiner knurrigen Art:

„Ich habe dich eigentlich in diesem Jahr nicht mehr erwartet, die Schlechtwetterzeit beginnt bald."

„Kennst du mich denn noch?"

„Ja, natürlich, ich habe die *Solveig* erkannt, aber ich habe *jetzt* nicht mit deinem Besuch gerechnet!"

Kein Zweifel, wie früher macht er sich Sorgen wegen des Wetters und daß mir etwas zustoßen könnte. Aber solche Gefühle gibt er niemals zu, verbirgt sie hinter allgemeinen Überlegungen.

Ich betrachte ihn aufmerksam. Er sieht aus wie ein Gerippe: Seine dunkelbraune Haut hängt schlaff über den Knochen, der ganze Körper ist ausgezehrt und abgemagert. Die 25 Jahre in Einsamkeit und voller Entbehrungen haben ihn gezeichnet. Ich war erschrocken:

„Wie geht es dir, Tom, wie steht es mit deiner Gesundheit?"

Stockend zuerst, dann leichter und weniger gehemmt, berichtet er:

„Mir geht es gut, weißt du, ich fühle mich wohl, nur die Arbeit fängt an, mir schwerer zu fallen als früher. Ich kann meinen Weg nicht mehr sauber halten von Blättern ... nicht jeden Tag ... ich kann im Hof nicht mehr das Unkraut ausjäten, es wächst eben. Aber es geht mir gut!"

Stolz zeigt er mir einen neuen Kamin, den er in sein Küchenhaus eingebaut hat. Er kann so leichter kochen und das Feuer erhalten. Sonst sind die Bretterhütten, in denen er sein Leben verbringt, unverändert.

Ich halte es für besser, mich in mein Boot zurückzuziehen und Tom für ein paar Stunden allein zu lassen. Am Nachmittag will er auf die *Solveig* kommen und mit mir zu Abend essen. Ich fühle mich wie ein reicher Mann, der auf der *Solveig* in grenzenlosem Überfluß lebt. Wie kann Tom nur das Dasein auf dieser kargen Insel ertragen?

Seine Ernährung besteht vorwiegend aus Kokosnüssen und Brotfrucht, und er weiß diese nahrhaften Früchte auf vielerlei Art zuzubereiten, da er fast sein ganzes Leben in Polynesien verbracht hat. Er arbeitete früher als Händler im Auftrage einer großen Gesellschaft, die die polynesischen Inseln mit mehr oder weniger notwendigen Gütern versorgte. Bitter schrieb er in seinem Buch „*Meine Trauminsel*" über diese Läden, „die den Einheimischen alles das verkaufen, was sie eigentlich nicht brauchen." Er lernte von den Eingeborenen nicht nur die polynesische Sprache, sondern auch die Fähigkeit, sich von dem zu ernähren, was die Insel zu bieten hatte. Auf Moorea, wo er damals, vor dem Krieg, bei seinen bescheidenen Ansprüchen noch für ein paar Mark pro Woche leben konnte, wo ihm die Eingeborenen für einen Sack Zucker und für eine Kiste Corned Beef eine Hütte bauten, war er restlos glücklich.

Später machte Tom die Bekanntschaft eines amerikanischen Abenteurers und Schriftstellers, Robert Dean Frisbie, der eine Polynesierin geheiratet und mit ihr und seinen vier Kindern eine Zeitlang auf Suwarrow gehaust hatte. Durch ihn erfuhr Tom von der Möglichkeit, auf diesem verlassenen, aber hinreißend schönen Koralleninselchen zu leben.

Für den immer schon einsam und zurückgezogen lebenden Mann wurde die Idee einer Insel, die ihm allein gehören würde, zum heiß ersehnten Wunschtraum.

Es sollte noch viele Jahre dauern, bis Tom durch zähe Ausdauer und etwas Glück, sicher aber auch durch sein liebenswürdiges Wesen, das ihm die Unterstützung wichtiger Persönlichkeiten einbrachte, sich seinen Traum erfüllen konnte.

Er hatte sich keinen Illusionen hingegeben bezüglich des Lebens auf einer Insel, auf der es nur Korallen und Sandboden gibt. Über seine Eingewöhnungsschwierigkeiten schrieb er:

„Ich hatte zwar oft genug bewiesen, daß ich wie die Eingeborenen von dem leben konnte, was eine Insel bot, doch war mir im Laufe der Jahre aufgegangen, wie deprimierend die plötzliche Umstellung auf eine so spartanische Diät sich auf meine Stimmung auszuwirken pflegte. Brotfrucht und Kokosnüsse sind in Abenteuerromanen immer sehr wirkungsvoll, es läßt sich indessen nicht leugnen, daß sie auf die Dauer reichlich eintönig sind. Ich hatte das Gefühl, es wäre gut, mir das Eingewöhnen in mein neues Dasein durch ein paar Leckerbissen zu erleichtern."

Aus dieser Darstellung spricht natürlich auch sein typisch britisches Understatement – ich wüßte keinen Menschen, dem ich je begegnet bin, der eine derart eintönige Kost und ein so spartanisches Leben auf die Dauer aushalten könnte. Und auch Tom geriet mehr als einmal an den Rand völliger Verzweiflung.

Er hatte ganze 49 englische Pfund zur Verfügung, um sich sein neues Leben auf Suwarrow einzurichten. Als es darum ging, sich eine gut ausgestattete Apotheke zusammenzustellen, waren seine Mittel bereits erschöpft. So wußte er wie kein anderer, was Entbehrung bedeutet, aber er war dadurch nicht etwa habgierig oder mißgünstig geworden, sondern von einer an Aufopferung grenzenden Hilfsbereitschaft beseelt. Er haßte, das kam immer wieder in seinen Worten zum Ausdruck, Menschen, die nur auf ihren eigenen Vorteil bedacht waren. „He was always on the make" (Er war immer am Nehmen), äußerte er mit einem Blick tiefer Verachtung über einen aufdringlichen Besucher . . .

Inzwischen hatte ich in meiner Kajüte soweit Ordnung geschaffen, daß ich darangehen konnte, das Essen für uns vorzubereiten. Thunfisch sollte es als Vorspeise geben, danach Rindsrouladen aus der Dose und Kartoffeln, die Tom ganz besonders liebte. Gleichzeitig suchte ich meine Geschenke aus den verschiedenen Schränkchen und Kästen hervor, eifrig bemüht, ja nichts zu vergessen, damit es hier nicht so ging wie mit mancher Weihnachtsgabe, die erst nach dem Fest gefunden wird.

Endlich sehe ich die hagere Gestalt unter den Palmen am Strand. Niemals würde er rufen oder auch nur stehenbleiben, als Aufforderung, ihn abzuholen. Er macht sich vielmehr am Strand zu schaffen, bis ich mit dem Schlauchboot bei ihm bin, um ihn zur *Solveig* überzusetzen.

Ich bin ein wenig nervös, weil ich Tom bewirten darf, der eigentlich seine Behausung nur selten verläßt.

Uns erwartet ein festlich gedeckter Tisch im Cockpit, auch das „Innenleben" der *Solveig* kann sich sehen lassen. So steht dem Menü nichts mehr im Weg, mein Gast nimmt Platz, und ich reiche den ersten Gang. Tom weiß auch einen guten Tropfen sehr zu schätzen, und der seit der Karibik sorgsam aufbewahrte Rum wird hervorgeholt. In seiner Freude über den mitgebrachten Barbados-Rum meint er beiläufig:

„Vor wenigen Tagen bin ich 75 Jahre alt geworden, wir können meinen Geburtstag zusammen feiern!"

Wir trinken auf Toms Wohl und genießen in Ruhe unser kleines Mahl.

Mit den Geschenken habe ich es nicht so leicht: Ob Radio, Uhr, Schere oder Küchenmesser, ob deutscher Honig oder Pfanni-Knödel, bei allem meint er, ich bräuchte es notwendiger als er, und es kostet mich einige Überredungskunst, bis ich ihn davon überzeugt habe, daß die Dinge nicht zu meiner Ausrüstung gehören, sondern von Anfang an für ihn bestimmt waren.

Im Laufe der Unterhaltung wird Tom nachdenklich und klagt darüber, daß er mit seinem kleinen Boot nicht mehr über die Lagune fahren kann, um auf den Motus Treibholz für den Küchenofen zu sammeln. Es sei ihm zu schwer, das Boot nach der Rückkehr wieder den Strand hinaufzuziehen in den Schuppen, außerdem fehle ihm ein Ersatzteil für seinen Seagull Außenborder. Mir kommt ein Gedanke:

„Tom, wie wäre es, wenn ich dich mit der *Solveig* über die Lagune fahre und wir gemeinsam das Holz sammeln? Für mich wäre es ein kleiner Ausflug, und du hättest dein Feuer für die Küche gesichert!"

Er meint zuerst, das sei zu ermüdend für mich, stimmt dann aber zu.

„Wann willst du fahren?"

„Am besten gleich morgen", schlage ich vor.

Er blickt erstaunt auf. Zögernd, unsicher kommt seine Antwort:

„Morgen schon . . . ich weiß nicht, ob ich da Zeit habe . . . ich habe so viel zu tun . . . ich sage dir morgen früh Bescheid."

Ich bin verblüfft.

Tom, der seit vielen Jahren allein auf seiner kleinen Insel lebt, scheinbar ohne Verpflichtungen und völlig frei, weiß nicht, ob er genug Zeit haben würde für eine wichtige Arbeit!

Wir verabreden uns für 9 Uhr am Strand.

Tom ist pünktlich, steht wie eine Statue auf der verfallenen Pier, die er vor vielen Jahren mit so viel Schweiß und um den Preis seiner Gesundheit wieder aufgebaut hatte.

Ich hole ihn an Bord – sofort hilft er, ganz Seemann, die 20 Meter lange Ankerkette zu verstauen. Dann setzt er sich zu mir ins Cockpit.

„Was ist das eigentlich für ein Wrack auf dem Außenriff?" frage ich ihn, während die *Solveig*, eine weiße Schaumwoge vor sich herschiebend, ihren Kurs auf Motu Tuo hält.

Er macht ein verdrossenes Gesicht:

„Ach, weißt du, das war nichts als Ärger und Aufregung! Ein koreanischer Fischdampfer . . . die haben gedacht, sie sind vor Samoa . . . Miserable Navigation! Ein anderer Fischdampfer hat sie dann vom Riff geholt . . . die fischen hier noch die ganze See aus, ich merke es sogar in der Lagune!"

Dabei kommt er auf die immer radikaleren Methoden der Fischerei zu sprechen und meint:

„Die kleinen Nationen *können* ihre Gewässer doch gar nicht vor den Fangflotten der Asiaten schützen! Wo wird das noch hinführen!"

Vor uns taucht in gleißendem Sonnenlicht das Motu auf, die etwa 400 Meter lange Insel auf dem Riff. Davor, braun schimmernd, eine breite Korallenbank; wir können deshalb mit der *Solveig* nicht an den Strand herankreuzen.

„Kannst du hier ankern, hält deine Kette das aus?" fragt Tom etwas zweifelnd.

„Wenn es nicht schlimmer wird und der Wind nicht zulegt, wird meine Kette halten, die ist stark genug!"

Tom wirft den Anker sehr genau auf ein Stück Sandgrund, damit er sich nicht in den Korallenpilzen verfängt, dann nämlich würde sich die Kette unter Korallenstöcke legen, immer kürzer werden und schließlich brechen.

Ich empfinde dieses Unternehmen als reichlich spannend, denn ohne Toms Hilfe und seine Versicherung, daß der Seegang nicht weiter zunehmen werde, hätte ich mich wohl nicht an das Motu herangewagt. Wir steigen in das Dingi und überqueren, vorsichtig die scharfen Korallenspitzen meidend, das breite Riff. Tom verknotet den Festmacher an einem Stein, den er genau zu kennen scheint, und wir legen die letzten Meter zum Strand watend zurück. Als ich mich umschaue, sehe ich meine beiden Boote draußen in der Lagune liegen, und ich beruhige meine aufkommende Angst, indem ich mir sage, daß ich mich auf Toms Kenntnisse der Gezeiten und Strömungen verlassen kann und wir sicher keine Gefahr laufen, auf dem Motu als Schiffbrüchige zurückzubleiben.

Es ist Jahre her, seit Tom das Inselchen, dessen Bäume inzwischen zu dichtem Grün verwachsen sind, zum letzten Mal betreten hat.

Zahlreiche Seevögel flattern auf, als wir uns den Büschen nähern. Und da machen wir eine Entdeckung!

Keine 200 Meter entfernt finden wir Glaskugeln am Strand, wie sie die Fischer für ihre Netze verwenden.

Fregattvogel

„Die müssen von dem Wrack sein“, meint Tom aufgeregt, „die Strömung hat sie sicher angetrieben!“

Er will die Kugeln alle einsammeln, um sie vielleicht später an die eine oder andere Yacht zu verkaufen, die Suwarrow anlaufen würde.

Ich bin überrascht, offensichtlich macht Tom sich Sorgen um seine Altersversorgung und hofft, auf diese Weise ein paar Dollar Bargeld aufheben zu können. Er hat mir seine diesbezüglichen Ängste bereits angedeutet . . .

Als wir die Kugeln in die Hand nehmen, müssen wir feststellen, daß sie ein ganz schönes Gewicht haben. Trotz der Hitze trägt Tom immer vier Kugeln auf einmal, je zwei an einen Stock gehängt, den er über die Schulter legt. Ich schaffe nicht mehr als zwei bis drei Stück, muß sogar öfter absetzen. Welche Kräfte stecken doch in Toms ausgemergeltem Körper!

Wir bringen unseren unerwarteten Fund in die Nähe des Schlauchbootes und sammeln noch etwas Holz an den Sandstränden, auf denen sich leider auch eine Menge Plastikflaschen, Sandalen, Matten und sonstiger Industrieabfall findet, den die See angespült hat. Mit einer der Flaschen hatte sich jemand die Mühe gemacht, sie von allen Seiten zu durchlöchern, damit sie untergehen sollte; aber Plastik schwimmt eben und wird vom Salzwasser und der Sonne auch nicht zerfressen.

Tom hebt eine gut erhaltene Sandale auf und grinst:

„Da brauche ich noch eine rechte dazu, dann habe ich wieder ein Paar.“

Nach getaner Arbeit führt er mich zu zwei Kokospalmen.

„Die habe ich vor zwölf Jahren hier gepflanzt, damit ich etwas zu trinken habe, wenn ich mal auf dem Motu arbeite“, sagt er zu mir voller Freude.

Meine Kehle ist wirklich ausgedörrt nach den drei Stunden in der prallen Tropensonne, und ich sehne mich nach dem kühlen Wasser der Frucht.

Tom holt für jeden von uns eine schöne grüne, also junge Nuß herunter und öffnet sie mit einem einzigen, wohlgezielten Streich seines Buschmessers.

Wir setzen uns auf den Boden und genießen Schluck für Schluck, keinen Tropfen zurücklassend, die köstliche Erfrischung der Kokosnuß. Nach dieser kurzen Stärkung tragen wir unsere Last über das Riff zum Schlauchboot. Zweimal müssen wir gegen die anstürmenden Wellen und den auflandigen Wind zur *Solveig* übersetzen, bis wir unsere Ladung glücklich an Bord haben.

Der Platz reicht gerade noch zum Sitzen, denn Cockpit und Kajüte liegen nun voll der grünen, mit einem Netz umflochtenen Kugeln.

Während der Fahrt sagt Tom plötzlich:

„Wenn du dich duschen willst, ich habe genug Wasser, komm zu meinem Waschhaus heute abend!“

„Stinke ich wohl, Tom?“ frage ich unsicher, und er antwortet mit einem breiten Grinsen in seinem faltigen Gesicht.

Mir war eingefallen, daß ich mich nach der Ankunft nur oberflächlich gewaschen hatte und auf See überhaupt nicht. Grund genug also, seine Einladung anzunehmen.

Die Frischwasserversorgung kann auf Suwarrow kritisch werden, wenn es in den trockenen Monaten lange nicht geregnet und die „wet season", die nasse Jahreszeit, noch nicht begonnen hat. Die beiden großen Tanks aus verzinktem Eisen stehen seit dem Zweiten Weltkrieg auf der Insel, als dort noch ein Flugüberwachungsposten stationiert war. Sie werden ausschließlich aus der Dachtraufe gespeist.

Nach dem heißen Tag waren wir beide sehr erschöpft, und abwechselnd steuerten wir die *Solveig* nach Anchorage zurück. Tom stöhnte:

„Nachher muß ich noch Fische schießen für die Katzen!"

Ich erinnerte mich, wie er früher manchmal gegen Abend mit seiner alten Flinte am Strand entlang pirschte, um seinen Katzen zu einer Mahlzeit zu verhelfen. Für sich selbst fing er keine Fische mehr; den Grund konnte ich nie herausfinden. Vielleicht hatte er Angst, sich dabei zu verletzen, oder er wollte nach Möglichkeit kein Tier töten. Ein Huhn zu schlachten, war für ihn ein schwerer Entschluß, den er erst nach reiflicher Überlegung faßte, und dabei suchte er nach einer Begründung, etwa daß ihn die Henne durch zu lautes Gackern ständig gestört hätte.

Gegen Abend ballten sich schwarze Wolken am westlichen Horizont zusammen, so daß ich ein Gewitter für die Nacht befürchtete.

Wetteränderungen darf man in der Lagune von Suwarrow nicht leichtnehmen. Wenn der Wind einmal aus einer anderen als der gewohnten Südostrichtung pfeift, kommt so starker Seegang auf, daß man mit Strandung rechnen muß. Der Ankerplatz wird dann zur Falle, es ist unmöglich, im Dunkeln die Ausfahrt durch das Riff zu finden.

In dieser Nacht blieb ich von einem Unwetter verschont, es war aber anzunehmen, daß das sichere Wetter nicht mehr allzu lange anhalten würde.

Der Morgen kam, und vor mir leuchtete die grüne Insel in der Sonne – die Zeit schien stillzustehen.

Mit Kassettenrecorder und Mikrofon bewaffnet, ruderte ich zum Strand.

Es war einer jener herrlichen Tropentage, da ein frischer Windhauch durch die Blätter der Bäume und durch die Palmwipfel raschelte und von allen Seiten Vogelstimmen zu vernehmen waren.

Ich setzte mich unter eine junge Palme, die genügend Schatten spendete, und betrachtete das Wasser der Lagune, wie es in den verschiedensten Farbtönen von Hellgrün bis Dunkelblau glitzernd vor mir lag.

Stundenlang hätte ich den Lauf der kleinen Wellen verfolgen können, die vom Riff her kommend eilig auf den Strand zuliefen und sich auf dem Sand mit einem zischenden oder glucksenden Geräusch brachen. Hier möchte man wohl ausrufen: „Das ist das Paradies, hier will ich für immer leben!"

In einem solchen Augenblick war ich fast versucht, den Alltag eines Inseldaseins zu vergessen. Einen Alltag, der ganz anders aussah: harte Arbeit, um notdürftig überleben zu können, und Verzicht auf alle Annehmlichkeiten und Erleichterungen, die sich die Menschheit in jahrtausendelanger Entwicklung Stufe um Stufe errungen hatte!

Ich wollte Tom fragen, wie er mit seinem Leben auf dem winzigen Korallenhaufen mitten in der Südsee zurecht kommt. Er hatte mir erzählt, daß er noch nie in seinem Leben in ein Mikrofon gesprochen und seine eigene Stimme gehört habe. Schnell war es deshalb beschlossene Sache, daß er mir heute ein paar Fragen auf Tonband beantworten sollte.

Langsam stand ich auf – es fiel mir schwer, den Blick von der Weite des Meeres zu lösen – und wandte mich dem schmalen Weg zu, der mich in wenigen Minuten zu Toms Behausung führte.

Ich finde ihn an seinem Schreibtisch, einem roh gezimmerten Möbelstück, sicher auch noch aus den Kriegszeiten übriggeblieben.

„Warte bitte einen Augenblick!" sagt er mit seiner rauhen, warmen Stimme.

Ich sehe mich um. Da stehen eine Reihe Taschenbücher, meist Romane und Erzählungen, das Bett mit blütensauberem, straff gezogenem Leinen. An der Wand ein selbst gezeichneter Kalender, auf dem jeder vergangene Tag sorgfältig ausgestrichen ist. Auf einem anderen Tisch steht der rostige alte Wecker, und an der Wand darüber hängt das Barometer, das er jeden Tag mehrmals beobachtet, denn Tom fürchtet nichts so sehr wie einen Orkan, der die See zu riesiger Höhe aufpeitschen und die ganze Insel überfluten könnte.

„Willst du nachher deine Wassertanks auffüllen? Soll ich dir irgendetwas reparieren?"

Er ist wie stets voller Sorge und Hilfsbereitschaft.

In einer Schüssel hat Tom Kokosnußbrei angerichtet, und mit lautem Rufen lockt er seine beiden Katzen, die sich vorsichtig aus dem Dickicht nähern. Sie schleichen über den freien Platz und fauchen mich, die scharfen Krallen ausstreckend, böse an. Mit jener Lässigkeit, die Katzen eigen ist, und ohne jede Eile schlecken sie ihren Brei, bis nichts, aber auch gar nichts mehr in der Schüssel übrigbleibt.

Wir setzen uns vor die Hütte und beginnen unser „Interview".

Ich frage ihn:

„Du hast etwas vollbracht, wovon viele Menschen nur träumen: Du lebst auf einer kleinen Insel für dich allein. Bist du glücklich?"

„Ja, ich bin einigermaßen glücklich."

„Würdest du diese Art von Leben auch anderen empfehlen?"

„Ja und nein, du mußt bedenken, bevor ich hierher kam, wußte ich viel über das Inselleben an anderen Orten; ich wußte, was mich erwarten würde hier. Wie aber könnte ich jemand anderem empfehlen, hierher zu kommen? Ich wüßte nicht, ob er sich wohl fühlen würde, ob er in der Lage wäre, die Dinge, die es hier gibt, für sich zu nützen, für sein Überleben. Es ist sehr schwer, das zu beurteilen. Wenn ich es recht bedenke, so glaube ich, daß ich es nicht empfehlen kann. Es könnte geschehen, daß er mit dem Leben an einem Ort wie diesem nicht fertig würde, ganz einfach deshalb, weil ihm die Erfahrung fehlt. Abgesehen davon wäre er vielleicht nicht in der Lage, das Alleinsein über lange Zeiträume zu ertragen."

„Das ist verständlich, Tom. Hast *du* nun auch Schwierigkeiten mit deinem Leben hier?"

„Nuuuuun – nicht wirklich große Schwierigkeiten. Du mußt bedenken, daß ich mein 75. Lebensjahr begonnen habe. Und, ja, mit dem Alter haben sich meine Ansichten geändert. Viele Dinge, die ich früher für wichtig hielt, haben jetzt keine Wichtigkeit mehr für mich. Was in der Welt draußen vor sich geht, hat keine Bedeutung mehr für mich, obwohl ich zugeben muß, daß ich gerne auf dem laufenden bleibe über die Ereignisse in der Welt, und ich kann das mit Hilfe meines Transistorradios. Ich höre gerne die Nachrichten – gelegentlich. An anderen Tagen wieder habe ich keine Lust, Radio zu hören, es kommt ganz darauf an, wie ich mich fühle, in welcher Stimmung ich bin. Vielleicht ist eine Kleinigkeit geschehen, die mich verärgert hat. Vielleicht hat es Verdruß gegeben mit den Hühnern oder mit etwas anderem, dann will ich nichts mehr hören."

Später fügt er noch hinzu:

„Nein, unter keinen Umständen könnte ich jemandem empfehlen, hier zu leben. Ich war schon immer gerne allein, habe viele Jahre auf den Inseln gelebt, das kann ich bei anderen Menschen nicht voraussetzen."

Mit Spannung hört er sich die Bandaufnahme an, schüttelt dann den Kopf:

„Ist das wirklich meine Stimme, spreche ich so?"

„Ja, ja, Tom, das bist du, was gefällt dir daran nicht, du sprichst doch sehr gut!"

Wieder schüttelt er den Kopf.

„Mein ganzes Leben habe ich geglaubt, daß ich ein einwandfreies Englisch spreche, und jetzt höre ich, daß ich einen ganz gewöhnlichen neuseeländischen Akzent habe."

Wir gingen zusammen den kleinen Pfad durch dichtes Unterholz, bis wir nach hundert Metern am Strand der Pylades Bay standen, auf der anderen Seite der Insel.

„Du solltest so bald wie möglich segeln, Rollo!" warnte er mich.

„Die schlechte Jahreszeit kommt bald, du willst noch nach Samoa. Und

Mit Heißdampf mußten Deck und Cockpit vor der Abfahrt von Schnee und Eis befreit werden

Zwei Tonnen Ausrüstung lagen mehr oder weniger geordnet in der Kajüte

Am eisernen Tor

Rechte Seite: Unter Doppelfock im Passat

Bootsüberholung auf St. Vincent – Karibik

Einsame Strände in der Karibik (oben und unten links)

Kuna-Frau mit Goldschmuck und Mola

Tag und Nacht steuerte die Solveig ihren Kurs

Hütten der Kunas auf den San Blas Inseln

Viel Wäsche und wenig Wasser

Auf den San Blas Inseln – Panama

Rechte Seite: Fest der Polynesier – Tahiti
Folgende Doppelseite: Im Paradies…

Mißglückter Versuch einer Bootsüberholung

TRAVEL

Zauberhaftes Moorea: Ein fertiges Mahl auf dem Erdofen…

…und die Solveig in der Lagune

Malini bereitet unsere Mahlzeit vor

Cooks Bay – Moorea

Die typischen offenen „Fales“ auf Samoa

Dieser Strand gehörte mir ganz allein

„Kaum war der Anker im Grund, als schon ein halbes Dutzend Kanus die Solveig umringten…“

Neue Hebriden:

Beim Hüttenbau hilft die ganze Dorfgemeinschaft zusammen…

Folgende Doppelseite: Begegnung mit einem Dreimastschoner

… Verwitterte Ambrymtrommel

Der heilige Berg Mount Yasur und John Frum-Kreuz auf der Insel Tanna – Neue Hebriden

erst in Fiji hast du einen sicheren Ankerplatz, wenn die Stürme beginnen."

Ich mußte ihm recht geben, und wir legten die Abfahrt für den kommenden Tag fest. Auf einmal fragte er mich:

„Glaubst du an Gott?"

Ich zögerte etwas, und er wartete meine Antwort nicht ab, sondern fuhr fort:

„Ich nicht. Es gibt keinen ‚Gott', der alles regelt. Ich habe jahrelang darüber nachgedacht. Die Natur, die Natur belebt alles. Sie beherrscht unser Leben, nach ihren Gesetzen läuft die Welt. Es geht alles seinen Gang, niemand kann etwas daran ändern, auch kein Gott."

Ich war sprachlos, ja verwirrt über diesen plötzlichen Ausbruch des sonst so scheuen und wenig mitteilsamen Mannes. Vom Boot aus hatte ich ihn früher oft gesehen, wenn er abends aus dem Wäldchen heraustrat, sich auf seinen Hocker am Strand setzte, die Hände auf die Oberschenkel gelegt, und dann bewegungslos und in Gedanken versunken wartete, bis die Sonne hinter dem Horizont untergegangen war.

Noch eine ganze Weile philosophierten wir über unser Dasein. Ich ahnte damals nicht, daß Tom nur noch wenige Monate zu leben hatte ...

Am Abend half er mir, die schweren Wasserkanister zum Schlauchboot zu tragen, danach saßen wir zusammen auf der Bank am Strand und warteten auf den Sonnenuntergang. Die Wolken waren in rötliches Licht getaucht, ein Zeichen für gutes Wetter.

Lange finde ich keinen Schlaf in dieser Nacht, hänge meinen Gedanken nach.

Um 7 Uhr früh nehme ich den Anker an Deck. Tom steht auf der alten Landungsbrücke, dem äußersten Punkt, den er erreichen konnte. Unbeweglich zuerst; dann, als die *Solveig* Fahrt aufnimmt, hebt er beide Arme in die Höhe. In einer Hand hält er sein Buschmesser, das wie ein Schwert in der Sonne glänzt. So sehe ich ihn stehen, bis die Palmen seine Gestalt verdekken und ich von dem Strom erfaßt werde, der das Boot rasch in die offene See zieht ...

Faa Samoa

Der Passat wehte mit Stärke vier aus Osten, und die *Solveig* machte flotte Fahrt ihrem nächsten Ziel entgegen. In einer Woche hoffte ich in Samoa zu sein, einer Inselgruppe, die in zwei Staatsgebilde aufgeteilt ist.

West-Samoa existiert als eine kleine unabhängige Nation, während die östlichen Inseln mit ihrer Hauptstadt Pago-Pago unter US-Verwaltung stehen. Die Samoaner waren ein kriegerisches Volk und haben eine bewegte Kolonialgeschichte hinter sich. Die Hauptstadt Apia rückte 1889 in den Blickpunkt des Weltgeschehens, als die um ihren Einfluß rivalisierenden Konsuln von Großbritannien, USA und Deutschland Kanonenboote in den Hafen beorderten und sich die politische Lage dramatisch zuspitzte. Es war der 16. März. Ein Orkan fegte über die Insel, und die Kommandanten der Kriegsschiffe entschlossen sich zu spät, den gefährlichen Ankerplatz zu verlassen. Keiner wollte dem Gegner den Hafen überlassen.

Deutschland verlor auf dem Riff die *Adler, Eber* und *Olga*, sowie zweiundneunzig Mann; auch die Amerikaner hatten Verluste. Nur den Engländern gelang es, aufgrund der besseren Seemannschaft ihre *Calliope* in offenes Wasser zu manövrieren und den Sturm auf See auszureiten. So kamen die Streitigkeiten durch diesen Eingriff der Natur von selbst zum Ende.

Seit 1899 deutsche Kolonie, wurde West-Samoa nach dem Ersten Weltkrieg Mandatsgebiet unter neuseeländischer Verwaltung und erhielt 1962 seine Unabhängigkeit.

Meine Überfahrt verlief günstig; der Wind wurde zwar schwächer und die *Solveig* langsam, aber das Wetter blieb strahlend schön. In der Nacht zum 20. November sah ich bereits den Widerschein der Lichter von Apia am leicht bewölkten Himmel. Wegen der Korallenriffe ließ ich die *Solveig* einige Stunden in der Dunkelheit vor der Küste beidrehen und steuerte mit dem ersten Tageslicht auf Apia zu.

Regenschauer verdeckten zeitweise die Sicht, aber bereits um 8 Uhr ankerte ich dicht vor der Stadt.

Befriedigt stellte ich fest, daß ich diesmal den Hafen schon am Vormittag erreicht hatte und die Einklarierung somit schnell erledigt sein müßte. Ich sollte mich getäuscht haben.

Ich warte und warte – niemand nimmt sich meiner an. Meine gelbe Flagge weht weithin sichtbar von der Saling, es wird 10 Uhr, 12 Uhr, ohne daß die *Solveig* überhaupt bemerkt worden wäre. Ein Wolkenbruch nach dem anderen geht nieder, Lotsenboote preschen nahe vorbei. Bei dem Wetter hat wohl keiner Lust, sich mit dem kleinen Boot aufzuhalten. Mit dem Fernglas suche ich den Verlauf der Straße ab, an der alle Geschäfte, Hotels und Behördengebäude liegen, ob jemand winkt oder ein Zeichen gibt. Nichts. – Ein neuer Regenschauer – ich mache mir unterdessen in der Kajüte etwas zu essen – es schmeckt mir nicht mehr – ich will raus, will endlich an Land!

Als der Regen aufhört, hole ich den Anker auf und fahre in ein kleines Hafenbecken, welches durch eine große Betonpier abgetrennt wird. Hinter der Pier sehe ich die Masten einer Yacht.

Es sind Amerikaner – ich rufe ihnen zu und frage sie, wie man hier einklarieren kann. Hilfsbereit, wie Amerikaner fast immer sind, erklären sie mir, daß ich keinesfalls ohne Genehmigung an Land gehen soll, und sie bieten mir an, über ihr Funkgerät die Hafenmeisterei zu verständigen. Ohne Erfolg, die Verbindung kommt nicht zustande.

Die Pier steht auf Stahlträgern, so daß die lange Dünung des Ozeans auch unter der Betonbrücke durchläuft. Die Festmachetaue der amerikanischen Yacht sind zum Zerreißen gespannt – jede Woge zieht sie einige Meter von der Plattform weg, dann schnellt sie in beängstigender Geschwindigkeit zur Brücke zurück und wird erst im letzten Augenblick von den Haltetauen gestoppt, die in größerer Entfernung an einem Baum am Ufer befestigt sind.

Für die *Solveig* ist dieser Liegeplatz unmöglich, ihre Festmacher sind nicht stark genug, einer derartigen Zerreißprobe standzuhalten.

Kurz entschlossen fahre ich auf meinen Ankerplatz zurück, an dem ich wenigstens vor einer Beschädigung des Schiffes sicher bin. Der nächste Gewitterschauer läßt nicht lange auf sich warten, das Wasser fällt herab, als ob der Himmel alle Schleusen geöffnet hätte.

Gegen 16 Uhr kommt ein Motorboot auf die *Solveig* zu. Einer von den „Offiziellen“ schreit herüber, daß es hier nicht erlaubt sei zu ankern, ich soll zur Pier kommen zur Einklarierung. Auch das noch!

Verdrossen, müde und ärgerlich ziehe ich meine Kette mit dem Anker an Deck, starte den Motor und steuere auf die Pier zu. Die amerikanische Yacht ist inzwischen ausgelaufen. Wie soll ich jetzt allein die *Solveig* in dieser unruhigen Ecke vertäuen?

Vorsichtig motore ich an die Brücke, versuche dem Immigration-Officer meine Lage klarzumachen.

„Ich kann hier nicht festmachen, Sie sehen den Schwell, ich kann das Boot nicht halten!“

Er zeigt nur auf eine Eisentreppe, bei der das Anlegen völlig unmöglich ist.

„Bitte lassen Sie mich auf den Ankerplatz zurück, ich hole Sie mit dem Schlauchboot ab!“

Das scheint mir der einzig mögliche Ausweg.

Doch die Herren bleiben ungerührt stehen und zeigen nur auf ihre Treppe. Ich muß es versuchen, denke ich.

Meine stärksten und längsten Festmacher lege ich an Deck bereit – auf der Pier haben sich inzwischen Leute angesammelt, von denen mehrere zu Hilfe kommen. Es gelingt uns, die *Solveig* zwischen der Brücke und dem Baum am Ufer festzuhängen. Wie vorher die amerikanische Yacht schießt nun die *Solveig* vor und zurück, doch für den Augenblick scheint keine Gefahr zu bestehen. Mit dem Schlauchboot manövriere ich an die Treppe und nehme erst den einen, dann den anderen der Beamten an Bord.

Es wäre alles noch gutgegangen, wenn die Herren wie üblich die Formulare mit mir ausgefüllt, den Paß kontrolliert und sich dann verabschiedet hätten.

Aber der Polizeioffizier ist mit meiner Crew-List nicht einverstanden. Er hat angeblich eine zweite Person bei mir an Bord gesehen, als ich am Morgen in den Hafen eingelaufen bin.

„Wo haben Sie die zweite Person versteckt?“

„Aber ich bin doch allein, es ist niemand weiter an Bord“, antworte ich entrüstet.

„Dann haben Sie die zweite Person schon an Land geschafft!“

Nach einer längeren Diskussion lenkt er schließlich ein und gibt sich zufrieden.

Und da ist es auch schon zu spät!

Eine große, lange Dünungswelle packt die *Solveig*, zieht sie weit von der Brücke weg und läßt sie, von den wie Gummi gespannten Leinen gezogen, zurückschnellen. Der Festmacher bricht, der Bug gerät unter die Betonbrücke und schlägt mit fürchterlichem Krach an einen der Eisenträger.

Noch ehe ich nach vorne springen kann, um die Festmacher loszuwerfen, wiederholt sich das Spiel, diesmal werden die Bolzen aus dem Deck herausgerissen, mit denen Bugkorb und Reling befestigt sind. – Endlich habe ich die Leinen alle los und steuere das Boot aus der Falle heraus.

Draußen im Hafen lasse ich die *Solveig* treiben und bringe die zwei völlig verdutzten Herren mit dem Dingi an die Pier zurück.

Ich könnte mich ohrfeigen, aber das Unglück war passiert und nicht mehr zu ändern.

„Meine Schuld“, muß ich mir sagen, „niemals hätte ich nachgeben, sondern warten sollen, bis ich einen sicheren Platz zum Anlegen gefunden hatte.

Als ich am nächsten Morgen aufwachte, hatte ich zunächst eine schwache Hoffnung, daß die ganze Geschichte nur ein böser Traum gewesen war und sich alles in schönster Ordnung befand. Ein Blick aus dem Luk genügte, um mir die traurige Wahrheit zu offenbaren: Der Bugkorb war vollständig verbogen, ebenso der Beschlag. Ich mußte zumindest eine notdürftige Reparatur ausführen lassen, um mein Boot wieder seeklar zu bekommen. Aber zuerst wollte ich frühstücken und mir frisches Brot und frische Butter aus der Stadt besorgen.

Außer Lebensmitteln holte ich auch meine Post und hielt in meinen Händen ein Telegramm von Sigrun, in dem sie ihren Besuch für die nächsten Tage ankündigte. Die freudige Nachricht brachte mir mein seelisches Gleichgewicht zurück, und ich suchte noch am selben Morgen eine geeignete Werkstatt, um die Schäden reparieren zu lassen.

Die Insel Upolu, auf der ich mich befand, ist 72 Kilometer lang, und laut Karte sollten an der Leeküste zwei schön gelegene Buchten zu finden sein. Einen dieser Ankerplätze wollte ich mit Sigrun aufsuchen. Gleich nach ihrer Ankunft ging ich zur Polizei, um mein Visum verlängern zu lassen.

Nur sieben Tage Aufenthalt hatte man mir zugestanden und davon waren drei bereits vergangen. Nach langem Anstehen und Warten erhielt ich weitere sieben Tage genehmigt, aber für die Fahrt zu anderen Ankerplätzen, so sagte der Polizeioffizier, sei eine Sondererlaubnis vom „Attorney General" erforderlich. Was war das nun wieder? Was hatte die Justizbehörde mit meinem Ankerplatz zu tun? Ich meldete mich im Büro des Staatsanwalts und erhielt einen Termin für den nächsten Tag.

„Wie kommen Sie darauf, um eine Erlaubnis dieser Art nachzusuchen?", fragte der Neuseeländer höflich und fügte hinzu: „Ich kann ihnen keine ausstellen, denn sie ist in keiner Vorschrift begründet."

Ein Anruf bei der Polizei, um den ich bat, erbrachte als Antwort nur, daß ein Irrtum vorliegen müsse. Da hatte der Offizier eine Vorschrift erfunden, die es gar nicht gab! Erst später wurde mir klar, warum die Polizei so bemüht war, Segler vom Besuch entlegener Dörfer an der Küste abzuhalten.

Die Mentalität der Samoaner ist für uns schwer zu verstehen. Sie sind aggressiv und leicht in ihrer Ehre gekränkt, wenn die Form verletzt wird. Dagegen besitzen sie eine wunderbare Gastfreundschaft, sind fröhlich und immer bereit, Feste zu feiern, wie alle Polynesier.

Auf den Fremden, den „Papalagi", wie sie ihn nennen, wirken sie daher unberechenbar, zumal er ihre Gebräuche nicht kennt.

„Essen Sie nicht, während Sie in einer Hütte stehen. Tun Sie nichts und nehmen Sie nichts an sich in einem Dorf, ohne die Erlaubnis des Ältesten", heißt es als Regel in einem Führer über Samoa.

Die *Solveig* ist ein glückhaftes Schiff. Trotz der schweren Beschädigungen, die der Bug erhalten hatte, war nichts zerstört worden, was die Seetüchtigkeit beeinträchtigt hätte. Die verbogenen Stahlbeschläge konnten wieder repariert werden.

Sorgen bereitete mir dagegen meine Gesundheit. In der Kniekehle hatte sich aus einem Mückenstich ein dickes rotes Pilzgeschwür entwickelt, das sich langsam immer weiter ausbreitete. Der Apotheker erschrak, als ich mein Hosenbein aufrollte um es ihm zu zeigen und gab mir eine starke rote Tinktur zum Aufpinseln. Es sei ein typischer „Ringwurm“, meinte er.

Der nächste Morgen sah uns auf See, in weitem Abstand an der Küste von Upolu entlangsegelnd.

Die Orientierung war nicht einfach, es gab nur wenige markante Punkte, die sich mit der Karte vergleichen ließen. Gegen Mittag geriet die *Solveig* vor eine Riffmauer, die uns die Weiterfahrt versperrte. Ich änderte den Kurs nach der offenen See zu, aber erst nach zwei Stunden hatten wir die äußerste Spitze des Riffes gerundet, auf dem sich die Wellen mit großem Getöse brachen. Im weiten Bogen segelte ich hinter die Riffe und ankerte vor dem Dorf Saluafata auf geschütztem Wasser. Das Schlauchboot hatte ich auf dieser kurzen Fahrt nicht zusammengefaltet, sondern nachgeschleppt, und so ruderten wir sofort auf den Strand zu, wo sich bereits eine Menge Leute, insbesondere Kinder, versammelt hatten.

Mit gewaltigem Geschrei wurden die Ankömmlinge begrüßt, die Jungen und Mädchen rannten auf uns zu, zerrten am Schlauchboot, trugen es im Galopp weit vom Wasser fort, so daß wir Mühe hatten, ihnen zu folgen.

Mit einem Mal war uns die Initiative völlig aus der Hand genommen, und ich war insgeheim recht froh, bei dieser Landung nicht alleine zu sein. Wir wurden umringt, unauffällig am Weitergehen gehindert, bis der Dorfälteste erschien. Er kam uns nicht etwa entgegen, sondern die Menge schob uns auf ihn zu.

Der wohlbeleibte, würdige Polynesier erwartete uns unter den Bäumen am Ufer und stellte eine Frage, die ich nicht verstehen konnte. Ein junger Mann übersetzte in unbeholfenem Englisch, daß er wissen wollte, ob wir in Apia bei der Polizei gewesen waren. Nachdem dieser Punkt geklärt war, gab er uns förmlich die Erlaubnis, an Land und auch in das Dorf gehen zu dürfen.

Wir blieben umringt von den Kindern, die uns auf Schritt und Tritt folgten.

„Papalagi, Papalagi“, hörte ich sie durcheinanderschreien. Und wie ein bunter Vogel, belacht und bestaunt, kam ich mir auch vor. Es war nicht gerade angenehm, und nach einer halben Stunde wanderten wir zum Schlauchboot zurück.

Dort hatten sich die Kinder bereits zu schaffen gemacht; sie saßen im Boot, hatten Sand hineingeworfen und turnten auf den Sitzen und auf dem Wulst herum. Nur ungern wollten sie sich von dem neuen Spielzeug trennen.

Wir hatten die *Solveig* eben wieder erreicht und waren etwas ratlos in das Cockpit geklettert, als ein Kanu heranschoß, von einem kräftigen Mann gepaddelt; hinter ihm saß ein großes schlankes Mädchen. Beide baten, an Bord kommen zu dürfen, brachten Bananen und Kokosnüsse als Geschenke mit, und erkundigten sich, wie ich mit dem kleinen Boot so weit, von Europa her, in ihr Dorf gesegelt war.

Natsu, so hieß die junge Samoanerin, bat uns, in ihr Haus zu kommen. Eine Einladung, die mir sehr willkommen war, hatten wir doch jetzt ein Ziel für unseren Landgang am nächsten Tag. Natsus Besuch war vom Strand aus beobachtet worden, und jetzt begann eine wahre Invasion. In kleinen Kanus, auf Holzbrettern und in Autoschläuchen paddelten, schwammen und strampelten ganze Horden von Jugendlichen auf die wehrlose *Solveig* zu. Von allen Seiten kletterten sie an Deck, nahmen das Boot wie Piraten in Besitz. Alle Bitten und Mahnungen von Sigrun und mir, daß nur drei oder vier an Bord kommen sollten, halfen nichts. Es müssen jeweils zwölf oder mehr Jungen und Mädchen gleichzeitig gewesen sein, die mit ihrem Gewicht das Boot so tief ins Wasser drückten, daß das Cockpit durch die Lenzrohre geflutet wurde.

Sie saßen auf dem Kajütdach, an Deck, auf der Reling und durchstöberten auch im Inneren jeden Winkel. Papiere und Bücher wurden naß, eiligst mußten wir Kameras und sonstige Geräte wegräumen. Kurzum, wir waren diesem Ansturm hoffnungslos ausgeliefert.

In diesen Stunden bedauerte ich es, keine größere Yacht zu besitzen, deren Bordwände nicht so leicht zu erklimmen waren! Gegen Abend hallte der langgedehnte tiefe Ton eines Muschelhornes vom Land herüber. Es dröhnte wild und unheimlich. Sofort fragten wir einen der Jungen, was der Ton zu bedeuten habe.

„Das ist der Ruf zum Gottesdienst“, erhielten wir zur Antwort, und augenblicklich sprang einer nach dem anderen mit einem riesigen Platsch ins Wasser und strebte schwimmend dem Ufer zu.

Wir waren zwar von oben bis unten naßgespritzt – aber allein!

Noch ziemlich benommen und erschöpft machten wir uns daran, Ordnung in unseren kleinen Haushalt zu bringen. Dieses Dorf hatte noch nie eine europäische Yacht zu Besuch gehabt, und so reagierten die Polynesier mit dem vollen Ungestüm ihrer Leidenschaft.

Die Dunkelheit der Tropennacht brach schnell herein, die Sterne des südlichen Himmels leuchteten auf, und zwischen den Hütten sahen wir den Schein der Feuer, die ihr flackerndes Licht auf Palmen und Bäume warfen.

Als wir uns am nächsten Tag mit dem Schlauchboot Natsus Haus näherten, stand sie bereits am Strand, um uns zu empfangen.

Sie machte uns zunächst mit ihren Eltern bekannt. Ihr Vater – er ist der Pfarrer und besitzt das einzige feste Haus im Dorf – wohnt mit seiner Frau zu ebener Erde und hat seine Räume ebenso eingerichtet wie eine samoanische Hütte.

Der Boden ist mit geflochtenen Matten bedeckt, auf denen das Ehepaar auch schläft; als Kopfkissen dient eine kleine Holzbank. Im ersten Stock hat die junge Natsu ihr Reich völlig im europäischen Stil ausgestattet, mit Tisch, Stühlen, einem Plüschsessel und einer Häkeldecke auf dem Tisch.

Sie war auch sehr stolz, uns auf europäische Weise mit Tellern und Tassen bewirten zu können.

Der Übergang von der traditionellen Lebensweise zur Zivilisation vollzog sich hier innerhalb eines Hauses und konnte für den Besucher nicht augenfälliger sein. Ich merkte auch sehr bald, daß Natsu sich den Dörflern gegenüber überlegen fühlte. Sie hatte lange Zeit in Neuseeland gearbeitet und sich so sehr an die Zivilisation gewöhnt, daß ihr das Leben auf Samoa primitiv erschien. Kein Wunder also, daß sie sich zu uns Europäern hingezogen fühlte und uns als ihre ganz speziellen Gäste betrachtete.

„Willst du bald heiraten?“, fragte ich sie, um ein wenig auf den Busch zu klopfen.

„Einen Samoaner heiraten? In einer Hütte Hausfrau spielen? Jeden Morgen auf dem Boden knien und Feuer machen? – Phu, Phu“, dabei ahmte sie das Blasen in offene Glut nach, „niemals!“

Später kam der urwüchsige Samoaner, der das Kanu gepaddelt hatte und lud uns für den übernächsten Tag zu einem Festessen in seine Hütte. Er hieß Malini und war ein ausgesprochen humorvoller Bursche, wir freuten uns darauf, bei ihm ein Stück echter polynesischer Lebensweise kennenzulernen.

„Ich werde nichts einkaufen, sondern für euch nur das anrichten, was bei meiner Hütte wächst oder in der Lagune schwimmt.“

Wir waren begeistert, aber mich drückte doch die Sorge, wie wir zwei weitere Tage mit den Kindern fertig würden, die inzwischen schon wieder das Schlauchboot als Spielplatz benützten. Zwar hatten wir es dicht vor die Haustüre gelegt, aber die Rangen betrachteten es jetzt als eine Art Mutprobe, das Boot zu stoßen, Gegenstände hineinzuwerfen oder auf den Schläuchen wie auf einem Trampolin herumzuspringen. Ein Leck hatten sie schon hineingekratzt.

Eilig kehrten wir daher zur *Solveig* zurück. Wir waren keine Viertelstunde an Bord, und ich hatte eben begonnen, einen Flicken auf die undichte Stelle im Schlauchboot zu kleben, als ich die ganze Schar der Dorfjugend in breiter Formation auf die *Solveig* zuschwimmen sah.

Es wiederholte sich das Spiel vom Tag vorher, nur mit einigen Steigerungen.

Zunächst ging es noch lustig zu, als ein Mädchen fragte, ob wir Kinder hätten.

„Warum nicht?“ drängte sie, brach dann in helles Gelächter aus und zeigte auf meine schmale Koje.

„Auf so einem Boot würde ich nicht wohnen wollen!“, rief eine andere Stimme.

„Wie sieht denn Schnee aus, gibt es den bei dir zu Hause?“

Es waren aber auch ziemlich brutale Halbwüchsige dabei, die sich Früchte nahmen, einmal hineinbissen und den Rest über Bord warfen.

„Gib uns Wasser, wir sind durstig.“

Ein Schluck wurde getrunken, das übrige ausgeschüttet.

An jeder Schraube drehten sie, öffneten die Schränke in der Kajüte, probierten Kleidungsstücke an. Pausenlos sprangen die kräftigen Burschen vom Boot auf das Schlauchboot, dann ins Wasser und wieder zurück.

Obstkerne und Korallenbrocken flogen in die Kajüte. Als ich die Jungens aufforderte, das Boot zu verlassen, erhielt ich prompt die Antwort:

„Das ist unsere Insel und unser Ankerplatz, hier können wir machen was wir wollen. Wenn es dir nicht gefällt, dann verschwinde!“

Sehnsüchtig warteten wir auf die erlösende Stunde des Gottesdienstes am Abend.

Leider mußten wir nach dem Abzug der Belagerer feststellen, daß die Handpumpe fehlte, die mir dazu gedient hatte, das Schlauchboot nach den häufigen Regenschauern zu lenzen. Doch Natsu und Malini halfen uns, die weniger erfreulichen Stunden unseres Aufenthaltes vor diesem entlegenen Dorf leichter zu übersehen.

Malinis Hütte lag ein Stück entfernt auf einem kleinen Hügel, zu dem uns Natsu führen wollte. Wir trafen sie am Strand, trugen das Schlauchboot aber vorsichtshalber hinter das Haus und banden es fest. Malini empfing uns mit dem samoanischen Gruß „Talofa“, was soviel bedeutet wie: „Liebe sei mit dir!“ Er zeigte uns sein „Fale“, das wie alle samoanischen Hütten im Oval und offen, also ohne Außenwände gebaut ist.

Er wies auf seine Frau, die mit der Vorbereitung des Essens beschäftigt war, und erklärte stolz:

„Das ist meine Frau, sie ist soo häßlich, aber ich liebe sie so sehr!“

Die Küche mit der offenen Feuerstelle war in einer Nebenhütte untergebracht. Malini begann in einem hohlen Stein mit einem Stück Hartholz die Wurzeln der Pfefferstaude zu zerstoßen, um das in der ganzen Südsee berühmte Kawa-Getränk zu bereiten. Bei der Zeremonie muß der Häuptling anwesend sein. Dieser Häuptling, der sogenannte „Matai“, steht einer Gruppe von Familien vor, die auch heute noch die bedeutendste Einheit im samoanischen Gesellschaftsgefüge bildet. Der Matai verteilt auch alles Land an die Mitglieder der Familien und wird von jedem mit ausgesuchtem Respekt behandelt.

Nachdem Malini das Kawa-Pulver bereitet hatte, gab er uns ein Zeichen. Wir setzten uns auf die geflochtenen Matten, um den Matai zu erwarten.

Ein paar Minuten später sah ich, wie sich ein großer, stämmiger Polynesier gemessenen Schrittes der Hütte näherte. Er murmelte einen Gruß und warf sein langes Buschmesser mit solcher Kraft in den Stamm eines Baumes, daß der Stahl tief in das Holz eindrang. Sein Gesicht war wie aus Stein gemeißelt. Er sprach kein Wort und würdigte uns keines Blickes. Zwischen seinen Schenkeln hielt er ein Tuch, in welches das Kawa-Pulver geschüttet, dann in heißem Wasser aufgebrüht und abgegossen wurde. Das so gewonnene Getränk wurde in einer Kokosschale gereicht: dem Matai zuerst, dann ging die Schale weiter von Hand zu Hand.

Kawa ist eine Droge, die leicht berauschend und anregend wirkt, aber nur, wenn man sie in größeren Mengen genießt. Für die Südseeinsulaner hat diese Zeremonie eine zentrale Bedeutung im täglichen Leben. Sogar in dem Maße, daß gewisse Firmen schon versucht haben „Instant"-Kawa auf den Markt zu bringen, was die Regierungen jedoch nicht zuließen.

Ebenso rasch und geräuschlos wie er gekommen war, entfernte sich der Matai in den grünen Busch.

Malini wurde wieder gesprächig, er holte seine Kinder in die Hütte, während seine Frau nach und nach die Speisen auftrug. Sie und die Kinder hatten bis zum Ende unseres Mahles auf ihr Essen zu warten. Auf Emailschüsseln und -tellern lockten Langusten, Hühnerbeinchen, gekochter Fisch, eine Kokosnußsuppe, verschiedene Gemüse, Bananen und Papayas zum Zugreifen. Malini erklärte: „Das alles kann ich euch anbieten, ohne daß es mich Geld kostet, warum soll ich in die Stadt gehen und arbeiten? Wenn ich mal Geld brauche, dann sammle ich ein paar Kokosnüsse und verkaufe sie."

Das ist also „Faa Samoa" – samoanische Lebensweise. Malini und seine Familie leben sorglos, weil ihnen die Natur in Gestalt der Kokospalme den nützlichsten Baum beschert hat, den man sich denken kann. Aus den Blättern werden Körbe, Matten, Dächer, Hüte und weiteres Flechtwerk hergestellt. Aus der Schale der Nuß gewinnt man die Kokosfaser, mit der Tauwerk und Seile geflochten werden. Der Stamm liefert ein extrem hartes Holz. Den größten Wert aber hat das Innere der Nuß: Das Kokosmark, welches getrocknet die sogenannte Kopra, den Grundstoff für feine Öle und Fette ergibt. Kopra erzielt auf dem Weltmarkt hohe Preise und ist die Existenzgrundlage aller Südseeinseln.

Malini zeigte auf Sigrun und Natsu, die inzwischen wieder erschienen war.

„Du siehst, wie leicht das Leben ist auf Samoa, wir bauen dir ein Fale, zwei Frauen hast du ja schon, und du bleibst hier bei uns!"

Ein verschmitztes Lächeln blitzte aus seinen klugen Augen, aber Natsu stieg die Röte ins Gesicht.

„Ihr da", rief er seinen Kindern zu, „holt die Fächer und gebt unseren Gästen etwas Kühlung!"

Eifrig wedelten uns die beiden frische Luft zu, während die Katzen zwischen den Tellern spielten und magere zerzauste Hühner immer wieder versuchten, von den Speisen etwas zu erhaschen. Ich muß sagen, daß mein

Appetit auf die Hühnerbeine in der Schüssel dadurch nicht gerade angeregt wurde, ich hielt mich lieber an die Langusten und an das Gemüse.

„Das Leben ist hier so leicht", betonte Malini nochmals mit strahlendem Lächeln.

Damit mochte er recht haben, aber gerade deshalb erhält ein Papalagi sein Visum höchstens für vierzehn Tage ...

Natsu zeigte uns am Nachmittag das ganze Dorf, welches sich ein weites Stück an der Küste entlangzieht. In den offenen Fales saßen die Frauen, flochten Matten oder nähten – nichts blieb dem Blick eines Vorübergehenden verborgen. Fast immer rannte die ganze Familie aus der Hütte auf uns zu, und Natsu mußte erklären und erzählen, woher wir kamen.

Zurück auf der *Solveig*, erhielten wir wieder Besuch von der Dorfjugend, aber diesmal behandelten sie uns respektvoller. Vielleicht hatte sich unsere Einladung bei Malini herumgesprochen. Es näherte sich auch ein Kanu mit einem älteren Mann, der, wesentlich zurückhaltender als die Jugend, nicht an Bord kam, sondern etwas scheu in seinem Einbaum sitzenblieb, aus dem er das ständig eindringende Wasser mit einer Konservendose schöpfte. Auf seinem nackten Rücken und den Oberschenkeln sah ich zum ersten Mal in meinem Leben eine vollständige polynesische Tätowierung.

Früher galt die Tätowierung, richtiger Tatauierung, als äußeres Zeichen für die Mitglieder polynesischer Kultbünde und stand ursprünglich nur den jungen Ariki, den Sprößlingen edler Familien, zu. Die Tatauierung war verschieden, je nach der Rangstufe innerhalb des Bundes und steigerte sich an Pracht für die höheren Grade.

Über die Tatauierung erzählt man sich noch heute eine alte Legende, nach der zwei Frauen, Taema und Tilafaiga, von Fiji nach Samoa schwammen (eine Entfernung von 500 Meilen!). Zähneklappernd und zitternd vor Kälte überbrachten sie nach ihrer langen „Seereise" die folgende Botschaft:

„Wenn die Männer erwachsen werden, tatauiert sie. Wenn die Frauen erwachsen werden, laßt sie Kinder gebären."

Hinter diesem Mythos steht die Überzeugung der Samoaner, daß die Schmerzen bei der Tatauierung des Mannes einen Ausgleich darstellen sollen für die Schmerzen der Frau bei der Geburt eines Kindes.

Die abgelegenen Dörfer von Samoa gehören noch zu den wenigen Plätzen, wo die Bewohner an dieser alten Tradition festhalten. Mein Besucher überreichte mir Papayas und Bananen als Geschenk und ich gab ihm dafür einige der begehrten Angelhaken und Schnüre, bevor er wieder zum Ufer zurückpaddelte.

Sigrun, die sich in der Zwischenzeit mit zwei Jungens auf dem Vordeck unterhalten hatte, kletterte ins Cockpit zurück, und erzählte mir voll Freude, daß ihr die Burschen versprochen hätten, meine Pumpe wiederzufinden.

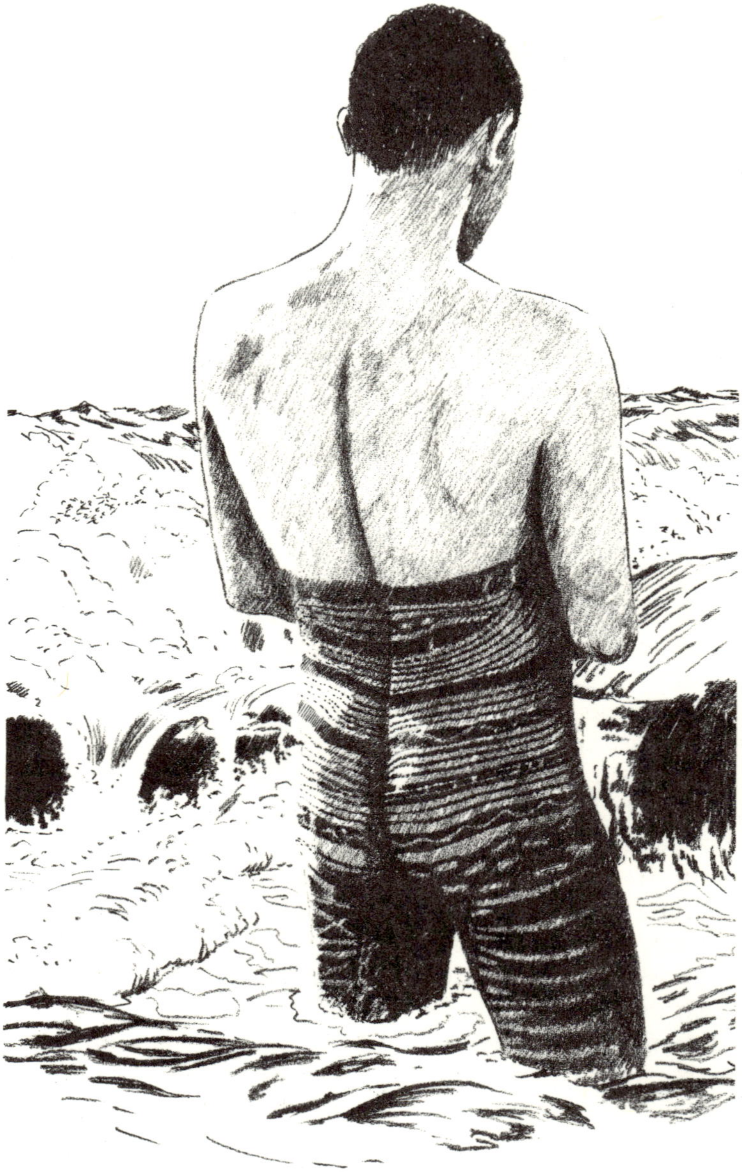

Samoaner mit Tatauierung

„Woher wissen die davon?“ fragte ich erstaunt.

„Sie haben gefragt, ob irgendetwas abhanden gekommen sei und da habe ich ihnen von der Pumpe erzählt. Sie wurden sehr traurig und meinten, es wäre nicht gut, wenn wir abfahren würden mit dem Gefühl, daß uns etwas genommen wurde.“

Es war unser letzter Abend auf diesem Ankerplatz, denn Sigrun mußte nach Apia zurück, um die Heimreise anzutreten. Ich kramte noch einige Stunden in meinen Fächern, um die verschiedenen Sachen zusammenzulegen, die Sigrun mitnehmen würde. Ein paar Briefe waren in letzter Minute noch zu schreiben, die ebenfalls den schnellen Weg nach Deutschland nehmen sollten. Als ich später in tiefem Schlaf lag, weckte mich ein dumpfes Geräusch am Boot. Ich horchte, ob ich vielleicht geträumt hatte, aber dann hörte ich auch flüsternde Stimmen, schließlich ein lautes Pochen an die Bordwand. Ich mußte hinaus und sehen was los war!

In der Dunkelheit erkannte ich die Umrisse eines Kanus und zwei Gestalten.

„Wir wollen die Missus sprechen", erklärte einer von ihnen. Sigrun war schon auf, stieg heraus an Deck und kam zehn Minuten später stolz mit der Pumpe in der Hand zurück.

Sie erzählte eine lange Geschichte, deren wesentlicher Inhalt war, daß die beiden in der Nacht Hütte für Hütte des ganzen Dorfes durchsucht hatten, ohne Rücksicht auf die Proteste der Bewohner und schließlich, unter einer Kiste versteckt, die Pumpe entdeckten.

Der Vorfall zeigte mir, daß die Polynesier, wie zu Cooks Zeiten, die Wegnahme eines Gegenstandes als reinen Sport empfinden und ihre Beute wieder hergeben, wenn ihnen bewußt wird, daß sie einem anderen damit wirklich Schaden zugefügt haben.

Bereits eine Stunde vor unserer Abfahrt hatte sich das ganze Dorf am Strand versammelt.

„Große Aufregung", schrieb ich ins Logbuch.

Natsu und Malini paddelten mit dem Kanu heran und brachten uns einen Korb, aus einem Palmblatt geflochten und gefüllt mit Obst und Früchten. Vom Dorfältesten erhielt ich ein großes Stück „Tapa" geschenkt. Tapa ist der Bast des Maulbeerbaumes, der von den Frauen in mühevoller Arbeit so lange geklopft wird, bis er dünn und geschmeidig ist, wie ein Tuch.

Unter Rufen und Winken segelte die *Solveig* aus der Lagune und nach Apia zurück.

120°
140°
160°
M I K R O N E S I
Karolinen
M E L A N E S
BORNEO
Molukken
0°
NEU GUINEA
Bismarck Archipel
Neu Irland
Neu Britannien
Salomonen
Arafura See
Timor
Darwin
KORALLEN-SEE
Neu Hebrid
20°
Neukaledonie
AUSTRALIEN
Brisbane
Perth
Sydney
Adelaide
Canberra
Melbourne
40°
Hobart
INDISCHER OZEAN
TASMANIEN
120°
140°
160°

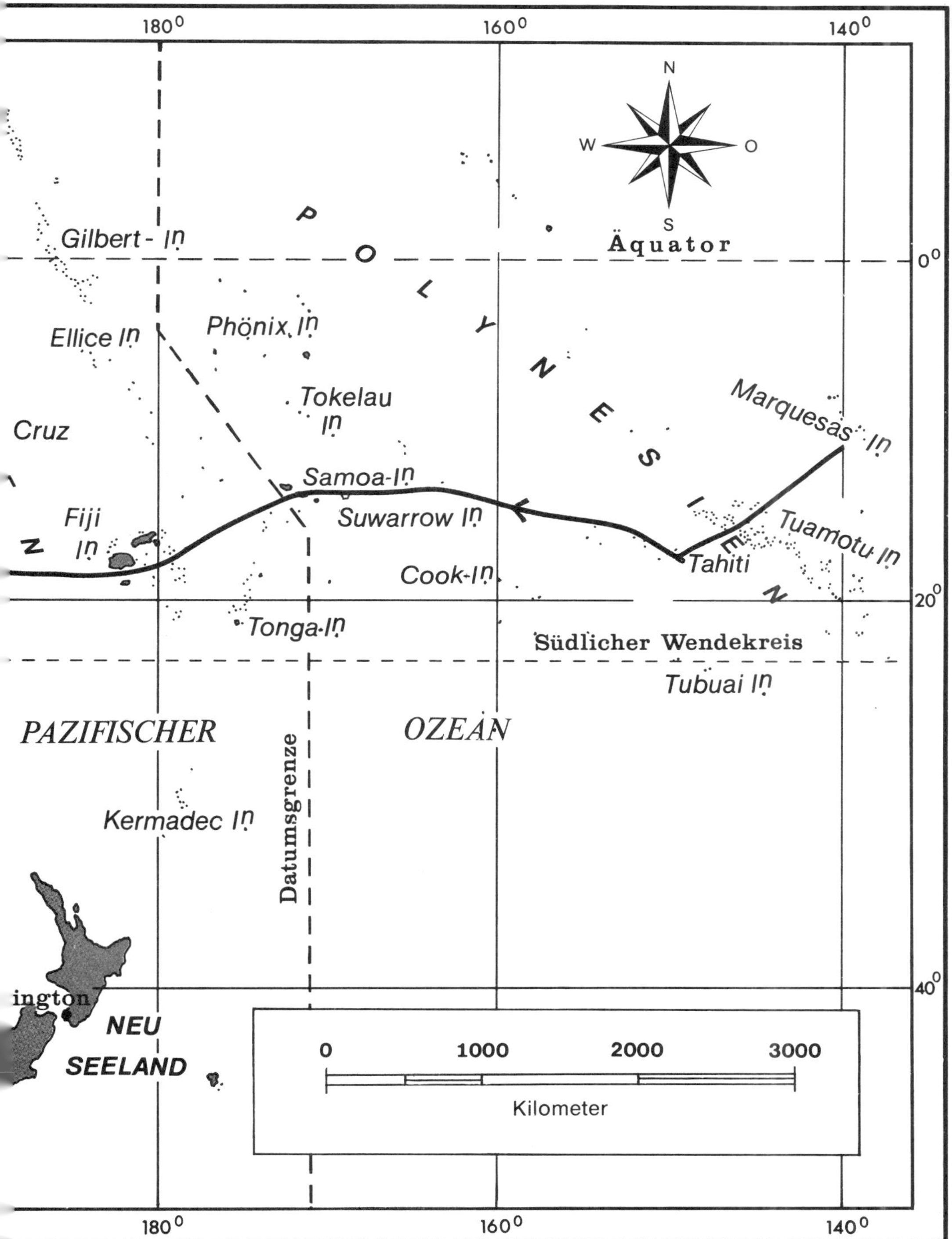
180°
160°
140°
N
W
O
S
Äquator
0°
20°
40°
POLYNESIEN
Gilbert-In.
Ellice In.
Phönix In.
Tokelau In.
Cruz
Samoa-In.
Suwarrow In.
Fiji In.
Cook-In.
Tonga-In.
Marquesas In.
Tuamotu-In.
Tahiti
Südlicher Wendekreis
Tubuai In.
PAZIFISCHER
OZEAN
Datumsgrenze
Kermadec In.
ington
NEU SEELAND
0
1000
2000
3000
Kilometer

Regenzeit in Fiji

Mein Pilzgeschwür war trotz Behandlung mit der roten Tinktur keineswegs besser geworden, sondern hatte sich unaufhaltsam weiter ausgebreitet. Es zog sich jetzt durch die ganze Kniekehle, und mir wurde jeder Schritt zur Qual.

Nachdem ich Sigrun in Apia zum Omnibus begleitet hatte, der sie zum Flughafen brachte, schleppte ich mich zur Apotheke. In meinem „Gesundheitsbüchlein für die Tropen" hatte ich über Pilzinfektionen nachgelesen. Dort war von Tabletten die Rede, die zwar stark und verschreibungspflichtig, aber auch wirksam sein sollten. In diesen Tabletten sah ich jetzt meine einzige Rettung.

Ich verlangte den Apotheker zu sprechen und zeigte ihm in einem Nebenraum mein Bein.

„Das ist bedenklich", meinte er.

„Hat denn die Tinktur nicht geholfen?"

Dann holte er ein neues Sälbchen hervor, das ich versuchen sollte.

Nun mußte ich handeln, sonst sah es um meine Weiterfahrt schlecht aus:

„Es gibt da Tabletten gegen den Pilz, können Sie mir die geben? Ich bin Segler und *muß* nach den Fiji-Inseln weitersegeln, die Orkanzeit steht vor der Tür! Und Sie wissen ja, der Hafen hier ist nicht sicher!"

Er sah mich an und meinte kopfschüttelnd:

„Die Tabletten sind stark, können zu einem Kollaps führen. Ich darf Sie Ihnen nicht ohne Verordnung durch einen Arzt geben."

„Aber bitte, verstehen Sie doch, ich muß spätestens morgen früh segeln und noch heute ausklarieren."

Nach einigem Hin und Her ließ er sich erweichen.

„Also gut, das Risiko ist geringer mit den Tabletten als ohne."

Er gab mir zwanzig Griseofulvin, von denen ich jeden Tag eine nehmen sollte.

In der glühenden Hitze und mit dem schmerzenden Bein empfand ich es als besonders lästig, daß mich die Polizei bei der Ausklarierung ohne die nötigen Papiere zum Zoll schickte, so daß ich nochmals zurücklaufen mußte, um mir diese aushändigen zu lassen.

Am 4. Dezember hole ich mittags den Anker auf, nachdem ich vorher das Schlauchboot zusammengefaltet und im Vorschiff verstaut habe. Noch einmal wird meine Geduld auf die Probe gestellt.

Mein Anker hat sich in einer rostigen alten Kette verhakt, die am Grund des Hafens lag.

Mit der Winsch hebe ich Zentimeter für Zentimeter die schwere Last nach oben. Endlich bricht der Anker durch die Wasseroberfläche, und die Kette wird sichtbar, die an der Flunke hängt. Ich lege mich auf den Bug, um mit der Hand die Kette anzuheben und den Anker zu befreien. Bei dieser Kraftanstrengung breche ich mir eine Rippe an.

Auch der Wind läßt mich völlig im Stich, die *Solveig* muß sich mit dem Motor in die See hinausschieben lassen. In einer weiten Schleife, um die Riffe zu vermeiden, steuern wir nach Süden in die Straße von Apolima, welche die Durchfahrt zwischen den großen Inseln Upolu und Savaii bildet. Ich fühle mich elend, schlafe in der Nacht nur wenige Stunden, während die *Solveig* auf der Dünung herumdümpelt. Am Morgen ist Upolu noch immer in Sicht. Selbst abends um 18 Uhr sind wir erst 10 Meilen vorangekommen, und die grauen Umrisse der Inseln sind noch gut zu erkennen. Wieder setzt einer jener Regenfälle ein, für die Samoa bekannt ist, und bei denen man glauben könnte, daß die Welt nur noch aus Wasser besteht. Die Nacht um mich herum wird pechschwarz. Aber jetzt kommt Wind auf! Nackt steige ich an Deck und setze Segel; auf diese Weise bleibt meine Kleidung trocken, für Ölzeug ist es mir selbst in der Nacht zu heiß.

Der Wind wird schnell zur steifen Brise, und ich versuche die Segel so auszutrimmen, daß sich das Boot selbst steuert. In der Dunkelheit eine spannende Aufgabe, denn ich kann weder die Segel, noch die Lage des Bootes in den Wellen erkennen. Einziger Anhaltspunkt ist der Kompaß. Nach einer halben Stunde gelingt es mir, die Steuerleine und den Gummistropp an der Pinne so auszugleichen, daß meine *Solveig* endlich weiß, wohin es gehen soll und ihren Kurs nach Südwesten beibehält.

„Nun mach schön weiter so die Nacht durch!“, bitte ich sie und verkrieche mich in der Geborgenheit meiner Kajüte. Gegen 22 Uhr legt der Wind weiter zu, die *Solveig* jagt mit 5 Knoten durch die bewegte See.

Am nächsten Tag muß ich reffen. Mit der Reffkurbel rolle ich das Tuch sauber um den Baum, dabei tut mir die angebrochene Rippe empfindlich weh. Außer Atem und etwas benommen lege ich mich anschließend auf meine Koje.

Zu meiner Erleichterung wird wenigstens die Pilzgeschwulst zusehends besser, die Tabletten beginnen zu wirken.

In Deutschland feiert man heute den Nikolaustag, denke ich, und versuche mir vorzustellen, was dieser oder jener meiner Freunde wohl gerade macht. Es gelingt nicht; zu weit liegt Europa entfernt, zu verschieden sind das Klima und die Umgebung. Keine 300 Meilen vor mir liegt die Datumsgrenze: in Deutschland schlafen ohnehin alle, während mir die Mittagssonne auf das Kajütdach brennt.

Die grobe See erschwert mir nicht nur die Zubereitung von Tee und Suppe auf dem Petroleum-Kocher, sondern auch meine Messungen mit dem Sextanten. Und gerade hier brauche ich genaue Positionen. Mehrere Kleinstinseln liegen im Seeraum zwischen Samoa und Fiji; eine davon, Niua Fou, direkt in meiner Route.

– Diese Inseln erhielten den Spitznamen „Tin-Can Islands", weil sie keinen Landeplatz für Schiffe besaßen und so die Post in einer Blechbüchse (tin-can) ins Wasser geworfen wurde. Ein kräftiger Polynesier schwamm dann heraus, band die Büchse an seinem Leib fest und schwamm damit über das Riff zurück. In den haiverseuchten Gewässern riskierte er dabei sein Leben. Dies war zweifellos die gefährlichste Art der Postbeförderung, die es je gegeben hat. –

Außer den wirklich vorhandenen Inseln findet man auf der Seekarte noch eine Reihe von Vermerken, die auf geringe Wassertiefen oder Brecher hinweisen und auf Beobachtungen irgendwelcher Schiffe beruhen. Es heißt da etwa: „Breakers reported 1924" (Brecher beobachtet). Der Navigator darf sich dann entscheiden, ob er die Meldung des betreffenden Schiffes als Irrtum ansehen und schlicht vergessen will oder ob er es für geraten hält, einen weiten Bogen um das vermeintliche Hindernis zu fahren. Ich gehe diesen vermuteten Hindernissen lieber aus dem Weg.

Der Passat weht weiterhin frisch und die *Solveig* beschert mir ein Etmal von 134 Meilen. Ich spare auch nicht mit Lob, denn ich bin um jede Meile froh, die sie mich dem schützenden Hafen von Suva auf den Fiji-Inseln näher bringt. Immerhin besteht im Dezember schon die Möglichkeit eines Zyklons.

Die zur Fiji-Gruppe gehörenden etwa fünfhundert größeren und kleineren Inseln liegen verstreut auf einer Fläche, halb so groß wie die Bundesrepublik. Die nach Osten vorgelagerten Riffe sind von der Hauptinsel 150 Seemeilen entfernt. Selten war ich so sehr um die Genauigkeit meines Standortes besorgt, wie bei der Annäherung an diese Korallenbänke. Das Wetter meint es gut mit uns, am Tag vor dem erhofften Landfall läßt der Wind nach, die See wird ruhiger, und die Sonne strahlt vom leicht bewölkten Himmel.

„Ideales Passatwetter", steht im Logbuch.

In der Nacht habe ich keine Ruhe mehr, zu schlafen. Ständig suche ich im Mondlicht den Horizont ab, ob irgendwo der helle Streifen von Brechern zu erkennen ist. Um 3 Uhr früh berge ich die Fock und lasse die *Solveig* mit dem Groß beidrehen. Bereits um 6 Uhr setze ich wieder das Tuch, und schon eine Stunde später sehe ich das erste Inselchen und die Brandung der Riffe. Es war Yarona in der Lau-Gruppe.

Mitten durch die Inselgruppe läuft der 180. Längengrad, ein Tag ist also glatt verloren, weil ich das Datum vom 10. auf den 12. Dezember vorrücken muß.

Mein übermüdeter Kopf fragt sich zunächst, wo der 11. Dezember eigentlich geblieben ist? Die Navigation stimmt jedenfalls, denn ich kann Suva noch am gleichen Abend erreichen. Viele Stunden nimmt die „Einklarierungszeremonie" auch hier wieder in Anspruch. Zuerst haben die Beamten keine Zeit, dann unternimmt der indische Zöllner, wohl als Zugabe für die lange Warterei, die erste und einzige richtige Durchsuchung, der die *Solveig* jemals ausgesetzt war. Er ist absolut überzeugt, daß sich eine Pistole an Bord befinden müsse und untersucht eine Stunde lang beharrlich Fach für Fach, öffnet jedes Kästchen und Döschen in der Hoffnung, wenigstens Munition zu finden. Seine Enttäuschung ist fast rührend, als er schließlich aufgeben muß.

Aber einen kleinen Erfolg ist er seiner Selbstachtung und mittlerweile auch schlechten Laune doch schuldig. Auf die Frage nach Alkohol zeige ich zwei Flaschen Rum vor, obwohl nur eine erlaubt ist. An der zweiten bleibt er nun hängen. Ich erkläre mich bereit, sie zu verzollen.

„Das ist unmöglich. Sie haben keine Einfuhrerlaubnis!", gibt er mir zur Antwort.

Er verlangt nach einem gesonderten Raum oder Schrank, damit er eigenhändig die Flasche dort einschließen und das Schloß plombieren kann. Natürlich hat die Kajüte der *Solveig* solche Räume nicht aufzuweisen, aber der Inder gibt nicht auf, sondern besteht vielmehr darauf, daß ich das Schapp über meiner Koje ausräume und Peilkompaß, Taschenlampe und Büromaterial anderswo unterbringe. In das entleerte Kästchen legt er nun feierlich die Flasche und versiegelt den Deckel mit einem Papierstreifen, den er mit seiner Unterschrift und mehreren Stempeln schmückt.

„Dieses Siegel dürfen Sie nicht entfernen bis zur Ausklarierung!", erklärt er wichtig, und ich habe tatsächlich den Papierstreifen wohl gehütet, allerdings mit dem Erfolg, daß sich der Leim mit der Zeit auflöste und das Papier sanft herunterglitt.

Die Inder ersticken in ihrer Bürokratie; im Zollbüro stapeln sich die Akten in losen Bündeln vom Boden bis zur Decke, es muß fast unmöglich sein, dort eine benötigte Unterlage zu finden. Man fragt sich, wie überhaupt Inder auf eine Südseeinsel kommen. Die Antwort ist einfach.

Ebenso wie die Chinesen auf Tahiti, wurden sie von den Kolonialherren als Arbeitskräfte geholt. Fiji lebte und lebt noch fast ausschließlich vom Zucker. (Nur der Tourismus kam als Industrie hinzu.) Und für die Zuckerplantagen brauchte man damals Kulis. Aus den Kulis von einst sind inzwischen Beamte und Geschäftsleute geworden. Heute ist die gesamte Verwaltung, Polizei, Post und das Geschäftsleben von Indern durchsetzt, die auch zahlenmäßig über 50% der Bevölkerung ausmachen.

Während meines Aufenthaltes in Suva fanden Neuwahlen statt, die eine Mehrheit der Indischen Partei ergaben. Das Ergebnis kam völlig unerwartet, auch für die Inder selbst, und eine gefährliche Spannung lag in der Luft. Die Fijianer rüsteten sich nämlich zum Bürgerkrieg für den Fall, daß eine indische Regierung gebildet würde. Laut Verfassung mußte die Regierungsbildung binnen drei Tagen erfolgen, doch scheiterten die Inder am Ende an ihrer eigenen Mentalität. Unfähig, sich auf einen Regierungschef zu einigen, wurde die Kabinettsliste erst eine halbe Stunde nach Ablauf der Frist vorgelegt, während der Präsident schon längst einen Fijianer zum Primeminister ernannt hatte.

Der gesamte Charakter von Suva wird von der puritanischen englischen Lebensweise und dem Geschäftssinn der Inder geprägt. Hier lädt keine Hafenpromenade zu einem Bummel am Abend ein, und es gibt kein Café in dem man gemütlich plaudernd sitzen kann. Hohe Mauern und Zäune umschließen die Kais und Lagerhäuser, erst dahinter beginnt die Stadt, der Marktplatz und die Straßen des Einkaufsviertels.

Die Ankerplätze für Yachten sind weit außerhalb im Club oder vor dem Tradewinds Hotel. Dort, in der mit hohen Bäumen und dichtem Busch umgebenen „Bay of Islands", hatte die *Solveig* ihren Platz gefunden.

„Tradewind" heißt Handelswind und ist die englische Bezeichnung für den Passat. Der Besitzer des Hotels wollte mit dem Namen seine enge Beziehung zum Segelsport anklingen lassen und sein Haus zum Anlegeplatz und Treffpunkt der Fahrtenyachten machen.

In der weiten Halle des Hotels bot sich verlockende Gelegenheit, eine Tasse Kaffee oder einen Rum-Drink zu genießen, dabei Gespräche anzuknüpfen mit anderen Seglern oder mit Hotelgästen.

Eine halbe Stunde Busfahrt brachte mich in die Stadt, und nicht selten hielt auch ein Taxi und nahm mich kostenlos mit. So ein Stadtbummel erforderte Zeit und kostete bei der Hitze viel Schweiß.

Auch Arbeiten im Boot wurden durch die hohen Temperaturen nicht gerade erleichtert.

Nach der Reparatur in Panama war mein Dieselmotor zwar gut gelaufen, aber es hatte sich weiterhin gelegentlich Salzwasser im Zylinderkopf angesammelt. Erst in Tahiti kam ich hinter die Ursache des Übels.

Die *Solveig* war nämlich mit Lebensmitteln und Ausrüstungsgegenständen so überladen worden, daß sich seitdem die gesamte Kühlwasseranlage unter der Wasserlinie befand, ein Umstand, mit dem die Techniker beim Einbau des Motors nicht gerechnet hatten. Für mich gab es daraufhin nur eine Abhilfe: ich mußte nach jedem Gebrauch den Kühlwasserzufluß zum Motor mit einem Hahn schließen, so daß kein Wasser mehr in den Zylinderkopf hineinkam.

Hier in Suva wollte ich nun endlich die vorher entstandenen Korrosionsschäden beseitigen. Ich montierte den Zylinderkopf ab, steckte ihn in meine

Einkaufstasche und ließ ihn dann in einer Werkstatt für ganze fünf Dollar entrosten und die Ventile nachschleifen.

Das Wetter blieb heiß und trocken, ein auf diesen Inseln im Dezember sehr seltener Zustand. So nutzte ich die Gelegenheit, auch dem Boden des Bootes entsprechende Pflege zukommen zu lassen. Ich wollte einen neuen Anstrich mit Unterwasserfarbe anbringen. Eine solche Überholung ist in den Tropen ungefähr alle sechs Monate fällig, weil dann die Giftanteile in der Farbe verbraucht sind und sich Muschel- und Grasbewuchs ansetzen. In den nächsten Tagen würde Vollmond sein, der Tidenhub betrug dann 1,80 Meter, gerade ausreichend, den neuen Anstrich wieder einmal „kostenlos" aufzubringen. Mir fehlte nur noch ein geeigneter Platz, wo ich die *Solveig* festbinden konnte, damit sie mir nicht wieder umfiel wie in den Perlas-Inseln.

Im Yachtclub gab es dafür eine Mauer, aber ich erhielt eine scharfe Ablehnung:

„Nur für Mitglieder!"

Nun war guter Rat teuer.

Zu Fuß streifte ich einen Tag lang durch die Gegend, konnte aber am Ufer keine passende Stelle finden.

Dafür entdeckte ich direkt vor dem Hotel ein Schild: „Für Wasserski verboten". Es war an einem eisernen Pfahl angebracht, der auf einer Sandbank stand, die bei Niedrigwasser trockenfiel. Dort konnte ich das Boot festbinden.

Ein junger Mann als Helfer war bald gefunden, ich brauchte ihn nötig, denn uns blieben gerade drei Stunden Niedrigwasser, um den Bewuchs abzukratzen, den Schiffsboden trocknen zu lassen und neu zu streichen.

Ich empfand die Fijianer als ausgesprochen hilfsbereit und freundlich. Sie gehören zur melanesischen Rasse, sind dunkelhäutig und tragen eine dichte Mähne krausen Haares, das sie oft in furchterregender Weise in die Höhe kämmen. Fast noch wilder sehen die Frauen aus, von Männern manchmal kaum zu unterscheiden und, für meine Begriffe, ohne jegliche Anmut.

Mit der Zeit machte mir das Klima zu schaffen, Wolkenbrüche und glutheiße Sonne wechselten einander ab. Am Ankerplatz, der durch kleine Inseln ringsum gut geschützt war, wirkte sich die feuchte Wärme besonders unangenehm aus, da der Wind fehlte und nach einem Regenschauer die Nässe von den Büschen und Blättern als heißer Dampf aufstieg.

Die Tabletten gegen den „Ringwurm" hatten mich geschwächt, nach der Bootsüberholung war ich völlig erschöpft und verbrachte den Weihnachtsabend und Silvester schlafend in meiner Koje. Eine Aufmunterung brachten mir die zahlreichen Briefe aus der Heimat, die ich zu den Feiertagen erhielt.

Ich besuchte auch eine Veranstaltung, von der ich mir anfangs ein besonderes Erlebnis versprach: die Feuergeher-Zeremonie.

Für diese „Vorstellung" hat man überdachte Tribünen errichtet, um die Touristen vor Regen zu schützen. Auf der Wiese vor den Tribünen ist eine lange Grube mit Steinen gefüllt, auf denen Holzfeuer entfacht werden. Eine Gruppe von Fijianern sitzt im Halbkreis davor, in kurzen Röcken und mit Blättern und Girlanden geschmückt. Unter dem Klang von Trommeln wird Kawa getrunken und die Touristen sind eingeladen zu kosten. Mit monotoner Stimme erklärt ein Ansager über Lautsprecher die Vorgänge.

Das Feuer wird entfernt, die Steine sind heiß und die Handlung beginnt. Zwei Wochen vorher schon sollen die Feuergeher gefastet und enthaltsam gelebt haben. Ich rechne mir aus, daß bei der Anzahl derartiger Veranstaltungen das Fasten beinahe kein Ende nehmen würde.

Fünf oder sechs Männer erscheinen im Dunkel, sind nur undeutlich zu erkennen, von der restlichen Glut des Feuers und Scheinwerfern beschienen sehen sie wild und abenteuerlich aus.

Der erste springt auf die Steine, hüpft weiter, landet auf der anderen Seite der Grube und jubelt. Er hat es geschafft. Die anderen folgen nach und nach. Springend, manchmal vorsichtig tastend, überqueren sie die Grube mit den heißen Steinen und den Überresten der Glut.

Was soll ich davon halten? Früher einmal mag dies sicher eine heilige Handlung gewesen sein und, wer weiß, vielleicht war wirklich Magie mit im Spiel, als die Füße auf der Glut unverletzt blieben. Wenn dieser Kult aber, wie es auf den Fiji-Inseln geschieht, in regelmäßigen Abständen – je nach Saison – häufiger oder weniger oft, in einem kleinen Stadion vor Touristen zelebriert wird, so sind doch Zweifel erlaubt.

Am 11. Januar erhalte ich im Tradewinds Hotel ein Fernschreiben aus Köln, in dem ich zu einem Interview im Mittagsmagazin des WDR eingeladen werde. Man braucht eine Telefonnummer, unter der ich gegen 13.00 Uhr eines bestimmten Tages zu erreichen bin.

13.00 Uhr MEZ ist Mitternacht in Fiji. Im Hotel ist man nicht bereit, mir um diese Zeit ein Gespräch zu vermitteln. So marschiere ich zu „Cable & Wireless", der weltweiten britischen Telefongesellschaft, die mit ihren eigenen Kabeln alle Kontinente verbindet. Dort bitte ich, den diensthabenden Leiter sprechen zu dürfen, und ich habe Glück:

In der folgenden Woche erwartet Suva den Besuch der Queen, und zu diesem Zweck ist in der C & W-Station ein Raum mit Telefonanschlüssen für die Presse eingerichtet worden. Man stellt mir das Zimmer für die gewünschte Nacht zur Verfügung.

Am Tag des Interviews packe ich mehrere Bücher ein und fahre abends mit dem letzten Omnibus in die Stadt. Zwei Stunden sitze ich allein in diesem abgelegenen Raum, umgeben von schweigenden Telefonapparaten. Ich kann mir nicht vorstellen, daß einer von ihnen plötzlich läuten würde, um mich mit Köln sprechen zu lassen. Je mehr Zeit verstreicht, desto sicherer werde ich, daß alles ein großer Irrtum sein muß.

Doch kurz vor Mitternacht schrillt tatsächlich die Glocke! Ich nehme den Hörer ab und werde direkt in die Musiksendung eingeschaltet.

„Sind Sie Rollo Gebhard? – Bitte bleiben Sie in der Leitung, in 30 Sekunden, wenn das Musikstück zu Ende ist, wird Rolf Buttler Sie ansprechen!"

Ich bin ganz schön aufgeregt.

„Wir sprechen jetzt auf die weiteste Entfernung in der Geschichte des WDR, mit den Fiji-Inseln, die auf dem 180. Breitengrad, genau auf der anderen Seite der Weltkugel liegen. Wie spät ist es jetzt bei Ihnen, Herr Gebhard?" . . .

Als ich nach einer Viertelstunde den Hörer wieder auflege, habe ich Mühe, mich in die Wirklichkeit zurückzufinden, tappe in den dunklen Gängen umher, bis ich die Tür zum Fernschreibraum finde, durch den ich das Gebäude verlassen kann.

Wie eine Mauer schlägt mir die heiße Tropenluft entgegen. Kein Zweifel, ich bin in der Nähe des Äquators und es ist Sommer. Lange wandere ich durch die nächtliche Hitze, bis ich ein Taxi finde, das mich zu meinem Liegeplatz zurückbringt. Da das Hotel um diese Zeit geschlossen ist, habe ich das Dingi in einem Gebüsch versteckt, wo ich es wieder finde, um zu früher Morgenstunde in meine schwimmende Behausung zurückzukehren . . .

Zur Fiji-Gruppe gehören auch viele kleine Inseln, und zwei Tage später beginne ich mit der *Solveig* eine Kreuzfahrt in die Gewässer südlich von Viti Levu. Ich ankere vor unbewohnten und bewohnten Inseln: und dort entdecke ich die eigentlichen Fijianer! In kleinen Dörfern leben sie als Großfamilien. Hinter weißen Sandstränden oder am Hang hoher Berge stehen ihre Bambushütten. Sie fangen ihre Fische mit Netzen und bauen ihre Feldfrüchte an. Der große Touristenrummel auf Viti Levu ist noch fern.

Nach meiner Rückkehr zum Tradewinds Hotel kommt ein kleines Motorboot bei der *Solveig* längsseit, und darin sitzt, ich glaube meinen Augen nicht zu trauen, Peter Frey aus Garmisch!

Wir hatten uns schon bei meiner ersten Reise zufällig am gleichen Platz vor dem Tradewinds Hotel getroffen, aber ich vermutete ihn längst in einem anderen Teil der Erde. Peter war früher immer unterwegs gewesen, hatte Indien mit dem Fahrrad durchquert und war durch Indochina und Australien getrampt.

Er lädt mich ein, mitzukommen, er möchte mir etwas zeigen. Und was ich dann sehe, verschlägt mir zunächst einmal die Sprache.

In einem wunderschönen Landhaus sitzen auf der Veranda fünf einheimische Mädchen und bearbeiten mit Zahnarztbohrern, Schleifmaschinen und Kreissägen schwarze Korallen, aus denen unter ihren geschickten Händen nach und nach kleine Figuren entstehen.

„Vor acht Jahren habe ich angefangen, nach Korallen zu tauchen", erzählt er mir, „und jetzt stelle ich Schnitzereien daraus her. Schwarze Korallen werden immer seltener und kommen nur in Tiefen ab 30 Meter vor."

Aus Garmisch hatte er sich die nötigen Maschinen besorgt und besitzt inzwischen hochwertiges Tauchgerät und einen eigenen Kompressor. Die Idee, einen Zahnarztbohrer und -schleifer zur Bearbeitung der kleinen Figürchen zu verwenden, ist ihm zufällig gekommen.

„Schwarze Koralle ist unheimlich hart, weißt du, die läßt sich mit den üblichen Schnitzwerkzeugen gar nicht schneiden und feilen."

So entstehen jetzt in seinem Betrieb „Tikis", kleine Figuren nach alten Südsee-Motiven, in Handarbeit und in hervorragender künstlerischer Qualität. Obwohl die Stücke nicht billig sind, ist seine Produktion auf Monate im voraus verkauft. Staatsgäste, die nach Fiji kommen, oder wichtige Geschäftsleute erhalten seine „Volkskunst aus der Südsee" als Präsent der Gastgeber.

Peter will mich auf eine seiner Tauchtouren mitnehmen, aber der ständige Regen, der seit Mitte Januar eingesetzt hat, verhindert unser Vorhaben.

Unaufhörlich, Tag und Nacht fallen die Tropfen aus den Wolken, hämmern auf das Deck und Kajütdach der *Solveig*, bilden einen Vorhang um das Boot, so dicht, daß ich weder das Hotel noch die Insel mehr erkennen kann, neben der ich geankert habe. Die Welt hört für mich auf zu existieren, nur die kleine Kajüte bleibt als Lebensraum. Die Luftfeuchtigkeit hat längst 100% erreicht, an den Fenstern und Wandungen laufen dicke Tropfen herunter, bilden Rinnen. Kleidung und Bettzeug werden feucht, saugen die Nässe auf. Das Atmen wird schwer, wie in einer Sauna. Und kein Ende . . .

Am Radio höre ich, daß die Flüsse Hochwasser führen, Straßen gesperrt sind, eine Brücke weggerissen wurde. Dieser Regen ist unheimlich, böse, ich halte mir manchmal die Ohren zu, nur um für kurze Zeit das monotone Geräusch nicht mehr ertragen zu müssen; ich möchte schreien, versuche zu lesen, kann mich auf keinen Inhalt konzentrieren. Ebensowenig ist es möglich, Briefe zu schreiben, die Tropfen von der Decke fallen in die Maschine.

Als der Regen nach einer Woche zumindest für Stunden aussetzt, ist in Suva und Umgebung alles unter Wasser.

Doch kann ich mit meinem Schlauchboot wieder an Land fahren, ohne erst lange Zeit mit Eimer und Pumpe kostbares Süßwasser ausschöpfen zu müssen.

Eines Morgens sehe ich zu meinem Erstaunen eine wunderschöne, gelb-schwarz gestreifte Wasserschlange unter den Bodenbrettern hervorkriechen. Sie hatte sich wohl während der Nacht in mein Dingi bemüht und ist auch, nachdem ich eingestiegen bin, nicht willens, in ihr Element zurückzukehren. Am Steg angekommen, frage ich einen Fijianer, ob das Tier gefährlich sei.

„Nun ja", meint er, „wie man es nimmt, der Biß ist tödlich, aber sie beißen eigentlich nie, die können ihr kleines Maul nicht weit genug öffnen."

Ich bin dennoch froh, daß mein Passagier das Boot verlassen hat und später nicht mehr zu finden ist, als ich aus der Stadt zurückkomme. Der Regen hört nicht auf, nur einzelne Tage im Februar sind sonnig. Unter den Seglern macht sich eine gewisse Nervosität breit.

Im Radio kommen dann plötzlich Meldungen über einen Zyklon, der sich den Fiji-Inseln nähert. Eine Reihe großer Fischdampfer und Motorschiffe sucht in unserer kleinen Bucht Schutz und nimmt die gesamte Wasserfläche für sich in Anspruch. Wenn der Sturm wirklich losbrechen sollte und einer der Eisenkästen ins Treiben gerät, würde er sofort eine Yacht mitreißen. Die meisten Segler verlassen deshalb den Ankerplatz und steuern ihre Boote in eine nahe gelegene Flußmündung. Ich zögere noch einen Tag und das Glück will es, daß der Zyklon zwar die nördlichsten Inseln der Gruppe erreicht, dann aber seine Zugrichtung ändert und Suva vor Schaden bewahrt bleibt.

In den folgenden Wochen wurde noch einmal Orkanwarnung gegeben, doch auch diesmal machte der Sturm einen Bogen um Fiji.

Bei den Naturvölkern Melanesiens

Eine Inselgruppe hatte mich schon auf meiner ersten Reise in die Südsee ganz besonders beeindruckt, doch war damals die Zeit zu kurz und ich hatte auch nicht die nötigen Seekarten an Bord, um diese Inseln – die Neuen Hebriden – genauer kennenzulernen. Sie liegen 550 Meilen westlich von Fiji und erstrecken sich als eine lange Kette in nordnordwestlicher Richtung über ein Gebiet von 800 Kilometern. Die politische Struktur kann als einmalig bezeichnet werden. Ihre 100 000 Einwohner besitzen keine Staatsangehörigkeit und auch keine Pässe.

Zu Anfang des Jahrhunderts, als England und Frankreich bereits ihr Bündnis gegen Deutschland geschlossen hatten, wollten sich die beiden Erzfeinde nicht mehr in eine Kontroverse im Pazifik einlassen und beschlossen, die Neuen Hebriden gemeinsam zu verwalten. Das Kondominium war geboren. Bei der Ankunft hat der Fremde nun die Wahl, sich den britischen oder französischen Behörden zu unterstellen. Alles gibt es doppelt: Polizei, Zoll, Geld und Briefmarken. Vor allem aber die Sprache, wobei die Franzosen ein entschiedenes Übergewicht besitzen.

Die Einheimischen werden von den beiden Verwaltungen so ziemlich sich selbst überlassen, und man kann die Stämme, die in den einzelnen Dörfern leben, noch als Naturvölker bezeichnen.

Mitte April, nach vier Monaten an der Kette ihres Ankers, brennt die *Solveig* darauf, ihre Reise fortzusetzen. Ihre Geduld wird auf eine harte Probe gestellt, denn wie üblich werden wir kurz nach der Ausfahrt von einer Flaute überrascht, die uns ganze fünf Tage treu bleibt. Der Passat setzt dann allerdings bei Regen und mit solcher Stärke ein, daß wir die Strecke von 500 Meilen nach Vila in vier Tagen zurücklegen.

Ich habe unterdes Zeit, darüber nachzudenken, ob ich bei den Franzosen oder bei den Engländern einklarieren soll. Diese Entscheidung kann immerhin Konsequenzen haben, denn ich unterstehe während meines *ganzen* Aufenthaltes der einmal gewählten Nation. So überlege ich reiflich und entscheide mich für unsere Nachbarn am Rhein.

Offenbar habe ich eine gute Wahl getroffen, denn diesmal sind die

Formalitäten in zehn Minuten erledigt, und auf eine spätere Ausklarierung verzichtet man ohnehin. Ich kann mich frei bewegen und bin voller Tatendrang.

Vila liegt auf der Insel Efate und ist die Hauptstadt der Inselgruppe. Ich kaufe so schnell und so viel ich nur kann von den hervorragenden französischen Lebensmitteln und besuche dann die Insel Tanna, die ich schon auf meiner letzten Reise kennengelernt habe.

Die Insel wird gekrönt von einem aktiven Vulkan, den ich in zwei Stunden Fußmarsch vom Dorf aus besteige. Er heißt Mount Yasur und ist ständig in Tätigkeit. Schon von ferne sieht man die Rauchwolken und hört das dumpfe Grollen, das aus dem Erdinneren zu kommen scheint. Es klingt, als ob Güterwagen in einem unterirdischen Bahnhof verschoben würden.

Der Aufstieg zum Kraterrand erfolgt im Zick-Zack durch lockere heiße Asche, in die man bei jedem Schritt einsinkt. Einen vorgetretenen Pfad gibt es nicht, da die Asche ständig nachrutscht und auch vom Passatwind verweht wird. Von oben brennt die Tropensonne nieder und heizt die trockene Luft noch weiter auf. Die einheimischen Jungens, die als Führer mitgehen, bewegen sich mühelos, und wenn es ihnen gerade Spaß macht, auch im Laufschritt über den heißen Boden. Am Rande des Kraters stehend, sehe ich in der Tiefe die rotglühende Lava, und alle paar Minuten ereignet sich eine Explosion, von deren Gewalt größere Steinbrocken 100 Meter und höher in die Luft geschleudert werden. Man muß sich schon vorsehen, um nicht von einem solchen Geschoß getroffen zu werden. Die Einwohner verehren den Berg als ihren Gott. 1878 hatte der Mount Yasur einen schweren Ausbruch, wobei der gesamte südöstliche Teil der Insel in die Höhe gehoben und der von Kapitän Cook seinerzeit gefundene Hafen unbrauchbar wurde. Der Platz an der Küste, von dem aus Cook seine Beobachtungen und Messungen vorgenommen hatte, wurde ebenfalls 20 Meter angehoben und ist jetzt als „Cooks Pyramide“ bekannt.

Tanna, und fast alle übrigen Inseln der neuen Hebriden wurde – wie könnte es anders sein –, im Jahre 1774 von Cook entdeckt, einige entlegene Inseln des Archipels 15 Jahre später von Kapitän Bligh, der bekanntlich von den Meuterern in einem kleinen Boot ausgesetzt wurde und sich auf seiner Fahrt nach Timor befand. Und Cook war es, der den Inseln ihren Namen gab. Die neuen Hebriden sind auch heute noch ständigen Erdbeben ausgesetzt, etwa zwei- bis dreimal im Monat. In jüngster Zeit (1965) wurde die Nordküste von Malekula um 40 Zentimeter nach oben verschoben.

Der Schwefelgeruch, der dem Krater entsteigt, und vom Wind in dichten Schwaden über den Berg getragen wird, veranlaßt mich, bald wieder in das Dorf zurückzukehren.

Ich entdecke neben dem Pfad zwei rote Holzkreuze, die hinter einer kleinen Umzäunung aufgestellt sind. Als ich sie zum ersten Mal sah, hielt ich sie für Gräber, aber inzwischen weiß ich, daß sie die Symbole des

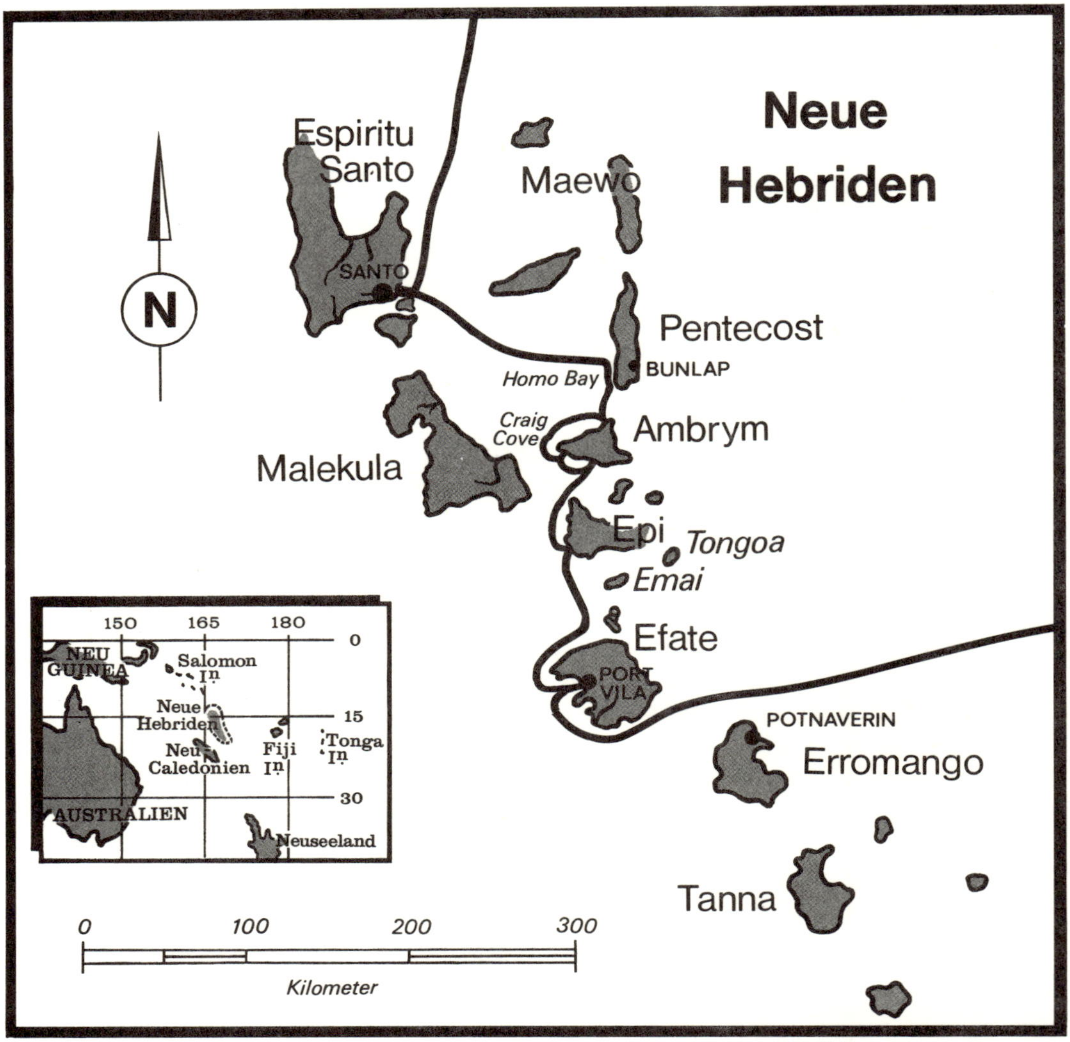

sogenannten John-Frum-Kultes sind, einer der in ganz Melanesien verbreiteten, berühmt-berüchtigten Cargo-Kulte.

Die John-Frum-Bewegung auf Tanna entstand in den Jahren 1940/41 und verstärkte sich nach der Ankunft amerikanischer Truppen mit ihrem offensichtlich unbegrenzten Reichtum an Waren aller Art (Cargo = Ware) während des Zweiten Weltkrieges.

Die Einwohner sahen, wie vor ihren erstaunten Augen ganze Schiffsladungen von Kühlschränken, Jeeps, Lastwagen, Coca-Cola-Kisten und bisher nie gekannte Reichtümer an Land gebracht wurden. Aber all dies war nur für den weißen Mann bestimmt. Das plötzliche Auftauchen so vieler Güter überzeugte die Leute von Tanna, daß diese Dinge irgendwo auf der Welt bereitliegen, und daß es die Europäer sind, die ihnen die vorhandenen Reichtümer vorenthalten.

Die Anhänger des John-Frum-Kultes glauben nun, daß John Frum ihr Heiland ist, der ihnen eines Tages die ersehnten Waren bringen wird. Zeitweise neigen sie auch zu Gewalttätigkeiten, insbesondere, wenn ein Mitglied behauptet, daß John Frums Mantel auf ihn gefallen sei. Die Bewegung ist anti-christlich, anti-weiß und gegen jede fremde Regierung gerichtet.

Als Behördenvertreter gelegentlich versuchten, den Leuten klarzumachen, daß ihr John Frum höchstwahrscheinlich niemals ankommen werde, hatten die Gläubigen schnell eine Antwort bereit: daß die Christen schon bedeutend länger auf die erneute Ankunft von Jesus warten.

In diesen und ähnlichen Kulten zeigt sich die tiefe Enttäuschung über die Erfahrungen, die man mit den christlichen Missionaren gemacht hat. Für die Denkweise der Melanesier, die auf ihren eigenen Religionsvorstellungen und Mythen beruhte, und zum großen Teil auch heute noch beruht, ist es nicht begreiflich, daß der Besitz des Europäers durch harte Arbeit erworben wird. Man ist eher geneigt zu glauben, mittels Beschwörung oder Zauberei am Wohlstand der Weißen teilhaben zu können.

– Tanna war eine der ersten Inseln, die von den Presbyterianern bekehrt wurde. Die Fortschritte in der Christianisierung zu Beginn des Jahrhunderts waren bemerkenswert, und ein christliches „Königreich" wurde gegründet. Die Missionare befaßten sich nicht nur mit dem religiösen und politischen Leben, sondern auch mit Handel und Wirtschaft, denn ihnen gehörten die Kopra-Plantagen. Sie führten ein autoritäres Regime und waren anscheinend sehr ungeschickt in der Behandlung örtlicher Angelegenheiten, eine Folge ihrer völligen Verständnislosigkeit gegenüber den traditionellen Gebräuchen auf der Insel.

Die Gründe für die Anwesenheit der Missionare auf Tanna wurden somit in den Augen der Einheimischen immer undurchsichtiger. Während des Zweiten Weltkrieges verloren die christlichen Dörfer an der Küste mehr und mehr ihre Bewohner – ganze Familien verließen die Missionsstationen, um in ihren alten Lebensbereich auf die Hügel im Inneren der Insel zurückzukehren. Dort pflegten sie wieder den angestammten Ahnenkult. Sie nahmen große Mengen von Kawa zu sich, veranstalteten heidnische Feste und vollführten die alten Rituale und Tänze.

Ein undurchdringlicher Vorhang von Feindseligkeit und Mißtrauen isolierte die im Busch lebenden Melanesier vom Einfluß der Mission, und sie weigerten sich, in irgendeiner Form mit den Weißen zusammenzuarbeiten.

Kein Kind aus dem Dorf in der Sulphur Bay, wo ich mich aufhielt, durfte zum Beispiel eine Schule besuchen. Von europäischer „Weisheit“ wollte man endgültig nichts mehr wissen. –

Ohne mich den John-Frum-Kreuzen weiter zu nähern, aus Angst, dabei ein Tabu zu verletzen, wanderte ich von Hütte zu Hütte durch das Dorf, überall von Kindern und Erwachsenen freudig begrüßt, die mich nach meinem Woher und Wohin fragten.

Nach dem heißen Tag nahm ich in einer Hütte, die als Laden und gleichzeitig als Gaststätte eingerichtet war, eine Erfrischung zu mir, kaufte eine Flasche Soda-Wasser und legte mich dann unter einen der riesigen schattenspendenden Laubbäume.

Das beliebteste Getränk der Einheimischen ist übrigens auch hier der Kawa-Sud. Das Pulver wird aber nicht auf einem Stein zerstoßen, sondern die Wurzel stattdessen im Mund zu einem Brei zerkaut und dann auf ein Bananenblatt gespuckt. Anschließend gießt man Wasser darüber, filtert das Gebräu durch Kokosnußfasern und füllt es in eine Schale.

Das Getränk muß bei völligem Stillschweigen mit einem Schluck getrunken werden. Danach darf man so viel ausspucken wie man möchte.

Die Eingeborenen schwören darauf, daß es keinen besseren Schlaftrunk gibt und kein besseres Beruhigungsmittel nach einem Tag harter Arbeit, als eine ordentliche Menge Kawa.

„Und so, durch die Wurzel des Kawa
verlassen die Männer der Asche und des Schattens
diese Welt, um in die Tiefen alter Zeiten zurückzukehren.“

Song of Kawa

Obwohl die Neuen Hebriden im Bereich der Passatwinde liegen, ist das Wetter im westlichen Pazifik doch wesentlich launischer als man es sonst in diesen Breiten gewohnt ist.

Während der nächsten Tage lag die See zwischen den Inseln glatt wie ein Spiegel vor mir und der *Solveig*, es regte sich kein Lüftchen. Diesmal war uns die Flaute höchst willkommen, denn ich wollte in kleinen Sprüngen von einer Insel und von einem Ankerplatz zum anderen fahren, was bei starkem Seegang gar nicht möglich gewesen wäre.

So aber spannte ich das Sonnensegel über das Cockpit, nahm ein Buch zur Hand und steuerte mit dem gleichmäßig schnurrenden Motor nach Norden, vorbei an Leleppa, Moso und der Emai-Insel und ankerte am 2. Mai hinter einem Riff in der Ringdove Bay von Epi. Nachts geriet das Boot durch das Kentern des Tidenstromes mit dem Heck in die Korallen, und ich mußte die *Solveig* mit dem Schlauchboot pullend auf die andere Seite der Bucht verholen.

Während des Landgangs fragte ich in einem Dorf, ob eine Möglichkeit bestünde, mir Dieselöl zu beschaffen. Durch das lange Motoren in den Tagen vorher waren meine Kanister leer geworden. Niemand verstand Englisch oder Französisch und so versuchte ich mit der Zeichensprache mein Anliegen zu erklären. Es gab ein langes Hin und Her, es kamen immer neue Männer, die sich in den Handel einmischten, und endlich ein „Spezialist", der das Wort „Diesel" zu verstehen schien.

Er deutete auf ein großes Faß, und nachdem ich meine Kanister aus dem Boot geholt hatte, schlug er ein Loch in den Deckel und steckte eine Pumpe hinein. Eine Menge floß daneben, aber meine Kanister waren schließlich mit der braunen Flüssigkeit gefüllt. Das Bezahlen erwies sich wiederum als äußerst schwierig. Keine der wilden Gestalten hatte eine Vorstellung davon, wieviel aus dem Faß ausgepumpt worden war und nach welchen Maßen oder Preisen wir rechnen sollten. Also gab ich ihnen einen Geldschein nach Gutdünken und schleppte den Treibstoff zur *Solveig.*

Noch am gleichen Tag ankerte ich in der Nähe der Missionsstation auf der Insel Ambrym in Craig Cove, einer gut geschützten kleinen Bucht.

Menschen sah ich nicht an der Küste, sondern nur ein paar triste Wellblechschuppen. Dahinter mußte die Station liegen. Schon wenige Schritte vom Landeplatz entfernt fand ich im Gras liegend eine der berühmten Ambrymtrommeln. Verwittert und teilweise angefault, schien sie mir wie ein Symbol für die zerstörte Glaubenswelt und Kultur der Eingeborenen.

Die Trommeln bestehen aus einem Baumstamm, der vollständig ausgehöhlt ist, außen jedoch nur eine Öffnung in Form eines langen Schlitzes aufweist. Wird die Trommel mit einem schweren Stück Hartholz geschlagen, entsteht ein dunkler, dumpfer, weithin hörbarer Ton. An ihrem oberen Ende ist ein langgestrecktes, ovales Gesicht eingeschnitzt, welches rot und weiß bemalt wird. Besonders auffällig wirken die ebenfalls bemalten Augenscheiben. Die stilisierten Gesichter stellen einen Ausdruck der Beseelung dieser Instrumente dar, die Wohnung der Geister und Ahnen sind. Sicherlich zählen die Trommeln von Ambrym zu den berühmtesten Leistungen melanesischer Kunst.

Ich folgte einem schmalen Pfad und stand nach wenigen Minuten zwischen den Wellblechhütten der Missionsstation. Wie selbstverständlich und harmonisch fügten sich dagegen die aus Naturmaterial leicht und schnell gebauten Hütten der Melanesier in die herrlich schöne Landschaft einer Südseeinsel! Und wie wurde der Anblick zerstört durch das rostige Blech dieser billigsten europäischen Bauweise!

Was ich hier in wenigen Minuten gesehen hatte, empfand ich als Gleichnis für den heutigen Zustand auf der Insel: Im Gras moderten die Zeugen einer primitiven aber bedeutenden Kultur, gegen die die Europäer mit einer den Insulanern wesensfremden Religion und Zivilisation eingedrungen waren.

An der Küste von Ambrym entlangsegelnd, setzte ich meine Fahrt fort. Die *Solveig* passierte eine hohe Felswand, die steil in die See abfiel. Auf dem Felsen saß eine Gruppe von Eingeborenen, die, mit Pfeil und Bogen bewaffnet, anscheinend auf der Jagd nach wilden Schweinen waren.

Sie bestaunten zunächst überrascht das kleine Boot und brachen dann in wilde Freudenrufe aus, die wohl eine Art Willkomm sein sollten. Wegen des Seeganges konnte ich leider nicht landen, sondern setzte meine Fahrt fort bis zum nächsten Dorf.

Kaum war der Anker im Grund, als schon ein halbes Dutzend Kanus die *Solveig* umringte. Mit ihrer hochgekämmten schwarzen Mähne und ihren finsteren Gesichtern, die zum Teil noch durch das Einschneiden von Stammeszeichen mit Narben bedeckt waren, wirkten die Männer zunächst sehr furchterregend.

Gutmütig und freundlich aber luden sie mich ein in ihr Dorf und zeigten mir handgearbeitete Werkzeuge, Keulen und Figuren. In der Nähe der Hütten befand sich ein Festplatz, der mit in die Erde eingegrabenen Ambrymtrommeln umringt war.

Im Schatten der Urwaldriesen, es war schon kurz vor Sonnenuntergang, boten diese 3 Meter hohen Standbilder einen gespenstischen Anblick.

Einer der Männer begann die Trommel in schaurigem Rhythmus zu schlagen, dann fiel eine andere Trommel ein. Der Wald hallte wider, durchdrungen von den dumpfen, klagenden Tönen. Etwa 30 Männer hatten sich inzwischen in gemessener Entfernung im Halbkreis um mich versammelt.

Ich ging auf die Hütten zu und tauschte ein mitgebrachtes Stück Stoff, dort „Kaliko“ genannt, gegen eine wunderschöne handgeschnitzte Trommel und zog mich nach Einbruch der Dunkelheit auf die *Solveig* zurück, die zufrieden an ihrer Ankerkette auf dem stillen Wasser der Lagune lag.

Ambrym hat im Glauben der Melanesier als Toteninsel eine große Rolle gespielt. Noch heute wird dieser Kult an einigen Orten gepflegt. Der Leichnam wird bestattet, und für die letzte Reise der Seele nach Ambrym ist bei der Totenfeier ein Kanu aufgestellt. Um den geisterhaften Fährmann von Ambrym aufmerksam zu machen, entzündet die Seele – so glaubt man – an einer abgelegenen Stelle der Insel ein Feuer. Daraufhin nähert sich der Fährmann in seinem Geisterkanu, um den Neuangekommenen zu holen und ihn zu dem großen Vulkan von Ambrym zu geleiten, dem Ursprung des Feuers.

Die Öffnung des Kraters hat in diesem Mythos die Bedeutung des Eingangs zum Zentrum der Erde, zu dem die Seele zurückkehrt.

Schon beim ersten Morgengrauen des folgenden Tages sitze ich im Cockpit und betrachte die mit dichtem Grün bedeckten Berge der Insel vor mir.

Der Gipfel des Vulkans verschwindet nach und nach in den Wolken. Die Hütten des Dorfes sind vom Wasser aus nicht sichtbar, aber zwischen den Bäumen steigt an mehreren Stellen langsam heller Rauch auf.

Ich warte noch eine Weile, nehme erst mein Frühstück ein, um den morgendlichen Frieden des Dorfes nicht zu stören. Später gehe ich an Land und nähere mich vorsichtig den Hütten, bleibe dabei wie zufällig immer wieder stehen, um gesehen zu werden und zögere meine Ankunft auf diese Weise hinaus, bis einer der Männer auf mich zukommt und mich in das Dorf hineinführt. Bei den Naturvölkern vollzieht sich jede Handlung des täglichen Lebens nach einem bestimmten Ritus, und so bringt mich mein Begleiter zunächst zum Dorfältesten, der einige Worte mit mir wechselt.

Es ist die Rede von meinem Boot, von meinem letzten Hafen und dann fragt er: „Was willst du hier?"

Meine Antwort, daß ich „look – look" machen wolle und auch fotografieren, scheint ihm zu genügen, und mit einem Kopfnicken entläßt er mich in sein Dorf.

Als ihm später weitere Fragen einfallen, zum Beispiel ob mein Boot einen Motor habe, wann ich weitersegeln wolle, oder ob an Bord genügend Wasser vorhanden sei, läßt er mich jeweils durch einen seiner Männer holen.

Die Hütten liegen an den Berghang geschmiegt und sind durch einen gewundenen Pfad miteinander verbunden. Breitästige Laubbäume spenden überall angenehmen Schatten. Die Bewohner scheinen alle guter Laune zu sein und sich über meinen Besuch zu freuen. Etwa ein Dutzend Männer ist damit beschäftigt, eine neue Hütte zu bauen.

Die ganze Dorfgemeinschaft hilft dabei zusammen, und so dauert der Bau kaum länger als zwei bis drei Tage. Das System ist auch nach unseren Gesichtspunkten höchst modern, denn das Haus wird aus Fertigteilen zusammengefügt. Die Frauen flechten die Matten für die Wände und binden auch die Lagen von Palmblättern, aus denen später das Dach entsteht. Mit viel Spaß und ständigem Gelächter wird ein Bauteil nach dem anderen herbeigeschleppt und geschickt mit Bast zusammengebunden.

Die Hütten dieses Dorfes fügen sich geradezu malerisch in das umgebende Grün des tropischen Waldes. Bei einem Erdbeben stürzen sie nicht ein, da ja alle Teile elastisch miteinander verbunden sind, und selbst wenn ein Orkan mit seiner ganzen Gewalt über der Insel tobt, kann im Dorf doch niemand von einstürzenden Mauern erschlagen werden. – Eine Inneneinrichtung gibt es ohnehin nicht.

Zwei Frauen hocken auf dem Boden und sind dabei, Lap-Lap zuzubereiten, die Hauptnahrung der Melanesier, die bei jeder Gelegenheit, auch bei großen Festen, gereicht wird.

Lap-Lap wird aus Taro- oder Yamsknollen hergestellt, die so ähnlich aussehen wie unsere Zuckerrüben. Auch im kultischen Leben spielen diese Früchte eine große Rolle, aus den zerstückelten Körpern der Dämonen sollen die Taro- und Yamsknollen hervorgegangen sein.

Für die Zubereitung des Lap-Lap wird nun der Yams zerrieben, mit Kokosmilch vermischt und mit aromatischen Blättern gewürzt. Diesen Brei wickeln die Frauen vorsichtig in große Bananenblätter und verschnüren sie sorgfältig zu kleinen Paketen. Gegart werden die Päckchen auf den heißen Steinen des Erdofens unter einer Schicht von Blättern, wie wir es von Tahiti her schon kennen.

Vielleicht sollte ich noch länger in diesem interessanten Dorf bleiben, aber die Verständigung mit den Einwohnern ist hier besonders schwierig, und so weiß ich nicht, ob es klug wäre, meinen Aufenthalt unaufgefordert zu verlängern.

Außer ihren eigenen Sprachen, deren es in den Neuen Hebriden an die hundert verschiedene gibt, sprechen die Einheimischen das sogenannte „Pidgin". Dies ist ein verballhorntes Englisch, mit Wortverbindungen aus allen Sprachen, welche die Seeleute im Laufe der Jahrzehnte im Pazifik gesprochen haben. Ich verstehe immer nur einzelne Worte und versuche diese dann wieder zu verwenden, um mein Anliegen zu umschreiben.

Von hier aus bis zur nächsten Insel, nach Pentecost, sind es nur 10 Meilen. Sobald wir das Nordkap von Ambrym passiert haben und die *Solveig* in die offene Durchfahrt zwischen den beiden Inseln steuert, empfängt uns ein kräftiger Passat. Das Wetter in den Neuen Hebriden ist schön – bei leichtem Wind aus Südosten. Dann ist der Himmel klar und blau und nur einzelne weiße Wölkchen ziehen über die grünen Inseln. Wenn aber der Passat, wie heute, als Starkwind die See aufpeitscht, färbt sich der Himmel grau und die düsteren Vulkanberge verbreiten eine melancholische Stimmung.

Obwohl der Seegang während der Überfahrt nicht allzu hoch ist, hat er doch einen angriffslustigen Charakter. Unvermutet richten sich die Wellen vor dem Boot auf, und wie eine Ohrfeige klatscht das Wasser hart und alles überflutend auf das Deck. Der Wind zwischen den gebirgigen Inseln ist böig und drückt den Mast der *Solveig* manchmal tief herunter, bis fast auf die Wasseroberfläche. Benommen wische ich mir immer wieder das Wasser aus den Augen, während sich allmählich eine Salzkruste auf dem Gesicht bildet. Nur zwei Stunden dauert die Überfahrt, aber als die Felsküste von Pentecost näherrückt, bin ich trotz Ölzeug vollständig durchnäßt und zittere vor Müdigkeit und Kälte.

Diese lächerlichen 10 Meilen hatten es wirklich in sich. Aber wir sind noch nicht am Ziel!

NEW HEBRIDES NEWS

ISSUED BY THE BRITISH RESIDENCY INFORMATION OFFICE – VILA, NEW HEBRIDES April 20 1977 No. 73

TAIWANESE BOAT FEARED LOST WITH ALL HANDS

The second shipping tragedy in less than a month occurred when a Taiwanese fishing boat, "Shin Yhi Skyang 21", working on contract for the South Pacific Fishing Company, Palekula, Santo, disappeared south of the Solomon Islands.

The last report from the boat on April 5, said her engine-room was flooded. Three rescue vessels from Palekula headed for the area, but they found only glass buoys and wreckage. "Shin Yhi Shyang 21" carried a crew of 21.

Nambatu sip i lus

Nambatu sip blong olgeta Taiwan we oli stap wok long Palekula long Santo i lus long saot blong olgeta aelan long Solomons. Sip ia hemi wanfala fising bot, mo hemi karem 21 pipol long hem. Nem blong sip ia hemi "Shin Yhi Skyang 21".

Las ripot we i kam from sip ia long Aprel 5, i talem se enjin rum blong hem i fulap long wora. Trifala sip bakegen blong Palekula oli ron i go long Solomons blong givim help, be taem oli kasem ples ia oli faenem olgeta pis nomo, sip hemi no kat.

Fas fising bot blong olgeta Taiwan tu we hemi lus long saot blong Solomon Aelan tu long las manis. Sip ia hemi karem 19 pipol long hem mo evre wan i lus wetem sip long Maj 8.

Eine Meldung aus den „NEW HEBRIDES NEWS“ ist hier links in Englisch und rechts in Pidgin wiedergegeben.

Die als Ankerplatz vorgesehene Melia Bay ist gegen den Seegang so wenig geschützt, daß ich gezwungen bin, die Fahrt um ein weiteres Kap herum noch einige Meilen fortzusetzen.

Langsam kommt das Boot gegen die Kreuzseen und Strömungen aus verschiedenen Richtungen voran. Es dauert nocheinmal zwei Stunden, bis es die Felsen gerundet hat und einige Meilen dahinter ruhiges Wasser findet. Ich ankere vor dem mehrere Kilometer langen, sichelförmigen Sandstrand der Homo Bay.

Die Dunkelheit bricht schnell herein, und ich bin froh, für die Nacht einigermaßen geschützt zu liegen.

Am nächsten Morgen erscheinen mir die hinter dem Strand liegenden Hütten so abweisend und trostlos, daß ich sofort den Haken heraufhole und 2 Meilen weiter fahre, zu einer Bucht, die mich zum Bleiben einlädt.

Von See aus sind die Dörfer der Inseln nur am Rauch der Erdöfen zu erkennen; die Hütten werden immer in einer gewissen Entfernung von der Küste gebaut und in der Regel auch so, daß sie durch Bäume verdeckt sind. Bei jedem Dorf befindet sich jedoch ein Platz, von dem ein Beobachter freie Sicht auf die See hat, um die Annäherung eines Schiffes rechtzeitig melden zu können. Man darf also davon ausgehen, daß man längst gesehen worden ist, bevor man selbst das Vorhandensein eines Dorfes bemerkt hat.

Es dauert auch gar nicht lange, bis drei Gestalten aus den Bäumen zum Strand heraustreten.

Zwei der Männer schieben ein Kanu in die Lagune und paddeln auf die *Solveig* zu, während der dritte, ein stämmiger und wohlbeleibter Alter, unbeweglich unter den Bäumen stehen bleibt. Die beiden bedeuten mir, daß ich an Land kommen solle, um mit ihrem Anführer zu sprechen.

Es ist immer wieder die Rede von „council", und später stellt sich tatsächlich heraus, daß der Älteste Mitglied des Council, des Rates der Insel ist.

Er begrüßt mich in recht gutem Englisch und bietet mir sofort an, nach Kräften behilflich zu sein.

Die Insel Pentecost ist die Heimat der berühmten Turmspringer. Nur hier haben die Einheimischen diesem außergewöhnlichen Brauch gehuldigt und ihn bis heute erhalten. Die gefährliche Mutprobe des Turmspringens ist eine Sensation, die selbst in unserer Zeit, in der man nichts unversucht läßt, Attraktionen aus anderen Teilen der Welt zu importieren, noch ihresgleichen sucht.

Die Turmspringer stürzen sich von einer auf einem hohen Gerüst angebrachten Plattform kopfüber in die Tiefe, wobei sie sich vorher Lianen um die Fußgelenke binden, die an der Plattform befestigt sind, um ihren Fall im letzten Augenblick, bevor der Kopf auf dem Boden aufschlägt, abzufangen.

Der Alte erzählt mir von seiner Tätigkeit im Council und daß man beschlossen hat, zusammen mit den Bestrebungen nach Unabhängigkeit auf den Neuen Hebriden, auch die alten Sitten zu bewahren und von europäischem Einfluß freizuhalten.

Ich frage ihn nach den Turmspringern und bei welchen Festlichkeiten der alte Brauch noch abgehalten werde. Etwas zögernd erklärt er mir, daß gerade jetzt, im Monat Mai, die Springen stattfänden. Sie seien eine Art Dankfest nach der Yamsernte, und das außergewöhnliche Mutopfer würde eine gute Ernte auch für das nächste Jahr sichern. Wie fast jedes Dorf, so hätten auch seine Leute ihren großen Turm bereits gebaut. Dieser stehe in einem heiligen Bezirk, der nicht betreten werden dürfe.

Er ist bereit, mir den Turm aus einer gewissen Entfernung zu zeigen, fügt jedoch sofort hinzu, daß ich die Stätte aber keinesfalls fotografieren oder filmen könne.

Auf meine weiteren Fragen rückt er schließlich damit heraus, daß in einem 6 Kilometer entfernten Nachbardorf schon morgen das große Fest gefeiert werde.

Das ist eine einmalige Gelegenheit! Ich lasse nichts unversucht, den alten Mann bei guter Laune zu halten, von dessen Entscheidung es offensichtlich abhängt, ob man mich zu dem Kultplatz führen wird und folge ihm zu einem Rundgang durch die Plantagen an der Küste entlang. Unter den Kokospalmen weiden kräftige, gesunde Rinder. Die Plantagen befinden sich schon seit Generationen im Besitz französischer Farmer, die ihre Erzeugnisse an die großen Handelsgesellschaften der Südsee verkaufen.

Voller Freude zeigt er mir die Yamsfelder und deutet an, daß eine besonders gute Ernte zu erwarten sei.

Sein Stolz über diesen Reichtum ist leicht zu erklären: die Eingeborenen haben ja keine Möglichkeit, sich Nahrung von anderswoher zu beschaffen, und eine Mißernte würde unweigerlich eine Hungersnot nach sich ziehen.

Ein junger Bursche, der offensichtlich vom „chief" beauftragt war, mich zum Festplatz der Turmspringer zu bringen, steht am nächsten Morgen bereits wartend am Strand, als ich mit dem Dingi an Land rudere. Unser Weg führt mehrere Kilometer auf einem leicht begehbaren Pfad die Küste entlang, biegt dann aber ins Innere der Insel ab, und da es in den letzten Tagen oft geregnet hat, versinke ich mit meinen Schuhen im Morast. Wir durchwaten zudem einen kleinen Fluß, wobei meine Schuhe dann vollends naß werden, und ich beneide meinen barfuß laufenden Führer.

Nach einer guten Stunde nähern wir uns einem dicht bewaldeten Hügel, auf den von allen Seiten kleinere und größere Gruppen aus den umliegenden Dörfern zuströmen. Meist sind es ganze Familien – die Kinder werden an der Hand geführt oder auf der Schulter getragen. Trotz des wieder einsetzenden Regens kann man ihren Gesichtern die freudige Erwartung und Spannung ansehen. Mit aufgeregtem Geschrei und Lachen erklimmen sie den steilen Hang, der bald zu einer glatten Rutschbahn wird.

Mühsam komme ich vorwärts, indem ich mich Schritt für Schritt an Zweigen und Ästen hochziehe. Ich bin froh, als wir die Kuppe erreicht haben, auf der ich den Sprungturm zwischen den Bäumen jetzt in seiner ganzen Größe vor mir sehe.

Was für ein Turm!

Dieses Gerüst, aus dünnen Baumstämmen und Ästen zusammengebunden, ist etwa 25 Meter hoch und schwankt gefährlich im Wind.

„Wenn er nur hält!"

Ich frage meinen Begleiter, an welcher Stelle sich die jungen Männer herunterstürzen werden, und er deutet an, daß die Jungens von allen Plattformen – die unterste beginnt in etwa 3 Meter Höhe – springen werden.

Die Zuschauer stehen in einem weiten Halbkreis oberhalb und seitlich vom Turm. Die Stimmung ist unheimlich. Der Wind pfeift über den Hügel, viel stärker als unten am Strand, und schwarze Wolken treiben am Himmel. Die Spitze des Sprungturmes scheint fast die Wolken zu berühren.

Einige Männer klettern an herabhängenden Lianen Stufe um Stufe auf das Gerüst, wohl um die Festigkeit zu prüfen – alle Streben sind nur mit Bast zusammengebunden.

Inzwischen haben sich ungefähr 30 Männer hinter dem Sprungturm aufgestellt und beginnen, von einem Bein auf das andere springend, schwerfällig zu tanzen. Dazu stimmen sie einen eintönigen Gesang an, der für die nächsten Stunden, einmal etwas lauter dann wieder leiser, beibehalten wird.

Zwei Jungen von etwa zwölf Jahren sind inzwischen auf die unterste Stufe des Turmes geklettert, und binden sich jetzt die Lianen sorgfältig um ihre Fußgelenke. Der erste kniet auf seiner schmalen, aus Zweigen zusammengebundenen Plattform, hebt die Hände hoch und beugt den Oberkörper in rhythmischen Bewegungen vor- und zurück. Dazu stößt er Schreie und einen abgehackten Gesang aus.

Er scheint zu zögern.

Unterhalb des Sprungfeldes hat sich eine Gruppe von Frauen gebildet, die ihrerseits einen Gesang anstimmt und den Jungen mit ausgestreckten Armen zum Sprung anfeuert. Plötzlich holt der Bursche weit nach hinten aus, schwingt dann Oberkörper und Arme mit aller Kraft nach vorne. Soweit er kann, stößt er sich von der Plattform los, fliegt ein Stück fast waagerecht durch die Luft, so daß die an seinen Füßen festgebundenen Lianen frei durchhängen und fällt dann kopfüber in die Tiefe.

Mit einem knarrenden Geräusch zerren die Lianen an der Plattform, und der Junge schwingt mit dem Kopf nach unten, von den Lianen an den Fußgelenken gehalten, dicht über dem Boden.

Gleichzeitig ertönt ein Schrei der Frauen und ein Jubelruf der Männer. Zwei stürzen auf den Jungen zu und schneiden ihn von den Lianen los. Im Triumph wird er zur Gruppe der Männer zurückgebracht.

Diese lassen ihren Gesang erneut zu voller Lautstärke anschwellen, um das nächste „Opfer" zum Sprung zu treiben.

Wieder beginnt ein Junge sich mit ängstlicher Genauigkeit die Lianen an seine Fesseln zu knoten. Mehrere Male zieht er daran, um sich zu vergewissern, daß die Schlingen auch halten werden. Seine Plattform ist etwa fünf Meter hoch.

Er kniet und wippt mit dem Oberkörper vor und zurück – aber er springt nicht – er steht auf – kniet dann wieder.

Mit rauhen Zurufen spornen ihn die Männer erneut an. Ein Zurück gibt es nicht!

Die Angst steht dem Burschen im Gesicht, nochmals wippt er mit dem Oberkörper, schreit vor der letzten ausholenden Bewegung – und läßt sich plötzlich fallen.

Es kracht – Holz splittert, eine der Lianen hat durch den scharfen Ruck das Holz an der Plattform abgebrochen. Der Junge hängt nur an einem Fuß, und der Aufschrei der Frauen klingt diesmal mehr erschrocken als freudig.

Sein Kopf schwingt knapp über dem Boden, doch die Männer fangen ihn schnell auf und tragen ihn auf ihren Schultern zurück. In unregelmäßigen Abständen folgt ein Sprung auf den anderen. Jeder der Männer hat seine

Lianen vorher selbst ausgesucht und diese an seiner Plattform befestigt. Keine Plattform wird zweimal benutzt.

Die Länge der Lianen wird so bemessen, daß der Körper nach dem Fall gerade noch rechtzeitig aufgehalten wird und der Kopf frei über dem Boden schwingen kann. Mehrere Wochen vor dem Fest schon müssen sich die Männer bestimmten Riten unterziehen und enthaltsam leben.

Der Ursprung des Brauches ist nicht mehr bekannt. Der Sage nach soll eine Frau auf der Flucht vor ihrem brutalen Ehemann auf einen Baum geklettert sein und sich eine Liane um den Fuß gebunden haben. In dem Augenblick, als der Verfolger nach ihr greifen wollte, warf sie sich von der Spitze des Baumes herab, und während ihr Ehemann zu Tode stürzte, blieb sie unverletzt.

Seitdem haben nur noch die Männer das Recht zu springen, und sie tun es, um ihren Mut zu zeigen, und von der Gottheit eine gute Ernte zu erflehen.

Auf den höchsten Stufen werden die Vorbereitungen immer länger und die Erregung der Zuschauer immer größer. Etwa 20 Springer habe ich schon gesehen, aber als der athletisch gebaute Mann auf die höchste, über 20 Meter hohe Plattform hinaustritt, halte ich unwillkürlich die Luft an.

Lange Zeit scheint er zu schwanken, ob er den Sprung wagen soll. Auch unten sind die Frauen und Männer ruhiger geworden, die Beklemmung ist stärker als die Begeisterung. Jetzt entscheidet die Willenskraft des Springers!

Er kniet nieder zum Gebet – gibt dann durch einen Schrei zu verstehen, daß er springen wird, und schnellt sich in einem wundervollen Bogen ab in den Raum . . .

Der Fall dauert lange, will kein Ende nehmen – bis er mit einem unvorstellbaren Ruck dicht über dem Erdboden hängenbleibt und von seinen begeisterten Stammesgenossen befreit wird. Die angestaute Angst – sogar die Männer hatten aufgehört zu singen – entlädt sich in wildem Jubel . . .

Auf die *Solveig* und in meine Kajüte zurückgekehrt, befinde ich mich in Hochstimmung. Die Glaubenswelt der Eingeborenen fasziniert mich immer stärker.

Von einem Völkerkundler hatte ich schon vor meiner Reise erfahren, daß auf Pentecost noch ein Stamm lebt, der sich erfolgreich gegen das Eindringen der Zivilisation gewehrt hat: die „Bunlap-Leute." Diesen Stamm will ich unbedingt aufsuchen.

Um die genaue Lage von Bunlap herauszufinden, erkundige ich mich am nächsten Morgen bei meinem Alten, ob und wie Bunlap zugänglich sei.

„Bunlap! – Ja . . ." Er zögert, denkt angestrengt nach.

„Im Dorf haben wir einen Mann. Ich glaube, er ist schon einmal in Bunlap gewesen . . . vielleicht vier Stunden über die Berge – es ist auf der anderen Seite der Insel!" Und damit deutet er auf den hohen Gebirgszug, der sich in einiger Entfernung hinter dem Dorf erhebt.

Vier Stunden durch den Dschungel, durch ein absolut undurchdringliches Dickicht von Büschen, Bäumen, unzähligen Schlingpflanzen und umgestürzten Stämmen – mit einem Einheimischen, der läuft wie eine Katze? Und das gleiche noch mal zurück?

Ich muß versuchen, mit dem Boot näher an Bunlap heranzukommen. Am Nachmittag vertiefe ich mich in die Seekarte und stelle fest, daß die dem Passatwind voll ausgesetzte Ostküste von Pentecost, an der Bunlap liegt, keinen sicheren Ankerplatz aufzuweisen hat. Melia Bay, an der Südspitze der Insel, ist die Bunlap nächstgelegene und halbwegs geschützte Bucht. Von dort müßte es möglich sein, das Dorf zu Fuß zu erreichen.

Begleitet von Regenschauern und böigem Wind steuere ich am nächsten Morgen auf Melia Bay zu, erkenne aber sehr bald an der Stärke und Richtung des Seegangs, daß ein Ankern im Augenblick unmöglich ist; die *Solveig* macht kehrt, um einen Tag später das Spiel zu wiederholen, mit dem Unterschied, daß bei nunmehr ruhigem Wetter und völliger Windstille nach wenigen Minuten der Dieselmotor erst aussetzt und dann stehenbleibt. Was ist los? Wenigstens kommt mir die Erleuchtung schnell, und eine kleine Probe bringt die Bestätigung: aus dem alten Faß auf der Insel Efate hatte ich Benzin statt Diesel eingefüllt!

Nachdem ich unter Segel auf meinen alten Ankerplatz zurückgekehrt bin, darf ich mich damit beschäftigen, die Kraftstoffleitungen abzuschrauben, die Filter herauszunehmen und zu waschen, den Tank zu reinigen und dann alles sauber wieder zusammenzubauen.

Fünf Liter Diesel habe ich als eiserne Reserve noch an Bord. Damit starte ich am kommenden Morgen mit neuem Mut, und nach einer Stunde Fahrt läuft die *Solveig* um das Kap herum in die Melia Bay ein!

An einer Stelle, die durch mehrere Felsen vor dem ärgsten Seegang geschützt ist, lasse ich auf 10 Meter Tiefe den Anker fallen und fahre zur Sicherheit mit dem Dingi noch einen zweiten Anker aus. Es ist kaum zu glauben, aber ich habe es geschafft – nach zwei vergeblichen Anläufen!

Ich beeile mich, zum Land überzusetzen, klettere über die Felsen hinweg auf den nächstgelegenen Hügel, bis ich zum Dorf komme. Ein etwa zwölfjähriger Bub läuft mir entgegen.

„You from boat?"

Er will eine Menge über die *Solveig* wissen, und ich habe Mühe, seine vielen Fragen zu beantworten, bis ich endlich dazukomme, mit meinem Anliegen herauszurücken. „Wie weit ist es von hier nach Bunlap?"

„Half hour, Mister!"

Eine halbe Stunde!

So gut es geht versuche ich dem Jungen zu erklären, daß ich gekommen bin, um Bunlap zu besuchen – offensichtlich hat er mich verstanden:

„Ich weiß einen Mann, der den Weg kennt!“

„Glaubst du, er könnte morgen früh mit mir gehen?“

„Das weiß ich nicht – you Mister wait! I be back in two hours!“

Und damit springt er davon.

Ich selbst rudere auf die *Solveig* zurück. Der Ankerplatz zwischen den Felsen ist alles andere als ideal, und etwas besorgt prüfe ich die Lage der beiden Anker; sie scheinen sich aber gut eingegraben zu haben.

Mit mir und der Welt zufrieden, genieße ich eine Tasse Tee und trage die Ereignisse der letzten Tage in das Logbuch ein, lege neue Filme in die beiden Kameras, hole Schuhe, Hemd und Hose aus dem Kleiderschapp, und setze zwei Stunden später wieder zum Land über.

Es dauert nicht lange, bis der Junge erscheint.

Freudestrahlend verkündet er mir:

„Ich habe einen Führer gefunden – du kannst morgen früh mit ihm nach Bunlap gehen. Ich hole dich hier ab und bringe dich zu seiner Hütte!“

Nach einer so guten Nachricht fällt es mir nicht schwer, an diesem Abend zeitig schlafen zu gehen, um für den kommenden Tag auch wirklich ausgeruht zu sein. Bunlap – mit einem Mal ist es in greifbare Nähe gerückt! Ein Dorf, in dem die Menschen noch wie in der Steinzeit leben!

Voller Erwartung stehe ich am nächsten Morgen auf, es ist noch fast dunkel. Kaum habe ich mein ausgiebiges Frühstück, bestehend aus zwei Spiegeleiern, Corned Beef und einer Kanne Tee, beendet, erspähe ich den Jungen bereits am Strand.

Mit meinem gestern gerichteten Bündel rudere ich hinüber, gemeinsam ziehen wir das Schlauchboot unter die Bäume in den Schatten.

Wir binden es fest und marschieren los, zur Hütte meines Führers.

Der Weg dorthin führt durch ein schattiges Tal und dann über einen nicht endenwollenden Hang steil bergauf.

Nach einem halbstündigen Aufstieg, ich glaubte schon ich hätte das ganze Gebirge überquert und sei bereits in Bunlap, liegt die Hütte vor uns.

Ein kräftiger, leicht untersetzter junger Mann kommt uns entgegen und begrüßt mich lächelnd:

„You Masta blong boat? – Me Samuel.“

Er zeigt mir seine Hütte und einen abgegriffenen Brief aus Australien, den er wie ein Kleinod behandelt.

Dieser Brief ist offenbar sein ganzer Stolz, er deutet immer wieder auf die Adresse und betont, daß er von weit her zu Fuß gebracht wurde und daß man ihm hierher schreiben kann.

Nach einer Viertelstunde brechen wir auf. Vorsichtig frage ich ihn:

„Wie weit ist es denn nach Bunlap?“

„May be one hour – may be two hour!“, schätzt Samuel.

Ein bis zwei Stunden, das muß doch zu schaffen sein, meine ich arglos, nicht ahnend, daß die Zeitangaben der Einheimischen keineswegs der Realität, sondern dem Wunsch entsprechen, dem Fragenden etwas Angenehmes zu sagen.

Der Pfad ist auch zunächst einmal gar nicht schlecht, aber er führt pausenlos bergauf.

Ich verstehe nicht, warum mir das Steigen hier so schwer fällt, wenn ich an die vielen Bergwanderungen denke, die ich früher in der Umgebung von Garmisch unternommen habe. Doch 35° im Schatten bei 80% Luftfeuchtigkeit waren wohl Grund genug für meine zunehmende Müdigkeit.

Nach einer Stunde erkenne ich durch das dichte Grün mehrere Hütten.

„Ist das Bunlap?"

„No, no – Bunlap over the hill."

Also über den Hügel, nochmal bergauf!

Nach einer weiteren halben Stunde Aufstieg:

„Ist es noch weit bis zum Hügel?"

„Only little, only little!"

Und wirklich, nach einem Viertelstündchen sind wir oben.

Es bietet sich ein herrlicher Ausblick auf den weiten, blauen Ozean und in ein tiefes Tal, durch das sich ein größerer Fluß schlängelt.

Ich verkneife mir die Frage, ob wir da noch hinunter müssen. In langgezogenen Serpentinen führt der Pfad allmählich abwärts, und wiederum nach einer halben Stunde stehen wir am Ufer des Flusses, der hier in die See mündet. Nun heißt es Schuhe und Strümpfe ausziehen und bis zum Bauch im Wasser durch den Fluß waten. Das ist nicht weiter schlimm, eher erfrischend, nur – auf der anderen Seite des Flusses scheint die Welt zu Ende zu sein.

Da ist kein Pfad mehr, und es geht wohl nochmals „over the hill", denn Samuel schickt sich an, im ausgetrockneten Bett eines kleinen Wasserfalls die Felsen hinaufzuklettern.

Na schön, ich bin ja schon öfter über Felsen geklettert, aber nicht bei 40° unter tropischer Sonne! Es hilft alles nichts, wir müssen hinauf!

Nach dieser alpinen Einlage beginnt der Dschungel. Samuel schlägt mit dem Buschmesser die Äste ab, die uns von jetzt an den Weg versperren. Bei jedem Schritt muß ich darauf achten, nicht auf glitschigem Boden auszurutschen oder von Steinen abzugleiten. Ich versuche mir vorzustellen, wie ich diese Tortur noch heute in umgekehrter Reihenfolge schaffen soll: die Berge, das tiefe Tal, die Felswand, der Fluß – doch jetzt ist schon alles gleich, es kann ja nicht mehr weit sein!

Wir nähern uns einer kleinen Rodung, auf der vereinzelt Kokospalmen wachsen. Samuel deutet mir an, mich hinzusetzen und erscheint nach wenigen Minuten mit einer langen Stange, mit der er zwei prachtvolle grüne Nüsse herunterschlägt. Nicht den teuersten Nektar hätte ich gegen das kühle Wasser dieser Kokosnuß tauschen mögen! Samuel bemerkt offenbar, wie nötig ich die Erfrischung brauche, er wartet geduldig, bis ich alles restlos ausgetrunken habe. Mit seinem Buschmesser schlägt er dann einen schönen, gerade gewachsenen Ast ab und reicht ihn mir als Wanderstock.

Erneut machen wir uns auf den Weg durch dichtes Buschwerk, bis wieder die Hütten eines Dorfes auftauchen.

Samuel will mal eben „look for man" – also jemanden suchen. Alles ist wie ausgestorben, aber nach einer Weile kommt er tatsächlich mit einem derb aussehenden Burschen zurück.

„He know Bunlap – der weiß wo Bunlap ist und kennt die Leute dort", erklärt mir Samuel.

Er läßt seinen Gefährten vorausgehen, blickt selbst ängstlich umher. Anscheinend kann es nur jemand, der den Bunlap-Leuten bekannt ist, wagen, in ihr Gebiet einzudringen. Die beiden Männer bewegen sich, jedes Geräusch vermeidend, wie Jäger auf der Pirsch. Plötzlich bleiben sie wie angewurzelt stehen. Samuel flüstert:

„You see – Bunlap man!"

Ich sah überhaupt nichts.

„He see us – er hat uns gesehen", Samuel zeigt in den Busch. Ich brauche noch eine ganze Weile, bis ich zwischen den Baumstämmen einen nackten Mann stehen sehe – völlig unbeweglich, seine Augen auf uns gerichtet.

Er betrachtet uns und wartet – wir warten auch.

Schließlich faßt sich unser Begleiter ein Herz und geht auf ihn zu. Die beiden verhandeln ein paar Minuten, kommen dann zu uns, und der Trupp – meine Begleitung ist inzwischen auf drei Mann angewachsen – setzt sich in Bewegung.

Schweigend, einer hinter dem anderen, arbeiten wir uns durch den dichten Dschungel, klettern einen Abhang hinunter bis wir vor dem Ringwall stehen, einer Art Befestigung, aus Steinen und Erde aufgeschüttet.

Der Bunlap-Mann geht voraus und läßt uns auf dem kreisförmigen Platz, der innerhalb der Umfriedung liegt, allein. Er verschwindet in Richtung auf die Hütten, deren Dächer ich hinter einer kleinen Steinmauer sehe.

Samuel spricht immer noch kein Wort, und etwas hilflos frage ich ihn, was denn nun werden soll.

„We wait."

Wir haben zu warten.

Ich betrachte den Platz, auf dem wir stehen, genauer. Der Boden ist festgetrampelt. Ringsum liegen Steine. Hier müssen seit altersher, seit vielen Generationen, die Feste des Stammes gefeiert worden sein.

Unter den schnellen, aufreizenden, sich ständig steigernden Rhythmen der Schlitztrommeln, findet auch heute noch einmal im Jahr das traditionelle Schweineopfer statt. Hundert und mehr Tiere werden an diesem Tag geschlachtet und verzehrt.

Vieles deutet, wie einige Völkerkundler glauben, darauf hin, daß die Schweineopfer einen Ersatz für die früher in großer Zahl vollzogenen Menschenopfer darstellen. Da die Riten in Geheimbünden gepflegt werden, sind sie uns nur wenig bekannt und lassen bestenfalls Vermutungen zu.

Der mächtigste der geheimen Männerbünde scheint der sogenannte Bund der Schweinezüchter, die „Suque", zu sein. Ihre religiöse Vorstellungswelt gründet sich auf die Hoffnung, mit Hilfe des dargebrachten Opfers Macht und Erfolg zu erlangen. Durch dieses Ansehen wiederum erreicht man einen höheren Grad im Bund. Je mehr Tiere der einzelne opfert, desto eher kann er in der Suque aufsteigen. Die eigene hohe Stellung ermöglicht die Verbindung mit dem Jenseits und nach dem Tode die angestrebte Vereinigung mit den Ahnen.

Unser Bunlap-Mann ist wieder zurück und fordert uns auf, in das Dorf einzutreten.

Er führt uns auf einen zweiten Platz, der vor einer größeren Hütte, dem Männerhaus, angelegt und ebenfalls durch eine Steinmauer abgeschlossen ist. Samuel dolmetscht, daß der Häuptling und die anderen Männer auf dem Felde arbeiten und daß wir hier bleiben sollen, bis der Häuptling von unserer Ankunft verständigt ist und dann entscheidet.

Die Lage ist gespannt, es zeigt sich auch keiner der Einwohner, die sonst in den Dörfern einen Fremden sofort neugierig umringen.

Während ich warte, kommt mir zu Bewußtsein, daß ich ohne zu fragen oder mich vorher anzumelden bei einem Stamm eingedrungen bin, der seine ursprüngliche Lebensweise ja nur erhalten konnte, indem er den Kontakt mit Europäern in der Vergangenheit gemieden hat.

– Die Geschichte des weißen Mannes in den Neuen Hebriden ist alles andere als ein Ruhmesblatt. Auf den meisten Inseln im Pazifik hat es seit ihrer „Entdeckung" traurige Ereignisse gegeben, aber dieser Inselgruppe wurde besonders böse mitgespielt.

Etwa eine Million Einwohner lebte in den Dörfern der Neuen Hebriden. In wenigen Jahrzehnten, seit dem Einbruch der europäischen Zivilisation, verminderte sich ihre Zahl auf 50 000, und erst in den Jahren nach dem Zweiten Weltkrieg ist die Bevölkerungszahl wieder auf 100 000 angestiegen. Kapitän Cook war zweifellos nicht nur der erfolgreichste, sondern auch einer der humansten Entdecker. Er schreibt in seinen Erinnerungen ganz ehrlich:

„Wir laufen ihre Ankerplätze an und versuchen friedlich zu landen. Wenn das gelingt, ist alles in Ordnung. Wenn nicht, landen wir trotzdem und behaupten unsere Stellung durch die Überlegenheit unserer Feuerwaffen. In welchem anderen Licht können sie uns sehen, als dem der Eindringlinge in ihr Land . . ."

Cook war sich der Tatsache bewußt, daß sich die Weißen unerwünschterweise um Völker kümmerten, die vorher glücklich für sich gelebt hatten und daß sie sich mit Gewalt das nahmen, was von Rechts wegen anderen gehörte.

Ein Zeugnis für die Friedensliebe der Melanesier legte auch der Deutsche Reinhold Forster ab, der an Cooks Entdeckungsfahrt teilgenommen hat:

„Sie wohnen, in viele kleine Stämme und einzelne Familien geteilt, zerstreut auf der Insel umher und mögen daher oft Streit miteinander haben. Doch sie sind darum keineswegs zu Zank und losen Händeln aufgelegt, sondern bewiesen vielmehr durch ihr Betragen gegen uns, daß sie gern allen Streit vermeiden wollten. Taten auch sehr ungehalten, wenn einer oder der andere von ihren Landsleuten etwas vornahm, wodurch das gegenseitige gute Einvernehmen allenfalls gestört werden konnte. Oft reichten sie uns grüne Zweige zu, die überall für Freundschaftszeichen angesehen werden."

Das 19. Jahrhundert wurde für die Inseln zum Jahrhundert des Schrekkens. Drei furchtbare Plagen fielen über die Einwohner her:

Die Walfänger, die Sandelholzhändler und die Sklavenjäger. Die Besatzungen der Walfänger bestanden zum größten Teil aus asozialen Elementen, die in der Heimat nicht mehr gerne geduldet wurden. Niemand sonst hätte sich freiwillig dem harten und eintönigen Dienst auf den Schiffen unterworfen, die oft monatelang auf See blieben und erst nach Jahren in die Heimat zurückkehrten. Kamen diese Seeleute auf den Inseln an Land, so behandelten sie die Eingeborenen wie Tiere. Mord und Vergewaltigung waren an der Tagesordnung, am verheerendsten aber wirkte sich die Ansteckung der Inselbewohner mit Syphilis und Masern aus.

Viel schlimmer noch hausten die Sandelholzhändler. Sie blieben so lange, bis sie alle nur erreichbaren Bäume des in China begehrten und hochbezahlten Holzes geschlagen hatten. Dabei kümmerten sie sich nicht im mindesten um die Besitzrechte der Eingeborenen, die sich zur Wehr setzten und daraufhin mit bestialischer Grausamkeit bekämpft wurden. Auf Efate zum Beispiel wurden über dreißig Eingeborene, Frauen und Kinder, in eine Höhle getrieben und dann durch ein vor dem Eingang entzündetes Feuer bei lebendigem Leibe verbrannt. Ein Mann von Tanna wurde in einen Raum mit an Masern erkrankten Matrosen gesperrt, um dann die Krankheit an die Bewohner der Insel zu übertragen, die zu einem Drittel daran starben. Manchmal ging innerhalb eines einzigen Monats die Hälfte einer Inselbevölkerung infolge der eingeschleppten Seuchen zugrunde.

Damit nicht genug.

Australien brauchte billige Arbeitskräfte für seine Zuckerplantagen und begünstigte durch seine Gesetze die „Anwerbung von Arbeitskräften" zu einer Zeit, als der Sklavenhandel in Amerika schon längst verboten war.

Ein beliebter Trick bestand darin, eine Menge Eingeborener an Bord eines Schiffes zu locken, um mit ihrer Hilfe einen großen Wassertank zu „verladen", der jedoch vorher festgeschraubt worden war. Immer mehr

Männer kamen an Bord, um das Ungetüm zu bewegen; dann wurden die Luken geschlossen, und man fuhr los mit der lebenden Fracht. In einem Fall begannen die Gefangenen zu meutern, woraufhin die Besatzung des Schiffes die Luken einen Spalt öffnete und blind in die wehrlose Menge schoß. 60 Tote und 16 Schwerverletzte blieben liegen, die man dann alle zusammen über Bord warf mit der Begründung, daß sie ohnehin gestorben wären. Der Kapitän des Schiffes, ein gewisser Dr. Murray, sagte dies selbst vor Gericht aus. Verurteilt wurde er nicht, da die Aussagen der Insulaner nicht zählten. Sie waren keine Christen und ihr Eid galt nicht.

Dies war nur ein Fall aus dem Schreckenskatalog der Sklavenhändler, der sogenannten „Blackbirders" jener Jahre.

Ganze Gemeinden, die um ihren Missionar versammelt waren, wurden eingefangen, und wir wissen deshalb so viel über das Vorgehen der Blackbirders, weil sie vorzugsweise bekehrte Eingeborene verschleppten, da diese aufgrund der ihnen gelehrten Unterwürfigkeit gefügiger waren.

Durch ihre heftigen Proteste erwarben sich die Missionare das Verdienst, das Gewissen der Europäer wachgerufen zu haben. Australien mußte um 1901 die Anwerbung von Arbeitern verbieten.

In den letzten dreißig Jahren haben die Einwohner der Neuen Hebriden seitens der englisch-französischen Verwaltung sicher eine gerechte Behandlung erfahren. Großes Mißtrauen gegenüber dem weißen Mann ist dennoch zurückgeblieben. –

Vor dem Versammlungsplatz, auf dem wir sitzen, zieht sich ein schmaler Pfad über sorgfältig angelegte Terrassen den Hang abwärts auf den Strand zu. Seitlich des Pfades liegen die aus Bambus und Matten zusammengeflochtenen Hütten, die niedrigen Dächer aus Blättern reichen fast bis zum Boden.

Dazwischen streunen suchend ein paar zahme Schweine und halbverhungerte Hunde herum. Über dem ganzen Dorf liegt eine fast unwirkliche Stimmung. Die Frauen halten sich in ihren Hütten zurück, die sie ohne Erlaubnis der Männer nicht verlassen dürfen.

Drei Männer des Stammes nähern sich uns in langsamen, großen Schritten. Einer von ihnen geht auf Samuel zu, ohne mich weiter zu beachten.

Ebenso wie seine Begleiter trägt er als einzige Kleidung einen Ledergürtel, an dem sein Penisfutteral, das „Namba" befestigt ist. Es besteht aus einer fein geflochtenen, einen halben Meter langen Binde aus Bast, die um das Glied gewickelt wird.

Samuel scheint ihn nur mit Mühe zu verstehen.

„Das ist der Sohn des Häuptlings, er fragt, warum du gekommen bist."

Ich bitte Samuel, mein Anliegen, das Dorf anzusehen, zu übermitteln.

Zwischen Samuel und dem hochgewachsenen, dunkelhäutigen Bunlap-Mann entwickelt sich nun eine lebhafte Diskussion. Einer der anderen

Männer setzt sich neben mich, befühlt den mitgebrachten Stoff und meine Kameras. Sein scharfer Körpergeruch dringt mir in die Nase, während er in unverständlichen Lauten unentwegt auf mich einspricht.

Erneut wendet sich Samuel zu mir:

„Du kannst dich hier ein wenig umsehen und du darfst auch vier oder fünf Aufnahmen machen, aber nur mit der Kamera, die ‚klack‘ macht, nicht mit der, die ‚sss‘ macht."

Über die Treppe steige ich die Terrassen hinunter bis zu den Hütten, aus denen jetzt zaghaft ein paar Frauen heraustreten. Erst nach dem Rufen des Häuptlingssohnes haben sie sich ins Freie begeben, und mustern mich nun mit staunenden Blicken.

Sie tragen einen weiten, hellen Grasrock, der ihre Beine halb bedeckt. Ihre Hütten unterscheiden sich von den anderen durch ihre schlichte Einfachheit. Der Lebensbereich der Frauen ist offensichtlich von dem der Männer auch heute noch streng getrennt.

Oberhalb der Terrassen finde ich das Männerhaus. Hier also sind die Zusammenkünfte des Geheimbundes, dessen magische Kräfte die Inselbewohner bis heute fürchten. Die Macht und der Einfluß des heidnischen Häuptlings erstrecken sich nicht nur über Bunlap, sondern auch über die halbchristianisierten Dörfer an der Küste. Er ist der Erbe einer langen Ahnenreihe kriegerischer Häuptlinge, deren absolute Macht seit ältesten Zeiten vom Vater auf den Sohn weitergegeben wurde.

Auch diese Hütte ist aus geflochtenen Matten zusammengesetzt, dafür doppelt so groß wie die übrigen. Außer einem schmalen Einschlupf gibt es keine Öffnung, nur durch die schmalen Ritzen der Matten kann das Sonnenlicht eindringen. Samuel wird langsam ungeduldig und treibt zur Eile, da die Dunkelheit in den Tropen zeitig und schnell hereinbricht. Zum Abschied bekomme ich ein „Namba" geschenkt, dessen fachgerechte Handhabung mir wohl etwas Kopfzerbrechen bereiten wird. Vorerst stecke ich es in meine Tasche.

Zu Beginn unseres Rückweges kann ich mich auf meine Beine noch verlassen. Nachdem wir aber die Felswand hinuntergeklettert sind und den Fluß durchquert haben, wird der Aufstieg auf den Berg zu einer einzigen Qual. Meine Beine bewegen sich, als ob sie nicht zu mir gehörten, die mit Blasen übersäten Sohlen schmerzen, und ich brauche alle Willenskraft, um nicht aufzugeben und weiter einen Fuß vor den anderen zu setzen. Auch Samuel wird langsam müde und bewegt sich nicht mehr ganz so gelenkig wie vorher.

Als wir eines der Dörfer wieder erreicht haben, entdeckt Samuel an der Seite des Pfades zwei hübsch geflochtene, mit Blättern bedeckte Körbchen. Hinter den Büschen höre ich die Stimmen von Frauen, die dort auf dem Feld arbeiten. Mit verschmitztem Lächeln greift er in eines der Körbchen und reicht mir eine Hand voll saftiger Mandarinen.

„Die brauchen wir jetzt notwendiger", stellt Samuel fest und ich pflichte ihm aus ganzer Seele bei.

Unter Aufbietung meiner wirklich letzten Kräfte bewältige ich noch das Stück bis zu Samuels Hütte und schlage seine Einladung nicht ab, bei ihm ein wenig auszuruhen.

Eine Weile bleibe ich in seiner Hütte und begebe mich erst bei einbrechender Dunkelheit auf den Weg zum Strand.

Die Menschen von Bunlap haben auf mich einen tiefen Eindruck gemacht. Sie leben in einer Gemeinschaft, die ihnen festen moralischen Halt gibt und sie vor Not und Sorge bewahrt. Welch ein Unterschied besteht doch zwischen diesen freien und stolzen Männern und den entwurzelten, verarmten und verbitterten Individuen in den städtischen Siedlungen der Inseln! Der Stamm hat es verstanden, sich vom Einfluß des Geldes freizuhalten und sich dadurch seine Unabhängigkeit zu bewahren.

Inzwischen hat der Wind aufgefrischt – ich habe eine unruhige Nacht zu erwarten.

„Was soll's", denke ich mir, „dann kann ich auch auf die See hinausgehen und weitersegeln."

Ich hole die Anker auf und steuere das Boot mit größter Vorsicht aus den Felsen heraus. Auf freiem Wasser setze ich Segel, bringe die *Solveig* auf Kurs, und bitte sie, auch heute ihren Weg alleine zu finden.

Wohl selten habe ich auf See so tief geschlafen wie in dieser Nacht.

Bei Anbruch des Tages lag Santo vor mir. Ihr spanischer Entdecker nannte sie „Austrialia del Espiritu Santo" und plante dort eine zukünftige Stadt, die „Neu Jerusalem" heißen sollte. Und damit alles schön zusammenpaßte, taufte er den Fluß auch gleich auf den Namen „Jordan". Hohe Titel wurden verliehen an zivile Würdenträger und große Prozessionen abgehalten. Quiros glaubte den damals von Geographen vermuteten „südlichen Kontinent" gefunden zu haben, dessen Nicht-Existenz erst Cook schlüssig beweisen konnte.

Schon nach 25 Tagen war der Traum eines neuen Reiches ausgeträumt, als Quiros in einer stürmischen Nacht gezwungen war, seinen Ankerplatz zu verlassen und dann nie wieder nach Santo zurückkehrte.

Seitdem war Santo aus dem Bewußtsein der Menschheit verschwunden, bis die amerikanischen Strategen den ebenen Teil der Insel zu ihrer wichtigsten Luftwaffenbasis im Krieg gegen Japan ausbauten. Die damals für 100 000 Soldaten errichteten Baracken und Wellblechhallen bilden die heutige Stadt Luganville.

Hier bot sich für mich eine günstige Gelegenheit, zwei Reparaturen ausführen zu lassen. Die eine betraf meinen Zahn, aus dem ich eine Plombe verloren hatte, und die andere den Anlasser meines Dieselmotors.

Mit der Goldplombe in der Tasche suchte ich in der Innenstadt einen

Dentisten auf. Der kraushaarige Melanesier gab sich auch wirklich alle Mühe, mit dem Tretbohrer das Gold meiner Plombe so aufzupolieren, daß er die kostbare Füllung neu einsetzen konnte. Trotz seines altmodischen Gerätes und dem Preis von nur acht Dollar, hat sein Werk bis heute gehalten. Den Anlasser gab ich einem Italiener in Behandlung, der sich jedoch als nicht ganz so kunstfertig erwies wie mein Dentist.

Beim Zerlegen des Gehäuses sprang ihm eine Feder in die finsterste Ecke der Werkstatt, wo wir sie erst nach mehrstündigem Suchen wieder fanden. Beim anschließenden Probelauf schien er genauso erschrocken wie ich, daß der Anlasser funktionierte und meinte anerkennend:

„Molto forte – molte forte – das ist ein robustes Maschinchen!"

Danach fiel es der *Solveig* nicht schwer, Luganville zu verlassen. Bei sehr frischem Südost-Passat stand sie bereits 24 Stunden später vor den Riffen der 100 Meilen nördlich gelegenen Insel Santa Maria.

Fast alle Inseln, die die *Solveig* bisher angelaufen hatte, waren von Riffen umgeben, und ich hatte mich an die Navigation zwischen Korallen gewöhnt.

Schnell fand ich die Einfahrt durch die äußere Riffmauer von Santa Maria und suchte nun einen Ankerplatz in der Nähe des Dorfes. Bisher war das immer so abgelaufen, daß die *Solveig* einige Kreise zog, um gesehen zu werden, und dann kamen die Männer im Kanu und zeigten mir einen geeigneten Platz zum Ankern. Hier rührte sich nichts.

Ungeduldig beginne ich zwischen unzähligen Korallenstöcken herumzukreuzen bis das Boot schließlich in eine Sackgasse gerät, in der es von Riffen so eingekreist ist, daß ich auch nicht mehr wenden kann.

Mit dem Rückwärtsgang versuche ich die *Solveig* aus ihrem Gefängnis zu befreien, mit dem Erfolg, daß das Ruderblatt auf eine Riffwand kracht. Die Pinne fliegt mir aus der Hand und mit solcher Wucht in die Verstrebung des Heckkorbes, daß sie wie ein Streichholz bricht. Dabei knickt auch das Stahlrohr der Strebe ab und reißt ein Loch in das Süll des Cockpits.

Die *Solveig* treibt nun steuerlos, aber sie ist offenbar nicht gewillt, sich von ihrem Kapitän in ein weiteres Verhängnis manövrieren zu lassen. Dieser ist auch viel zu erschrocken, um sofort zu handeln. So dreht sich das Boot ganz sachte von alleine, bis es sich schließlich willig in tieferes Wasser lenken läßt. Mit Hilfe des abgebrochenen Stumpfes der Pinne und langsamer Fahrt voraus steuere ich das Boot vorsichtig aus dem Labyrinth. Und jetzt nähert sich ein Kanu!

„Suchst du einen Ankerplatz?"

„Allerdings", gebe ich zurück, „und ich habe hier zwischen den Korallen nur mäßigen Erfolg gehabt!"

„Dort drüben haben wir schönen Sandgrund", erklärt der Melanesier freundlich und paddelt voraus.

Nachdem das Eisen gefallen ist, besehe ich mir den Schaden, den ich durch meinen Leichtsinn angerichtet habe. Wieder einmal Glück gehabt! Der Ruderschaft ist verbogen, aber er läßt sich noch frei bewegen; und meine Ersatzpinne, die ich seit der ersten Reise an Bord habe, paßt genau in den Beschlag. Später, in Neuguinea, versöhne ich die *Solveig* mit einer neuen Pinne aus Kauri, dem edelsten Tropenholz, das es gibt. Nach diesem Unfall – durch ihn hätte ich mein Boot einbüßen können! – schwöre ich mir, allen Riffen in Zukunft den Respekt zu erweisen, der jedesmal von neuem erforderlich ist.

„Ich bin Patteson", höre ich neben mir eine Stimme. In seinem Einbaum ist der junge Melanesier inzwischen dicht an die *Solveig* herangekommen, hält sich mit einer Hand an der Reling fest, während er mir mit der anderen ein mit Stoff umwickeltes Päckchen reicht, in dem ich ein richtiges Gästebuch finde!

Etwas verlegen deutet Patteson auf den Einband. In ungelenken Buchstaben steht da geschrieben:

PATTESON
AUTHORIZED SAILING YACHT GREETER

Stolz schlägt er das Buch auf und zeigt mir die Eintragungen von ganzen drei Yachten, die in den letzten fünf Jahren die Insel besucht haben.

Ich nehme das Gästebuch an mich und danke für seine Hilfe und den freundlichen Empfang.

„Das war nicht immer so auf dieser Insel", meint Patteson.

„Früher, es ist gar nicht so lange her, da mußte jeder Fremde getötet werden, das war unser Gesetz."

„Wurde denn jeder getötet?", frage ich.

„Die Männer kamen von anderen Inseln, um Schweine zu stehlen, und wir haben die Schweine dann bei ihnen gestohlen. Das war eine Mutprobe für die jungen Männer, bevor sie heiraten durften. Sie brauchten die Schweine auch, um ihre Braut zu bezahlen. Das ist heute noch so. Ich habe für meine Frau fünf Schweine bezahlt."

Pattesons Frau bekomme ich bei meinem Aufenthalt in Santa Maria zwar nicht zu Gesicht, doch das liegt wohl daran, daß die Melanesier Fremden gegenüber weitaus scheuer sind, als etwa die Polynesier. Ein Mann wie Patteson ist eher die Ausnahme.

Später zeigt er mir seine Pfeile und den Bogen; die Pfeile sind vergiftet. Auf meine Frage, woher er denn das Gift nehme, erzählt er mir, daß er bei einem alten Mann gelernt habe, das Gift für die Pfeile zu bereiten.

Nach dem Besuch der Missionsschule findet in den Bergen, fern jeder Zivilisation, eine besondere Ausbildung statt. Vier Jahre lang können die jungen Burschen hier in völliger Abgeschiedenheit die alten Fertigkeiten erlernen, die sie für ein naturgemäßes Leben auf der Insel brauchen. Dazu gehört das Wissen über die Pflanzen und Tiere der Insel, wie und aus welchem Holz man einen Bogen macht, aus welchen Fasern die Sehne gedreht wird, wie man aus Naturmaterial Kleidung herstellt, und vieles mehr. Etwa die Hälfte aller jungen Männer macht diese Ausbildung durch. Sie bekommen in dieser Zeit weder eine Frau zu sehen noch haben sie Verbindung mit ihren Familien. Gleichzeitig mit der praktischen Ausbildung erfolgt eine Einweisung in kultische Handlungen. Der Schüler wird damit auch wieder Mitglied eines Geheimbundes.

Aus dem, was mir Patteson erzählt und was ich in Bunlap gesehen habe, wird mir klar, daß die Regierungen der unabhängigen Staaten in der Pazifischen Inselwelt – die Neuen Hebriden werden bald dazugehören, die Solomon Inseln und Neuguinea sind bereits unabhängig – in den kommenden Jahrzehnten eine außerordentlich schwerwiegende Entscheidung treffen müssen.

Entweder muß der Zustrom von Waren aus den Industrienationen vollständig gesperrt werden, damit die Menschen unbeeinflußt ihr Leben aus der Natur und in der Natur weiterführen können. Wird die Einfuhr von Fertigwaren nicht gestoppt, so gehen innerhalb einer Generation die Fähigkeiten, als Naturvolk zu überleben, verloren.

Die andere Entscheidung wäre, die Inselbewohner mit den Zivilisationsgütern vertraut zu machen und durch den Aufbau einer exportfähigen Industrie auch das Geld unter die Menschen zu bringen, das zum Einkauf von Waren nötig ist. Noch besteht die Möglichkeit, das Rad der Entwicklung aufzuhalten. Ob das die richtige Lösung wäre, vermag ich nicht zu beurteilen.

Einmal erlaubt mir Patteson, mit seinem Bogen zu schießen. Das sieht so leicht und elegant aus, wenn er den Pfeil auf die Sehne legt und ihn dann eine Armlänge durchzieht, während meine Bemühungen, das harte Holz des Bogens zu krümmen, erfolglos bleiben. Auch mit seinem Kanu ergeht es mir nicht viel besser.

Der schwere ausgehöhlte Stamm ist durch eine Holzverstrebung mit einem Ausleger verbunden. Die Hölzer werden mit Bast zusammengebunden, so daß sie festhalten, aber doch elastisch bleiben.

Das Fahrzeug benimmt sich unter meinen ungeübten Paddelschlägen wie ein störrischer Esel. Es fährt stets – wenn ich hier von Fahren überhaupt sprechen darf – in einer anderen Richtung und denkt nicht daran, sich von mir leiten zu lassen. Doch ehe ich ins Wasser geworfen werde, gebe ich auf.

Auf so einem Kanu muß man zur Welt kommen, wie das bei den Südseeinsulanern der Fall ist.

– In früherer Zeit befuhren die Polynesier und Melanesier in ihren Doppelrumpfbooten noch die Weiten des Ozeans, und ihre Leistungen als Seefahrer stellten die der Wikinger und Phönizier weit in den Schatten.

Man vermutet, daß die Polynesier etwa von den Neuen Hebriden aus nach dem Tonga-Archipel und den Marquesas-Inseln segelten. Auf der weiteren Suche nach Neuland unternahmen sie planvolle Erkundungsfahrten und besiedelten schließlich ein Gebiet, dessen begrenzende Inseln an die 7 000 Kilometer voneinander entfernt liegen. Ihr Reich umfaßte das heutige Neuseeland, die Osterinsel, die Hawaii-Gruppe, die Gesellschaftsinseln mit Tahiti, sowie Tonga und Samoa. Auf ihren Fahrten nahmen die Polynesier Nutzpflanzen und Haustiere mit, obwohl sie Strecken bis zu 2 000 Seemeilen über den offenen Ozean und ohne Landsicht zurücklegten.

Ihre Doppelrumpfboote waren etwa 20 Meter lang und konnten 50 bis 60 Personen befördern, dazu den benötigten Proviant. Die Reisegeschwindigkeit betrug etwa 7 Knoten.

Daß sie ihre Ziele auch auf wochenlangen Fahrten über See finden konnten, grenzt an ein Wunder, und die Meinungen der Wissenschaftler, welche Mittel sie dabei anwandten, gehen noch heute auseinander.

Sie besaßen keine Karten, keinen Kompaß, und keine Zeitmesser. Sie müssen mit dem Meer und den Vorgängen in der Natur in einer Weise vertraut gewesen sein, die wir nicht einmal erahnen können. Ihre Beobachtungsgabe und ihr Zeitgefühl waren sicherlich unerreicht.

Zwei Methoden, mit deren Hilfe bestimmte Inseln gefunden werden konnten, sind bis heute überliefert.

Einmal die sogenannten Stabkarten. (Siehe Abbildung S. 151.)

Sie dienten einem Navigator als seine persönliche Gedächtnisstütze für die Lage von Inseln und vor allem für den Lauf der Dünung. Darüber hinaus waren auf der Stabkarte die Meeresströmung und einzelne Segelrouten vermerkt. Diese Karten waren nicht „übertragbar“, nur der Navigator, der sie angefertigt hatte, konnte sie erfolgreich verwenden.

Zum anderen kannten die Polynesier die Stellungen der wichtigsten Sterne; und sie machten sich die Tatsache zunutze, daß die Sterne jeweils am gleichen Punkt des Horizonts aufgehen. Ein aufgehender Stern diente ihnen als Leitstern für die anzusteuernde Insel.

Schließlich mögen sie noch Fähigkeiten der Wahrnehmung besessen haben, von denen wir heute nichts mehr wissen. Unter diesem Gesichtspunkt könnte ihr Orientierungsgefühl ähnlich dem der Vögel oder Fische gewesen sein.

Die Kanus, die heute gebaut werden, sind nicht mehr die Meisterwerke früherer Tage, sondern grob mit der Axt zurechtgeschlagen, Gebrauchsboote ohne die feinen künstlerischen Verzierungen, wie sie früher selbstverständlich waren. Mit dem Verfall des Glaubens ist auch der Wille zum künstlerischen Ausdruck erloschen. –

Am Tage der Weiterfahrt bringt mich Patteson ein letztes Mal mit seinem Kanu auf die *Solveig,* und ich schreibe ihm meinen Dank in sein Gästebuch. Er überreicht mir als Geschenk seinen Bogen und einige Pfeile, von denen einer mit einem tödlichen Gift präpariert ist. Er gibt ihn mir einzeln und bittet mich um größte Vorsicht.

Die Dunkelheit bricht schon herein, als Patteson zum Strand zurückpaddelt. Immer wieder dreht er sich um und winkt. Ich halte den Bogen und die Pfeile in der Hand, winke zurück. Noch lange Zeit bleibe ich im Cockpit und genieße die herrliche Tropennacht. Im Licht der tausend Sterne sind die Umrisse der gebirgigen Insel und die Felsen deutlich zu erkennen.

Vom Dorf her leuchten die Fackeln und die brennenden Hölzer durch

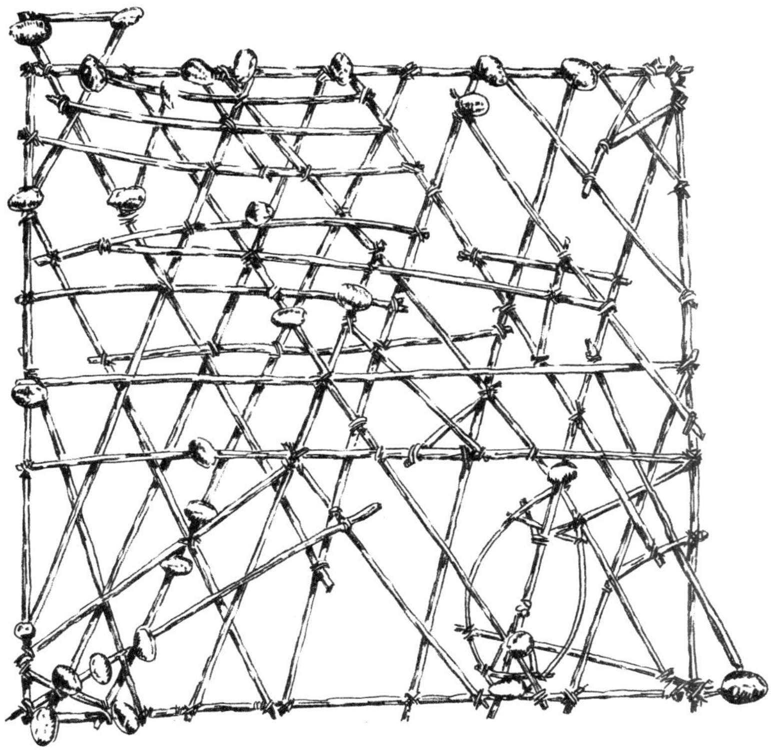

Die Stabkarten der Polynesier waren ein Geheimnis; nur der konnte sie lesen, der sie angefertigt hatte. Die einzelnen geraden und gebogenen Stäbe sowie die Seeschneckengehäuse, die Inseln darstellten, waren Gedächtnisstützen für den Benutzer.

die Büsche. Petroleum-Lampen sind auf Santa Maria noch unbekannt. Die *Solveig* schaukelt sanft auf dem dunklen Wasser der Lagune, und mit leisem Klatschen schlagen die Fallen gegen den Mast. Das vertraute Geräusch wirkt einschläfernd auf mich. Ich laße das Luk weit offen, lege mich nackt auf meine Koje und blicke in die Sterne über mir, die zum Greifen nahe scheinen. Dann sinke ich in tiefen Schlaf.

Noch vor Sonnenaufgang beginne ich am nächsten Morgen, die *Solveig* seeklar zu machen. Beim ersten Tageslicht steuere ich durch die Riffbarriere in die offene See.

Auf einem Felsvorsprung erscheint die braune Gestalt von Patteson, er muß auf der Lauer gelegen sein, um die „Ausfahrt" der *Solveig* nicht zu verpassen. Wir winken uns noch einmal zu, und als Santa Maria im Dunst verschwindet, tauchen neue Inseln vor mir auf.

Schon ein Jahr später mußte ich mich fragen, ob es Santa Maria wirklich gegeben hat, denn ein Brief, mit dem ich Patteson erfreuen wollte, kam zurück mit der Aufschrift:

„In den Neuen Hebriden unbekannt!“

Neuguinea -
Auf den Spuren einer ungewöhnlichen Frau

Mein Kurs führte mich direkt nach Norden, in die Banks- und Santa Cruz-Inseln, von dort zunächst westwärts in die Salomonen.

Eine bleierne Schwüle lag in der Luft, kein Windhauch rührte die See auf, und die *Solveig* ließ sich vom Dieselmotor über die endlose Wasserfläche schieben.

Ich saß an der Pinne, litt unter der Hitze; umsomehr, da sich an meinen Beinen und an einer Hand eitrige Geschwüre gebildet hatten. Schon seit Wochen versuchte ich mit allerlei Salben die Wunden zu heilen, aber auf dem Fußmarsch nach Bunlap hatten sich wahrscheinlich neue Bakterien eingenistet. In früheren Zeiten gab es nur eine Kur: Klimawechsel, heraus aus den Tropen! Heute haben wir Antibiotika zur Verfügung, und auf diese mußte ich zurückgreifen, um größeres Unheil zu vermeiden.

Bei dem ruhigen Wetter hielt ich auf die Insel Vanua Lava zu, auf der es laut Seehandbuch einen großen Wasserfall geben soll, der sich von einem hohen Felsen in die See ergießt. Seit meiner Kindheit üben Wasserfälle einen ganz besonderen Reiz auf mich aus, so konnte ich der Versuchung nicht widerstehen.

Schon bei der Annäherung an die Küste sah ich die Wassermassen von den Bergen herabstürzen, der Himmel war mit schwarzen Wolken verhangen, und es begann in leichten Tropfen zu regnen. Die Luft blieb still.

Der Strand und die umliegenden Hügel zeigten keine Spuren menschlicher Tätigkeit, keine Rauchwolke verriet die Nähe eines Dorfes. Zwischen den Büschen und hohem Gras hindurch suchte ich meinen Weg und stand nach kurzer Zeit vor dem Wasserfall, der unter den dunklen Wolken weißlich schäumend auf die Steine des Flußbettes donnerte. Ein unheimlicher Anblick. Die Luft war gefüllt mit feinen Tropfen, und zusätzlich verstärkte sich der Regen. – Bevor er voll einsetzte, füllte ich meine Wasserkanister und brachte sie an Bord.

In der Nacht kam starker Westwind auf, der mich zwang, bei völliger Finsternis den Anker heraufzuholen und von der nun ungeschützten Küste auf offenes Wasser zu fliehen.

Am Morgen ragten vor mir die steilen Berge von Ureparara in die Höhe, und durch eine grandiose Einfahrt zwischen senkrecht abfallenden, grauen Felswänden hindurch gelangte ich in eine tiefe, fjordartige Bucht. Vor undenklich langer Zeit muß hier einmal die Öffnung des Vulkans gewesen sein, der die Insel aus dem Meer emporgeschleudert hat.

Rings um mich standen die Wände des ehemaligen Kraters, und erst am Scheitel der Bucht, dicht vor den Hütten eines kleinen malerischen Dörfchens fand ich einen geeigneten Ankerplatz.

Am nächsten Vormittag setzte ich meine Fahrt fort.

Die *Solveig* traf auf eine heftige Dünung, die das arme Boot von einer Seite auf die andere rollen ließ. Der Wind war zu schwach um die Segel zu füllen, der Baum schlug hin und her, und die Steuerleine verlor ihren Zug an der Pinne, so daß das Boot seinen Kurs nicht mehr halten konnte. Dieses hilflose Geschaukel und die immer wieder nötigen Kurskorrekturen zerrten an meine Nerven.

Gegen Abend kam dann endlich eine Brise auf, und in der Nacht lief die *Solveig* munter auf Vanikoro zu. Wir erreichten die Insel während des Tages, aber den Paß durch das Riff schafften wir nicht mehr vor der Dämmerung. Eine ganze weitere Nacht mußten wir beigedreht herumkreuzen, um schließlich um 10 Uhr vormittags in die Lagune zu gelangen.

Von Insel zu Insel hatte sich die *Solveig* in den letzten Wochen ständig nach Norden bewegt, Meile um Meile kamen wir dabei dem Äquator näher. Vanikoro liegt auf 11°30′ Süd, die Luft war schwer und heiß. Träge glitzerte die grüne Fläche der Lagune in der Sonne. Der Sand war so hell, daß die Augen schmerzten. Ich fand eine Hütte, aber sie war leer. Die eisernen Pfosten einer alten Landungsbrücke ragten aus dem klaren Wasser; Teile eines Kranes und eines Geschützes lagen daneben, alles Kriegsmaterial der Amerikaner, das nach dem Abzug der Truppen zurückgelassen wurde.

Ich mühte mich weiter durch den Sand, fand mich auf einmal vor der Mündung eines Gewässers. Hohe Bäume spendeten Schatten, und hier stand ein kleines Denkmal, bescheiden zwischen Büschen versteckt. Es erinnerte an den französischen Seefahrer La Perouse. Mit seinen Schiffen *Boussole* und *Astrolabe* hatte er viele Inseln im Pazifik entdeckt und war 1788 bis zur Küste von Australien vorgestoßen. Danach blieb er spurlos verschwunden. Erst 40 Jahre später fand der irische Kapitän Peter Millon zahlreiche Ausrüstungsstücke europäischer Herkunft auf Vanikoro, und die Einheimischen erzählten ihm die Geschichte der beiden großen Schiffe, die an dem Riff geankert hatten und bei einem plötzlichen Sturm zerschellten und sanken. Die Überlebenden, so hieß es, haben sich dann ein Boot gebaut, um damit erneut in See zu stechen; sie blieben für immer verschollen. –

Durch die Lagune segelte ich einige Meilen weiter zu einer Bucht. Das völlig spiegelglatte Wasser lockte zum Ankern, und ich nützte die Gelegenheit, um vom Schlauchboot aus die *Solveig* ringsum von ihrem „Bart“ zu befreien. Mit einem Spachtel kratzte ich Gras und Muscheln in der Wasserlinie ab und reinigte den Schiffsboden auch unter Wasser, so weit mein Arm reichte. Zu tauchen wagte ich nicht, wegen der Haie. Erst kürzlich waren zwei Kinder von Haien getötet worden, die, entgegen dem Brauch der Einheimischen, in der Lagune gebadet hatten.

Mit dem letzten Tageslicht schlüpfte die *Solveig* durch den Pallu-Paß auf die offene See.

Eine Insel wollte ich noch anlaufen, Utupua, bevor ich mich nach Westen wandte und Kurs auf Honiara nahm, der Hauptstadt der Salomonen.

Schon bald nach Einbruch der Dunkelheit drehte ich bei, aus Angst, dem riesigen Riffwall, der sich um die Insel zieht, zu nahe zu kommen. Soviel Vorsicht wäre gar nicht nötig gewesen, im Morgengrauen befand ich mich noch 15 Meilen von Utupua entfernt. Erst um 12 Uhr ankerte ich vor dem kleinen Dorf Nembau, wo die *Solveig* mit Begeisterung empfangen wurde. Die gesamte Dorfjugend hatte sich am Landeplatz versammelt und begleitete mich zu ihren Hütten, die dort auf Pfählen gebaut und um einen großen freien Platz herum angeordnet sind.

Eine Menge neugieriger Frauen, nur mit einem Lendentuch bekleidet, war zusammengelaufen. Eine geradezu festliche Stimmung machte sich breit. Ich sah hochgewachsene, hellhäutige Menschen. Ich war wieder bei Polynesiern!

Zu meiner Überraschung erfuhr ich, daß die Männer des Dorfes häufig auf Krokodiljagd gehen; die Ufer der Lagune sind ein beliebtes Versteck der Salzwasserkrokodile, des „hochseetüchtigen“ Typs dieser Gattung, der Hunderte von Meilen schwimmend über den Ozean zurücklegen kann.

Die Jagd findet nachts statt, da die Tiere dann an Land kommen. Ich finde es schade, daß sie überhaupt gejagt werden, die Krokodiljagd sollte unter „Tabu“ gestellt sein. Aber sicher sind es nicht die wenigen Tiere, die von den Dörflern erlegt werden, die den Bestand der Rasse gefährden.

Leider durfte ich nicht länger bleiben, denn ich hatte die Insel illegal betreten, da die *Solveig* in den „Solomon Islands“ noch nicht einklariert war. Der Dorfhäuptling wäre verpflichtet gewesen, meinen Landgang über Funk nach Honiara zu melden, Sprechfunkverbindung hatte die Regierung nämlich auf der Insel installiert, und dann hätte es Schwierigkeiten mit der Behörde gegeben, wahrscheinlich eine empfindliche Geldstrafe.

Seit einigen Monaten wurde von den Yachten ohnehin ein „Wegegeld“ erhoben. Für jedes Boot müssen 100 Dollar hingeblättert werden, bevor eine Aufenthaltsgenehmigung für die Salomonen erteilt wird. Diese Eintrittsgebühr war eine wohl kaum von „Salomonischer Weisheit“ inspirierte Maßnahme des Verkehrsministers, der sich auf diesem Wege eine Aufbesserung der Kassenbestände seines Ministeriums versprach. Dabei vergaß er

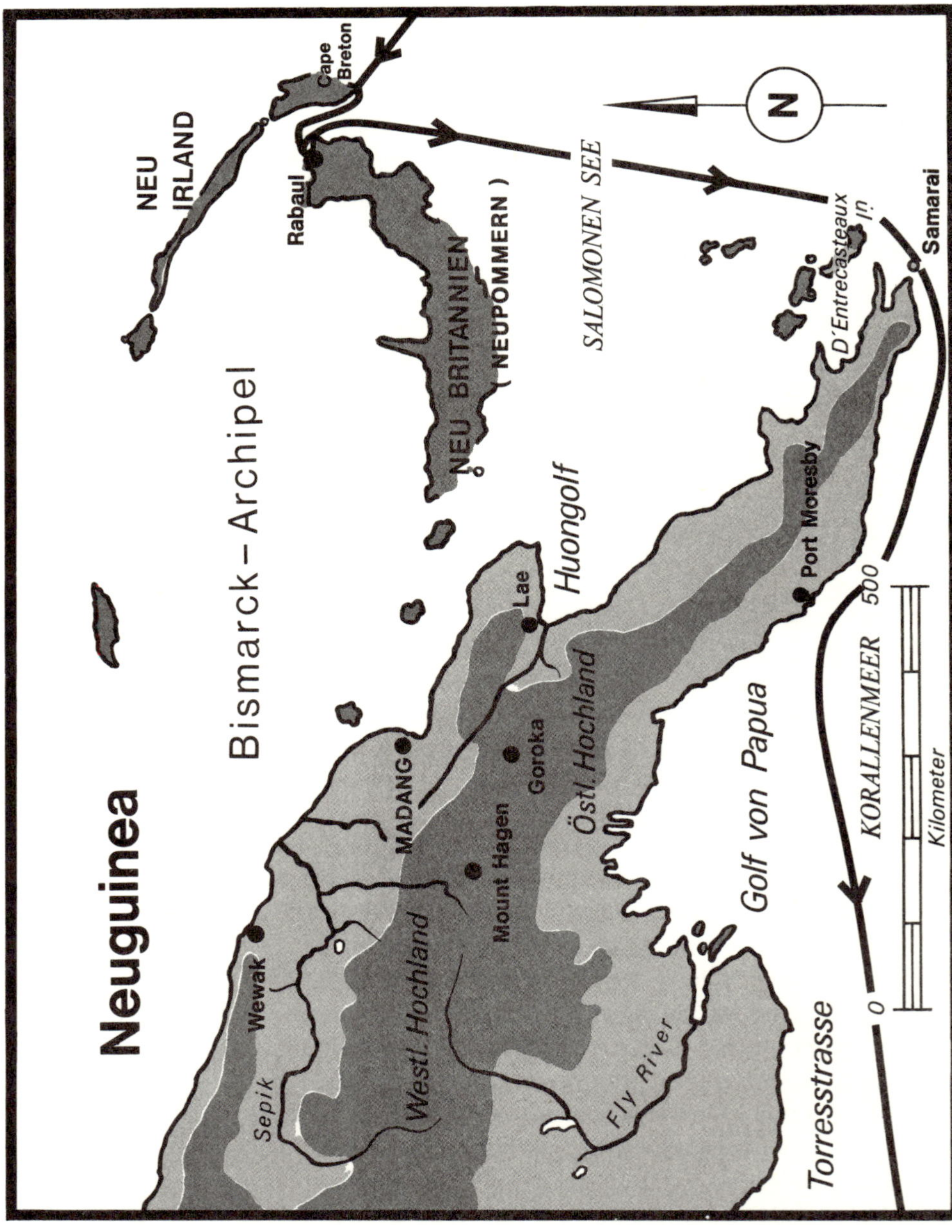
Neuguinea
Bismarck-Archipel
NEU IRLAND
Cape Breton
Rabaul
NEU BRITANNIEN
(NEUPOMMERN)
SALOMONEN SEE
N
D'Entrecasteaux In.
Samarai
Huongolf
Lae
MADANG
Goroka
Mount Hagen
Wewak
Sepik
Westl. Hochland
Östl. Hochland
Port Moresby
Golf von Papua
Fly River
Torresstrasse
KORALLENMEER
0
500
Kilometer

sicherlich, daß die Besatzungen der Yachten eine Menge Geld im Lande ausgeben für Verpflegung und Reparaturen. Manche Yacht wird in Zukunft die Inselgruppe meiden, da die Gebühr von 100 Dollar von einem Segler, der in der Regel über kein Einkommen verfügt, doch als wesentliche Belastung angesehen wird.

Nach wenigen Stunden machte sich die *Solveig* davon, das ganze Dorf Nembau winkte ihr wehmütig nach. Besucher sind dort ein seltenes Ereignis.

Mit einem Südwind von Stärke 4 machte ich während der ganzen Nacht gute Fahrt nach Westen. Ich war auf dem offenen Ozean, kein Land würde für die nächsten Tage in Sicht kommen. Mittags bestimmte ich meine Position nach langer Zeit wieder mit dem Sextanten, das Ergebnis war erfreulich: 85 Meilen hatten die *Solveig* und ich seit dem letzten Abend zurückgelegt. Um 18 Uhr frischte der Wind auf, der Seegang nahm rasch zu, ich mußte reffen. Brecher auf Brecher klatschte über Deck, und gegen Mitternacht rollte ich das Groß noch um ein paar Drehungen ein.

Die Position am nächsten Mittag zeigte ein Etmal von 105 Meilen, das hieß, ein Segelwechsel war fällig, um auf dem richtigen Kurs zu bleiben. Bei der groben See brauchte ich eine gute Stunde, bis ich das Groß geborgen und anschließend die zwei Vorsegel am Stag eingepickt und gesetzt hatte. Der Wind nahm weiter zu, erreichte fast Sturmstärke. Ich entschloß mich, die Insel Malaupaina anzulaufen, um eine Wetterbesserung abzuwarten.

Auch auf dem gut geschützten und idyllisch gelegenen Ankerplatz pfiff der Wind heulend durch die Takelage.

Am nächsten Tag erschien der Plantagenverwalter und berichtete, daß zwei seiner Arbeiter in ihrem Kanu überfällig seien. Sie hatten nur zur Nachbarinsel, etwa 4 Meilen entfernt, fahren wollen, und waren seit drei Tagen nicht zurückgekehrt. Nach weiteren zwei Tagen ließ der Wind nach. Von den Kanufahrern kam keine Nachricht.

An den Küsten von San Cristobal und Guadalcanal setzten wir unsere Fahrt 130 Meilen nach Nordwesten fort. Der Wind, meist nur schwach, kam aus wechselnden Richtungen.

Am Nachmittag des 30. Mai erreichte ich den Hafen von Honiara. Mehrere Segeljollen lagen am Strand, und ein Stück weiter oberhalb befand sich der Yacht-Club. Dort wurde mir bestätigt, daß ich auf jeden Fall 100 Dollar als Einreisegeld zahlen müsse und so schob ich die Scheine gleich in die Tasche, als ich mich auf den Weg zum Zoll machte.

Nachdem ich eine Reihe von Formularen ausgefüllt hatte, wurde der Salomon-Insulaner plötzlich verlegen und fing mit weitschweifenden Erklärungen von einem wichtigen Papier und einer Quittung an zu reden. Als ich daraufhin die 100 Dollar ohne Widerspruch zahlte, war er völlig verwirrt, versuchte sich zu entschuldigen. Für ihn bedeutete die Summe ein kleines Vermögen und er empfand wohl um so mehr diese Gebühr als Unrecht.

Die Insel Guadalcanal, auf der Honiara liegt, war im Zweiten Weltkrieg Schauplatz schwerster Kämpfe, und bei meinem ersten Erkundungsgang durch die Hauptstraße des Städtchens fielen mir einige Schilder auf, die die Kampfstellungen der Amerikaner und Japaner während der Schlacht beschrieben. Honiara wurde erst nach Ende des Krieges erbaut und machte mit seinen grünen Parks und blühenden Alleebäumen einen gepflegten Eindruck. Mein Weg führte mich zur Post und danach in einen kleinen Supermarkt. Frisches Brot, sogar Tütenmilch (aus Trockenmilch aufbereitet), Butter, Käse und Fleisch ließ ich mir einpacken und genoß an Bord die lange entbehrte frische Mahlzeit.

In den folgenden Tagen machte mir die Hitze ganz schön zu schaffen; selbst nachts sank die Temperatur kaum unter 35°. Der Ruderschaft, den ich auf dem Riff vor Santa Maria verbogen hatte, mußte nun aber unbedingt ausgerichtet werden.

Die *Solveig* besitzt ein freihängenden Balanceruder, das ich ohne große Mühe aus dem Ruderkoker herausnehmen konnte. Ich schleppte also das Stahlrohr mit dem Ruderblatt an Land und in eine Autowerkstatt.

Der Meister holte drei seiner Gehilfen, klemmte das Ruderblatt in den Spalt eines Garagentors, und dann rissen die drei kräftigen Kerle – ein langes Rohr diente als Hebel – mit solcher Gewalt an dem Schaft, daß das Ruder fast zu Bruch gegangen wäre. Nachdem alles gut überstanden war, schleppte ich das wichtige und gewichtige Stück auf die *Solveig* zurück, wo ich vom Dingi aus das Rohr in den Koker einführte und es mit einem Tampen hochzog. Nach knapp zwei Wochen waren auch alle anderen am Boot notwendigen Arbeiten ausgeführt, und die *Solveig* lag am 13. Juni frisch gerüstet für die Fahrt nach Neuguinea bereit.

Dieser Tag sollte jedoch einmal so verlaufen, wie es sich für einen „richtigen“ Dreizehnten gehört. Zuerst hatte er es sich in den Kopf gesetzt, die *Solveig* einfach verschwinden zu lassen: Während ich noch einmal in der Stadt war, um die letzten Einkäufe zu erledigen, ging ein kräftiger Wolkenbruch nieder, verbunden mit Windböen, die zeitweise Sturmstärke erreichten. Ich fand Unterschlupf in einem Geschäft und kehrte erst als der Regen wieder aufgehört hatte, zum Strand zurück, vor dem die Motorschiffe der Einheimischen ankerten. Etwas fehlte doch in dem vertrauten Bild! Aufgeregt suchte ich mit dem Schlauchboot nach meiner *Solveig*, bis ich sie schließlich hinter einer großen Yacht entdeckte, wo sie sich „versteckt“ hatte! Bis dorthin war sie vom Wind abgetrieben worden und hatte ihren Anker samt Kette mitgeschleppt.

Um den Dreizehnten nun nicht weiter zu versuchen, blieb ich für den Rest des Tages an Bord und ging früh schlafen.

Kurz vor 23 Uhr wache ich auf. Ich höre Wasser glucksen. „Das muß wohl von außen sein“, brumme ich vor mich hin, prüfe aber trotzdem mit der

Hand den Boden – und bin im Wasser! Die Bodenbretter schwimmen bereits, das Boot wird sinken! Hellwach springe ich auf, mache Licht, reiße die Verkleidung über dem Motor herunter. Und da sehe ich das Wasser aus dem Schlauch rinnen, der mit der Bilge des Achterstauraumes verbunden ist. Wenigstens brauche ich nicht weiter nach der undichten Stelle zu suchen!

Ich nehme meine Taschenlampe, steige ins Cockpit und öffne das Achterluk: Persenninge, Kanister, Schläuche, Fender und Tauwerk fliegen ins Cockpit, bis ich den Stauraum ausgeräumt und das Auspuffrohr frei habe. Und richtig: aus dem Auspuff, dicht neben der Bordwand, quillt das Wasser. Erst dahinter befindet sich das Seeventil.

Es gibt nur eine Rettung: ich muß einen passenden Korken finden, außenbords gehen und den unter der Wasserlinie liegenden Auspuff zustopfen.

Einer der Korken paßt tatsächlich, und der Zustrom von Seewasser ist gestoppt, so daß ich nach und nach die Bilge lenzpumpen kann.

Was ich empfand, fällt mir schwer zu beschreiben, Gefühle, die nicht mehr in Worte zu fassen sind . . .

Die Ursache des Unglücks war klar:

Elektrolyse zwischen dem Eisen des Auspuffrohrs und der Bronze des Seeventils. Im Salzwasser entstehen zwischen verschiedenen Metallen galvanische Ströme, die Zersetzung und Korrosion hervorrufen. Die *Solveig* ist am Chiemsee gebaut und die besonderen Erfordernisse des Salzwassers wurden dabei nicht genügend berücksichtigt.

Die lecke Stelle befand sich unter der Wasserlinie. Vier Tage Arbeit waren nötig, um das Rohr abzudichten, dabei war es notwendig, die Flächen trocken zu halten, bevor ich zunächst eine Plastikmasse und dann einen Polyestermantel um das zerfallene Eisenrohr legen konnte.

Am 19. Juni verließ ich Honiara und motorte die *Solveig* in nordwestlicher Richtung durch den abgelegensten Teil der Salomonen.

Die paradiesische Landschaft dort ließ mich Zeit und Raum vergessen.

Das Meer war wie ein unendlicher, spiegelglatter See, an dessen Ufer immer neue Urwaldlandschaften sichtbar wurden. Steile, 2 000 Meter hohe, mit dichtem Regenwald bewachsene Berge wechselten mit verstreut liegenden Koralleninselchen.

Nicht die kleinste Bewegung störte die tiefblaue Oberfläche des Wassers, so daß die *Solveig* ohne Anker für ganze Nächte oder Stunden dort liegenblieb, wo es ihr gefiel.

In der Marovo-Lagune weckten uns eines Morgens die fröhlichen Schreie einer Papageienfamilie, die nur wenige Meter entfernt im Gebüsch hockte.

Bootssteven aus geschwärztem, mit Perlmutter eingelegtem Holz. Die Figur stellt den Kriegsgott, den Schutzgeist des Kanus, dar.
Marovo-Lagune, Salomonen

Ab und zu besuchten uns Eingeborene, die in ihren Kanus, venezianischen Gondeln ähnlich, Muscheln und Früchte zum Tausch anboten.

Von der Insel Gizo aus nahm ich direkten Kurs auf Rabaul, der ehemaligen deutschen Kolonialstadt in Neuguinea – oder Niugini, wie es seit einigen Jahren heißt. Der Wind kam nun mit voller Macht. Als frische Brise beginnend, steigerte er sich in den folgenden Tagen zu Sturmstärke. Regenschauer fegten über die weißen Brecher, und so dicht fielen die Tropfen, daß das Tageslicht um uns herum zu schwinden schien. Eine Sextantmessung war nicht mehr möglich, ich war auf Koppeln angewiesen, auf Schätzungen.

Einmal erschien ein Frachter plötzlich aus einer Regenwand, glitt wie ein Schemen vorbei, um nach wenigen Minuten wieder im grauen Nichts zu verschwinden.

Im Norden, also in Lee, mußte die von Riffen umsäumte Küste von Bougainville sein, und irgendwo voraus lag die schmale Straße zwischen den Inseln Neuirland und Neubritannien, der St. George Channel.

Um Mitternacht ließ der Regen für kurze Zeit nach, die Sicht wurde etwas freier, und ich konnte das Leuchtfeuer des Kap St. George ausma-

Wir folgen einem Frachter in die erste Schleuse des Panamakanals

Mit der Solveig in die Südsee…

Auf der unbewohnten Cocos (Schatz)-Insel fand ich eine Feuerstelle und eine verlassene Hütte

Ein Bachbett bot die Möglichkeit, in den dichten Dschungel der Cocos-Insel einzudringen

Perlas Inseln: Pelikane waren meine einzigen Gefährten

Baie des Vierges – mein Ankerplatz vor Fatu Hiva

Ein verspielter Begleiter der Solveig

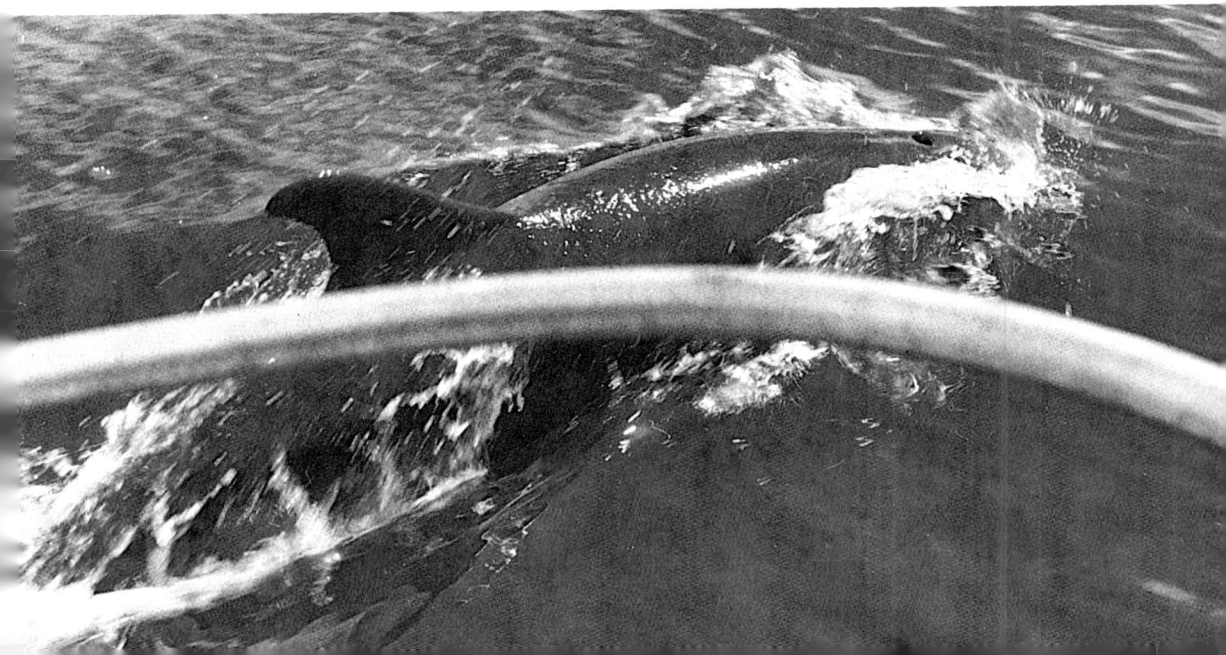

Das Schönste an Tahiti – der Blick auf Moorea

Bergen der Doppelfock

Tom erwartet den Sonnenuntergang

Tom Neale vor seiner Bootshütte

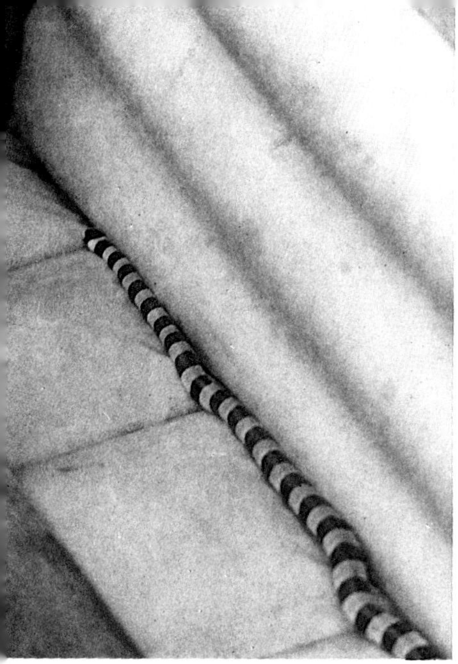

Eine Wasserschlange hatte sich während der Nacht in mein Dingi geschlichen

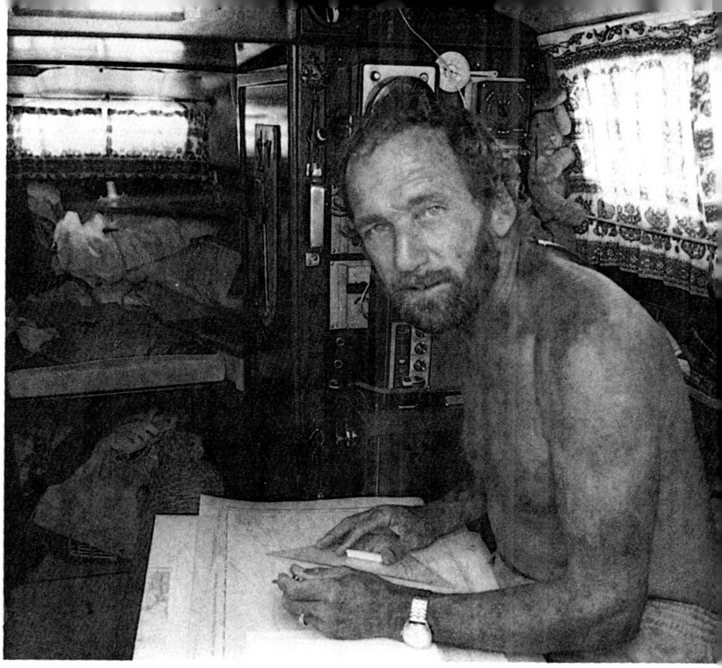

Der Käptn an der Karte…

…und an der Pinne

Vergeblich bemühte sich dieser Besucher, auf der Solveig ein ruhiges Plätzchen zu finden

Bei ruhiger See konnte ich mir eine schmackhafte Mahlzeit kochen und Generator und Werkzeuge im Cockpit ausbreiten, um größere Reparaturen durchzuführen

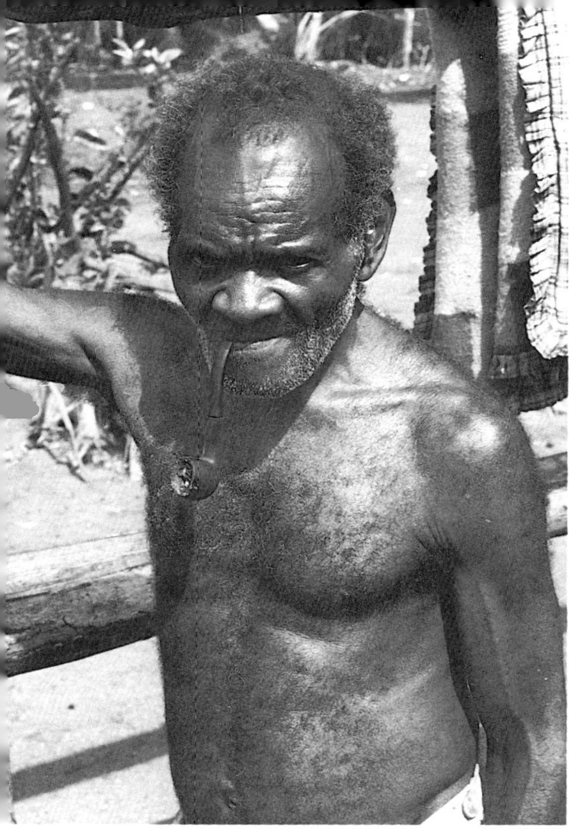

Der Alte in der Homo-Bay

Haus Tambaran (Geisterhaus) am Sepik – Neuguinea

Lebensgroße Ahnenfiguren vor einem Haus Tambaran

Verschiedene Stämme mit ihren Kriegern kommen einmal im Jahr zum „Sing-Sing“ nach Mount Hagen im Hochland von Neuguinea

Zum Rhythmus der Handtrommeln tanzen Männer und Frauen beim Mount Hagen-Fest

Königin Emma hatte ihrem Geliebten, der von Eingeborenen ermordet wurde, ein Denkmal gesetzt

Die letzten Überreste von Königin Emmas Palast Gunantambu

77

chen. Nur wer sich einmal bei stürmischem Wind in regenschwarzer Nacht einem Kap genähert hat, kennt das Gefühl der Erleichterung und Dankbarkeit, das den Schiffer überwältigt, wenn er den vertrauten Schein eines Leuchtturmes erblickt. Der Südost verstärkte sich noch zwischen den Inseln, und mit tief gerefftem Groß und Vorsegel fand die *Solveig* ihren Weg durch den Kanal und rundete am 2. Juli mittags Kap Gazelle. Von einer Minute zur anderen ließ der Seegang nach, als das Boot um die flache, von Palmen gesäumte Landzunge herum in die Blanche Bay, 6 Meilen vor Rabaul, einlief.

Da es Samstag war und ich ohnehin nicht einklarieren konnte, zog ich es vor, mich und einen Teil der Kleidung zu waschen und vor allem ruhig zu schlafen, bevor ich mit der *Solveig* die letzten Meilen nach Rabaul segelte.

Rabaul war sicher früher einmal die schönste Stadt im Pazifik. An einem großartigen Naturhafen gelegen, von sanften Hügeln umgeben, zogen sich die übersichtlich und breit angelegten Straßen am Strande der hufeisenförmigen Bucht entlang.

Im näheren Umkreis erhoben sich fünf kegelförmige Vulkanberge, und auch die Bucht selbst war in grauer Vorzeit einmal ein riesiger Krater, dessen eine Hälfte im Meer versunken ist.

– Rabaul wurde 1910 von der deutschen Kolonialverwaltung gegründet. Aus der ehemaligen Sumpflandschaft wuchsen Häuser, Straßen und Parkanlagen; die Stadt war damals ein Paradies. Nach Ausbruch des Ersten Weltkrieges landeten australische Truppen hier, und nach einer kurzen Schießerei mußten die deutschen Siedler den ohnehin zwecklosen Widerstand aufgeben. Bei Kriegsende wurden die deutschen Pflanzer enteignet, und die Australier setzten sich nun in das gemachte Nest. Die Koprapreise stiegen, das Leben der Stadt nahm weiteren Aufschwung, das Geld floß in die Hände der neuen Plantagenbesitzer, bis sich die erste Katastrophe ereignete.

Am 28. Mai 1937 brach die Hölle los:

Die Stadt wurde von zwei Vulkanausbrüchen gleichzeitig überrascht. Innerhalb weniger Stunden befand sich Rabaul unter einer dicken Schicht von Schlamm und Erde. Zuerst weigerten sich die Einwohner noch, ihre Häuser zu verlassen, doch als die Explosionen immer heftiger wurden, ließen sie sich von einem Schiff nach Kokopo evakuieren, kehrten aber schon drei Tage später wieder nach Rabaul zurück.

Vulcan Island war nach dem Ausbruch, bei dem über 400 Menschen ums Leben kamen, keine Insel mehr, sondern ein Teil des Festlandes.

Die völlige Vernichtung jedoch erfolgte nicht durch die Natur, sondern von Menschenhand.

Innerhalb von vier Tagen wurde Rabaul im Bombenhagel buchstäblich dem Erdboden gleichgemacht: Während des Zweiten Weltkrieges hatten die Japaner die Stadt besetzt und zu ihrem Hauptquartier gemacht, von dem aus sie Australien erobern wollten. Ihre Invasionsflotte wurde von den Alliierten in der Bismarck-See versenkt; Rabaul aber bauten die Japaner zur uneinnehmbaren unterirdischen Festung aus, so daß die Stadt nicht erobert werden konnte, sondern total zerstört wurde: Im März 1943 kamen die amerikanischen Bomber. Viermal vierundzwanzig Stunden fielen die Bomben gnadenlos auf Häuser und Straßen, bis nichts mehr übrig war, kein Stein auf dem anderen. Zwei Jahre hockten die Japaner in ihren Erdhöhlen, die bis zu drei Stockwerke tief waren. Viele wurden dabei verrückt, der Rest harrte bis Kriegsende aus. –

Bei meinem Aufenthalt in Rabaul fand ich nicht nur Teile der Festung, von der behauptet wird, sie sei die größte unterirdische Anlage der Welt gewesen, sondern auch ein kleines Mauerstück des ehemaligen Tresors der deutschen Regierung. Diese Mauer steht als Denkmal in einem Park der wiederaufgebauten Stadt.

Ich hatte mir für Neuguinea viel vorgenommen.

Mit dem Flugzeug wollte ich einen Abstecher in das Hochland und in das Gebiet des Sepik-Stromes unternehmen. Hier in Rabaul wollte ich nach dem Lebensschicksal einer schönen Frau forschen, die als Tochter eines amerikanischen Seemannes zur unumschränkten Herrscherin eines Reiches wurde, das immerhin so groß war wie Westdeutschland.

Nahe dem heutigen Kokopo bewohnte sie ihren Palast. Die Spuren dieses schon legendären Imperiums der „Königin Emma“, wie sie genannt wurde, wollte ich finden. In der Hauptstraße lief ich von Büro zu Büro, bis ich endlich einen jungen Australier ausfindig machen konnte, der die Gegend gut kannte und bereit war, mich in seinem Wagen an den Ort zu fahren, an dem noch die Überreste ihres ehemaligen Palastes zu sehen waren. Wir erreichten auf einer Straße, die über Berge und Hügel in weitem Bogen um die Bucht herum führt, das Dorf Kokopo.

Hier hatte sich auch die erste Verwaltungszentrale der deutschen Kolonie Neuguinea befunden; der Ort hieß damals Herbertshöhe.

Nur einige Kilometer entfernt öffnete sich vor unseren Augen, zwischen Plantagen und verwahrlosten Parkanlagen, eine weite Grünfläche, in deren Mitte steinerne Stufen – umgeben von hohem Gras – aufragten.

„Das sind die letzten Überreste ihres Hauses“, sagte mein Begleiter.

Noch wenige Schritte, und ich befand mich vor einem Abhang, der steil zur Küste hin abfiel.

Von Büschen und Gras fast zugewachsen, erkannte ich die breiten Steinblöcke der prunkvollen Treppe, die damals vom Palast zur Anlegestelle der Schiffe hinab geführt hatte. Ich setzte mich auf die oberste Stufe der verfallenen Treppe und genoß den weiten Blick über Blanche Bay und Simpson-Hafen. Wer war die Frau, die es fertigbrachte, hier, mitten in der Wildnis, ihr Leben nocheinmal von vorne zu beginnen?

Sie wurde 1850 in Samoa geboren. Ihr Vater, Jonas M. Coe, fuhr als Schiffsjunge zur See, nachdem er seinem strengen Onkel in Boston davongelaufen war. Er tat Dienst auf einem Walfänger, und als sein Schiff im Orkan an den Riffen vor Samoa zerschellte, rettete sich Jonas schwimmend, an einen Balken geklammert, zum Strand. Die Samoaner nahmen ihn bei sich auf, und für den 16jährigen begann ein paradiesisches Leben: wenig Arbeit, viele Feste, Speisen im Überfluß und reichlich Liebe. Die Samoaner waren damals noch stolz darauf, einen Papalagi bei sich zu haben, nicht zuletzt auch als Ratgeber im Umgang mit Händlern und Missionaren, die anfingen, auch im politischen Leben Samoas kräftig mitzumischen.

Kein Wunder also, daß der gutaussehende junge Mann, dem die Mädchenherzen nur so zuflogen, den Missionaren der LMS (London Missionary Society) ein Dorn im Auge war. Sie versuchten mit allen Mitteln seinen Ruf zu untergraben, aber Jonas stellte sich auf den Standpunkt, daß europäische Moralansichten für ihn nicht mehr bindend seien und versetzte den Missionaren einen Schlag, den sie nie vergessen sollten: Er heiratete eine Prinzessin aus der Königsfamilie der Malietoa, die 17 Jahre alte, bildhübsche Leutu. Verärgert berichteten die Missionare über das ausgelassene Hochzeitsfest im Faa Samoa-Stil . . .

Jonas brachte es zu etwas, er wurde Händler, später sogar amerikanischer Konsul. Neben Leutu, die ihm allein acht Kinder gebar, hatte er – auf samoanisch – noch sechs Nebenfrauen geheiratet. Im ganzen erkannte er achtzehn Kinder als die seinigen an und erzog sie in seinem Haushalt; Emma, sein zweites Kind, war seine Lieblingstochter.

Schon bald nach ihrer Geburt wurde sie in einer großen Zeremonie von der Malietoa-Familie offiziell als Prinzessin anerkannt. Dies brachte ihr Privilegien, an denen sie ihr ganzes Leben lang festhielt.

Ängstlich besorgt, daß sie nicht schon als junges Mädchen von den losen Sitten in Apia angesteckt würde, schickte sie ihr Vater zu katholischen Schulschwestern nach Australien und dann, sie war gerade vierzehn, zur weiteren Ausbildung in den Haushalt seines Bruders Edward nach San Francisco.

Mit 19 Jahren kehrte Emma plötzlich, ohne Genehmigung ihres Vaters, nach Samoa zurück. Sie hatte das Gefühl, genug der Erziehung im Hause ihres Onkels genossen zu haben. Es soll eine aufregende Szene gegeben haben, als Jonas seine Tochter an Bord eines ankommenden Schiffes im Hafen von Apia erblickte, aber er nahm sie dennoch in seinem Haus auf. Und nun erfreute sich die junge Schönheit am Leben in Apia und an der Verehrung, die ihr seitens der Männer zuteil wurde. So war ihr Vater auch schnell einverstanden und sehr erleichtert, als sie die Frau von Mr. Forsayth, einem tüchtigen Schiffsoffizier, wurde. Er war die meiste Zeit auf See, Emma übernahm die geschäftlichen Angelegenheiten und führte für ihn ein Handelshaus in Apia. Die junge Frau war in jeder Beziehung erfolgreich und stand im Mittelpunkt des gesellschaftlichen Lebens. Sie unterstützte auch ihren Vater, der inzwischen Handelsvertreter der USA geworden war, in seinen diplomatischen Geschäften.

Emma hatte Forsayth zuerst eine Tochter geboren, die jedoch bald starb, und dann einen Sohn, den sie Jonas Coe taufen ließ. Ihr Vater und ihr Söhnchen teilten sich ihre Liebe, während Forsayth mehr und mehr aus ihrem Leben verschwand. Schließlich blieb er tatsächlich verschollen, ein Taifun vor der Küste Chinas – so erzählte man – habe sein Schiff zum Sinken gebracht.

Emma war 23 Jahre alt, als Colonel Steinberger als persönlicher Beauftragter des amerikanischen Präsidenten in Apia eintraf. Die Pazifikinseln galten in jener Zeit als Tummelplatz für Abenteurer, und Steinberger war ein Abenteurer ganz besonderer Art.

Mit glänzendem Auftreten und unwiderstehlichem Charme gewann er die Herzen der Samoaner im Sturm. Und er gewann auch Emmas Herz. Sie lernte ihn bald nach seiner Ankunft kennen, und aus ihrer Bewunderung für den weltgewandten Mann wurde eine große Liebe. Nicht zuletzt ihrer Liebe hatte er seinen märchenhaften Erfolg zu verdanken. Er arbeitete eine Verfassung für Samoa aus und wurde sogar Staatsoberhaupt.

Dann platzte die Bombe:

Er wurde unlauterer Machenschaften zugunsten mehrerer Parteien beschuldigt, von denen er insgeheim mit Geld unterstützt worden war. Emma, obwohl von ihrem Vater gewarnt, hielt zu ihm – bis zuletzt.

Es kam zu einem kurzen Bürgerkrieg, der Kommandant eines britischen Kriegsschiffes griff eigenmächtig ein und verhaftete Steinberger und Emmas Vater. Beide wurden deportiert.

Der englische Kapitän wurde für diese Eigenmächtigkeit zwar seines Postens enthoben und degradiert, aber das Unglück war geschehen. Emma war allein, geschäftlich ruiniert, und die Gesellschaft von Apia, die ihr vorher gehuldigt hatte, verachtete sie jetzt. Sie war verzweifelt.

Ihr Vater kam – von jedem Verdacht befreit – triumphierend wieder nach Hause, doch Emma zog sich verbittert zurück. Sie lebte mit ihrem Kind bei einem eingeborenen Häuptling.

Vater Jonas war besorgt und sann auf einen Ausweg; er wollte seine Tochter wieder in ein normales Leben zurückführen.

Mit Tom Farrell, einem befreundeten Kapitän, heckte er einen wahrhaft tollen Plan aus:

Zur Taufe eines neuen Schiffes luden die beiden Emma nach Apia ein, gaben ihr eine Überdosis Alkohol zu trinken, und als sie am nächsten Morgen erwachte, befand sie sich in einer Kajüte des Schoners, der von Kapitän Farrell auf die offene See gesteuert wurde.

Emma dachte wohl, daß diese Lösung am Ende auch nicht schlechter sei als irgendeine andere und blieb auf dem Schiff. Die beiden befuhren die Meere der Südsee, und Emma wurde ein guter Navigator.

Dann faßte sie einen Plan.

Die Inseln bei Neubritannien hatten ihr besonders gefallen, und so machte sie den Vorschlag, ihren und Farrells Besitz in Samoa zu verkaufen und in Neuguinea ein neues Leben zu beginnen. Farrell war einverstanden, blieb aber seinem Gewerbe als Händler treu, während sich Emma mit aller Kraft dem Aufbau ihrer Plantagen widmete.

Sie erwarb mehr und mehr Land von den Eingeborenen, teilweise für ein paar Pfund Nägel oder einige hundert Schachteln Streichhölzer. Die deutsche Südsee-Handelsfirma Godeffroy, mit der sie in Samoa schon zusammengearbeitet hatte, versorgte sie zunächst mit Waren und Ausrüstung. Aus Samoa holte sie mehr und mehr Familienmitglieder als zuverlässige Mitarbeiter und Helfer. Ihre Schwester kam mit ihrem Mann, dem deutschen Wissenschaftler und erfahrenen Pflanzer Parkinson. Der Botaniker beriet Emma bei der Suche nach geeignetem Land, so daß sie bald riesige Flächen besten Kulturbodens ihr eigen nennen konnte.

Der kriminelle Streich eines französischen Hochstaplers brachte Emma weitere Vorteile:

Im Jahre 1880 landete eine Gruppe von Siedlern – sie stammten aus Deutschland, Frankreich und anderen europäischen Ländern – an einer besonders gefährlichen und ungünstigen Stelle der rauhen Küste Neuirlands. Sie kamen in der Absicht, die Kolonie „Neufrankreich“, einen, wie sie glaubten, freien und paradiesischen Staat der Zukunft, zu gründen. In Wirklichkeit hatte der Kapitän des Schiffes strenge Anweisung, keinen einzigen wieder an Bord zu lassen und die Menschen samt ihrer völlig ungeeigneten Ausrüstung an der Küste auszusetzen. Die hilflosen und in diesem Gelände ohne jede Hoffnung kämpfenden Unglücklichen wurden bald ein Opfer der Sümpfe, des Fiebers und der Kannibalen ...

Urheber und Organisator der wahnwitzigen Expedition war ein französischer Abenteurer, der sich Marquis de Rays nannte. Durch Zeitungsanzeigen hatte er eine stattliche Anzahl zivilisationsmüder Europäer dazu verleitet, ihm ihre gesamten Ersparnisse zu übereignen, um unter seiner Führung den Traum eines Lebens in Freiheit und Sorglosigkeit zu verwirklichen. Der Marquis schickte weitere Schiffsladungen von Menschen – im ganzen waren es über fünfhundert – und nutzloser Ausrüstung, darunter Ziegelsteine und einen Altar zum Bau einer Kathedrale, an den todbringenden Ort im Dschungel!

Nach zwei Jahren war ein Häufchen von vierzig verzweifelten Seelen übrig, die mit Farrell und seiner Frau Emma Verbindung aufnahmen und um Abtransport nach Australien flehten.

Königin Emmas Palast in Gunantambu

Emma hatte nicht nur Mitgefühl, sondern sie sah auch die besonderen Möglichkeiten, die ihr geboten wurden. Sie willigte ein, die „Flüchtlinge" mit ihrem Schiff nach Australien zu bringen und jedem eine Summe Bargeld auszuhändigen. Dafür sollte ihr die gesamte Ausrüstung gehören, welche die Expedition am Strand zurückgelassen hatte. Emma verfügte nun über das Material, das sie brauchte, um ihren Palast in Gunantambu zu bauen. Der Altar, er war noch nicht geweiht, wurde zur ersten Cocktailbar im pazifischen Raum umfunktioniert.

Der französische Versuch einer Staatsgründung und andere politische Entwicklungen im Pazifik riefen die Aufmerksamkeit der Regierung des Deutschen Kaiserreiches wach, und im Jahre 1884 wurde der gesamte Bismarck-Archipel und ein Teil der Insel Neuguinea zur deutschen Kolonie erklärt.

Diese Entwicklung war Emma nicht unwillkommen. – Zunächst gab es allerdings eine kleine Schwierigkeit wegen der riesigen Landfläche, die sie beanspruchte.

Die deutschen Behörden hatten die Absicht, den Grundbesitz ordnungsgemäß zu registrieren und im Grundbuch eintragen zu lassen. Um so verblüffter waren die Beamten, als sie feststellen mußten, daß Emma praktisch das ganze Land in Neubritannien – oder Neupommern, wie es von nun an hieß – für sich beanspruchte. Sie wurde vorgeladen, und ein Offizier erklärte ihr, daß sie als Australierin (Farrell war Australier) keine derartigen Rechte geltend machen könne. Da entgegnete sie prompt, sie sei nicht Frau Farrell, sondern Frau Forsayth und amerikanische Staatsangehörige und habe ihren Besitz längst vom amerikanischen Konsul in Sydney bestätigen lassen. Die kaiserlichen Verwalter mußten sich wohl oder übel damit zufriedengeben, denn Emma hatte in der Tat Farrell nie geheiratet, obwohl sie allgemein als Ehepaar galten, und Farrell war ohnehin aus gesundheitlichen Gründen nach Australien zurückgegangen.

Ein Vierteljahrhundert herrschte Emma von nun an als „Königin" über ein Reich von Handelsstationen, Plantagen und Schiffen, die über den gesamten Bismarck-Archipel verteilt waren. In ihrem Palast scharte sie eine große Zahl hübscher junger Mädchen um sich, fast alle aus dem reichen Nachwuchs ihres Vaters Coe, erzog sie, verheiratete sie und gab ihnen Vermögen. Nur wenige Kilometer entfernt lag der deutsche Regierungssitz Herbertshöhe, und man kann sich vorstellen, welche Rolle Emmas Palast für die jungen Offiziere gespielt hat.

Für Emma selbst brachte die Zeit in Gunantambu den Höhepunkt ihrer Laufbahn. Sie erlebte noch einmal eine große Liebe.

Kapitän Agostino Stalio, Österreicher, in Dalmatien geboren und ein Hüne von einem Mann, war ein ergebener Liebhaber und stand Emma mit Rat und Hilfe in allen ihren Angelegenheiten zur Seite. Frohe Feste, die Emma so liebte, wurden mit den jungen Mädchen und den Offizieren gefeiert. Aus achtundzwanzig Gängen soll ein Menü bestanden haben, und ihr Palast in Gunantambu enthielt alles, was die damalige Zeit an Luxus zu bieten hatte. Und wieder verlor Emma den Mann, den sie liebte.

Als ihr Bruder plötzlich verschollen war – er war von Eingeborenen ermordet worden –, organisierten Stalio und ein deutscher Richter die Strafexpedition. Stalio wurde dabei von dem gleichen Häuptling erschossen, der Emmas Bruder getötet hatte. Emma war fassungslos, gebrochen.

Sie reiste nach Australien. Nach ihrer Rückkehr widmete sie sich nur noch ihren Geschäften und den großen Gelagen in ihrem Palast. Später heiratete sie, vielleicht um die deutsche Staatsbürgerschaft zu erwerben, den Kapitän Paul Kolbe aus Hannover. Emma war jetzt reich, sehr reich. Das Leben in ihrem Palast ging weiter, aber seit Stalios Tod fehlte die Farbe, der rechte Schwung. Sie wurde füllig, trank viel Alkohol, wurde krank. Ihre Sorge war, daß Kolbe ihr Vermögen erben würde und nicht ihre Familie. 1909 entschloß sie sich, den Besitz zu verkaufen, da sich bares Geld leichter verteilen ließ. Neuer Eigentümer wurde die HASAG (Hamburgische Südsee-Aktiengesellschaft).

Emma und Kolbe reisten nach Deutschland. Sie gab viel Geld aus, ging dann wieder nach Australien zurück, während Kolbe in Europa blieb. In ihrem Heim in Sydney erhielt Emma 1913 die Nachricht, daß Kolbe sich mit einer anderen Frau in Monte Carlo aufhalte, sein Geld verspielt habe und schwerkrank darnieder liege.

Trotz ihres eigenen schlechten Gesundheitszustandes unternahm sie die Schiffsreise. Was nach ihrer Ankunft in Monte Carlo weiter geschah, ist nie ganz geklärt worden. Kolbe starb, und Emma starb einen Tag später. Die HASAG wurde 1919 enteignet, die Australier von den Japanern vertrieben, und im Bombenhagel der Amerikaner gingen der Palast und die Siedlungen zugrunde.

Königin Emma im Alter von 45 Jahren

Die verwitterten Steine, auf denen ich saß, waren die kaum mehr beachteten Zeugen einer vergangenen Epoche. Mit meinem Begleiter setzte ich die Fahrt fort und fand nach längerem Suchen, im hohen Gras versteckt, das Mat-Mat, den privaten Friedhof der Familie Coe. Als einziger gut erhaltener Grabstein ragt noch das Denkmal auf, welches Emma ihrem Geliebten, Tino Stalio, gesetzt hat.

Abends kehrte ich zurück. Das Boot lag friedlich an seinem Ankerplatz vor dem Yachtclub.

Am nächsten Tag ging ich wie immer zu einem Einkaufsbummel in die Stadt und fand im Supermarkt einen Zettel neben der Türe: es wurde noch ein Passagier für einen privaten Flug zum Mount Hagen-Fest gesucht.

Bei diesem „Sing-Sing", wie es die Papua nennen, kommen Hunderte von Kriegern verschiedener Stämme im Hochland bei Mount Hagen zusammen, um drei Tage lang gemeinsam zu tanzen und zu feiern. Eine große Schau von Waren, also eine Art Messe, ist der Anlaß für dieses Volksfest. –

Mount Hagen verfügt nur über eine bescheidene Landepiste für Flugzeuge, und die wenigen Maschinen, die an einem Tag dort ein Plätzchen finden, waren seit Monaten oder länger ausgebucht. Ich war deshalb wie elektrisiert, als ich den Zettel las, und rief sofort die angegebene Nummer an. Es meldete sich eine Mrs. Breething, und sie sagte mir zu, daß ich mit großer Wahrscheinlichkeit an ihrem privaten Flug teilnehmen könne. Kostenpunkt 400 Dollar.

Anfang August fand die Schau statt, und je näher der Termin rückte, um so mehr war ich beschäftigt mit den Vorbereitungen, zu denen es auch gehörte, eine Wache für die *Solveig* zu finden. Der Bootsmann einer Nachbaryacht erklärte sich bereit, einmal täglich nach ihr zu sehen. Ich mußte ihn einweisen, damit er notfalls Motor und Pumpe bedienen konnte.

Am 4. August stand ich in aller Frühe mit meinem Rucksack, in dem sich Schlafdecke, Lebensmittel für drei Tage, Kameras und Filme befanden, am Bootssteg bereit.

Ich wurde abgeholt und mit einigen Australiern zum Flughafen gefahren. Im ganzen waren wir neun Personen, für die eine zweimotorige Maschine bereitstand. Der Pilot nahm unsere Säcke und Taschen und verstaute jedes Stück sorgfältig im Bug des Flugzeuges, damit das Gewicht gleichmäßig verteilt war. Da ich filmen wollte, erhielt ich den Copilotensitz neben ihm.

Atemberaubend – schon gleich nach dem Start – war der Blick über Simpson-Hafen und in die Krateröffnungen der Vulkane, dann auf die Küste von Neubritannien. Die riesigen Plantagen, die sich über die gesamte Insel erstrecken und seinerzeit von Königin Emma angelegt wurden, erschienen aus der Luft wie eine unendliche Parklandschaft.

Nach einem Flug über die Bismarck-See landeten wir in Madang, um Kraftstoff zu tanken, bevor wir, höher und höher kletternd, auf die 4 700 Meter hohe Gebirgskette des Mount Wilhelm zusteuerten. Unser Pilot „eröffnete" mir:

„Ich bin diese Strecke schon jahrelang nicht mehr geflogen, habe keine Ahnung wo die Schneise ist – über den Grat komme ich mit der Maschine nicht – muß mal die Bodenstation fragen!"

Er beschrieb das Gelände unter uns, einen Fluß, der gut sichtbar war, und von Mount Hagen aus erfolgten einige Anweisungen, wo er zwischen den Bergen durchfliegen könne.

Elektronische Navigationshilfen gibt es in den Urwäldern nicht, die Piloten finden ihren Weg nach Sicht, und Unfälle sind äußerst selten. So war es dann recht schön und aufregend, als das Flugzeug dicht über und neben den Bergen flog und wir durch ein Loch in den Wolken die Piste von Mount Hagen erkennen konnten.

Nach der Landung rollt unser Pilot mit der Maschine über die Straße und weiter, bis fast ganz an den Festplatz heran. Die Männer und Frauen, die uns sofort umringen, tragen zum Teil ihren Kriegsschmuck. Die Farbenpracht, mit der sich die Männer aus dem Hochland furchterregend aufputzen, ist so beeindruckend, daß ich ihnen im ersten Augenblick atemlos nachstarre: riesiger Kopfschmuck aus Paradiesvogelfedern, Schweinehauer durch die Nase, die Haut mit Ruß geschwärzt und mit Fett eingerieben. In der Hand tragen sie Speere oder Äxte, einen Bogen mit Pfeilen. Alle Waffen sind fein geschnitzt und verziert, und es ist eindeutig, daß sie diese Waffen nicht als „Kostüm" tragen, sondern daß sie sehr wohl damit umzugehen wissen.

Bald spricht es sich herum, daß das Fest gestern noch gänzlich in Frage gestellt war und nun doch stattfindet, aber nur mit der Hälfte der vorgesehenen Tänzer, die übrigen sind gerade in einen Krieg verwickelt.

Übrig bleiben immer noch etwa achthundert Männer und Frauen in phantastischem Kriegsschmuck. Ein Stamm nach dem anderen, tanzend und stampfend, bewegt sich über das Feld auf die Hügel zu, auf denen die Zuschauer sich aufgestellt haben.

Der Anblick dieser Front von kraftstrotzenden, unbändigen Kriegern, die sich mit monotonem Gesang in Ekstase versetzen, der anfeuernde Rhythmus der Handtrommeln, ist ein Ereignis, das aus den Urzeiten der Menschheit zu stammen scheint. Seitwärts, an der Wiese, tanzt eine Gruppe fanatischer Burschen mit heulenden Lauten um einen Stoß Waren. Kanister, Radios, Schuhe, Hemden, Reifen und ähnliches liegen in der Mitte des Kreises, um den die Männer sich mit gebeugten Köpfen und ausgestreckten Armen drehen; sie sind Anhänger eines Cargo-Kultes. Der Tanz, das Gewoge der Menschen auf dem Festplatz, dauert Stunden. Es kommen immer neue Gruppen hinzu, während sich ermüdete Teilnehmer für kurze Zeit ausruhen, um sich dann erneut mit frischen Kräften einzureihen.

Als ich nachmittags in den Ort Mount Hagen gehe, um Mrs. Breething und meine kleine Gesellschaft zu treffen, bin ich völlig erschöpft von der Aufregung und der heißen Sonne.

Wir befinden uns auf einer Hochebene, 2 000 Meter über dem Meeresspiegel, und nicht weit vom Äquator entfernt. Das Klima ist infolge der abendlichen Abkühlung recht angenehm, aber die Sonne hat es in sich.

Freunde haben es ermöglicht, daß wir in einem Zimmer auf dem Fußboden schlafen dürfen. Wir, das sind die acht Passagiere sowie der Pilot und seine Frau. Es ist so kalt, daß ich mich in meine Wolldecke lieber einwickle, anstatt darauf zu liegen.

Am nächsten Tag nimmt das Fest der Steinzeitmenschen seinen Fortgang. Immer neue Scharen von Kriegern stürmen in die Arena. Auch der Anblick der Zuschauer ist nicht weniger interessant. Viele Kinder sind mit bunten Federn und weißen Kuskusfellen geschmückt und tragen eine farbige Gesichtsbemalung. Ich sehe eine junge Frau, die eine Menge kleiner Papierröllchen in ihr Haar gewickelt hat; jedes Röllchen ist ein Geldschein! Es war früher üblich, den Brautpreis, der gezahlt worden war, offen zu zeigen, und dasselbe machen die Damen heute eben mit Dollar-Noten im Haar!

Am Nachmittag besteigen wir unsere Luftkutsche, und der Pilot ist wegen der Verzögerungen, die es beim Start gegeben hat, etwas nervös. – Wir müssen vor Einbruch der Dunkelheit in Rabaul sein, denn die Landebahn hat keine Beleuchtung. – Er erzählt mir, daß sich vor einiger Zeit eine Maschine verspätet hatte und dann verzweifelt in der Luft kreisen mußte, bis über Rundfunk genügend Autofahrer zum Flughafen gerufen waren, um mit ihren Scheinwerfern die Landepiste zu beleuchten.

Da es von Mount Hagen aus „abwärts" geht nach Rabaul, glaubt unser Flugzeugführer, auf die Zwischenlandung zum Auftanken in Madang verzichten zu können. Über der Bismarck-See bekommen wir jedoch Gegenwind und er verkündet: „Bitte beunruhigen Sie sich nicht, ich muß einen Motor abstellen, um Treibstoff zu sparen, mit dem zweiten Motor werden wir aber noch bis Rabaul kommen!"

Ich war recht froh, als ich den Hafen unter mir sah, die vertraute Landschaft und die Vulkanberge.

Schon bald nach der Rückkehr von Mount Hagen verschafft mir Mrs. Breething die Möglichkeit, an einer nächtlichen Feuertanzzeremonie der Duk-Duk teilzunehmen, einem Geheimkult, der nur auf der Gazelle-Halbinsel Neubritanniens verbreitet ist.

Mitten im Busch ist eine hohe Holzwand errichtet worden, damit niemand die Vorgänge beobachten kann, der nicht durch die kleine Pforte eingelassen wird. Ich muß „Eintritt“ bezahlen, was aber keinesfalls bedeutet, daß es sich um eine Folkloreveranstaltung handelt, denn eine Gabe wurde seit jeher von den Zuschauern der Zeremonie erwartet.

In der Mitte eines freien Platzes brennt ein großes Holzfeuer, in das nach und nach immer mehr Äste und Holzscheite geworfen werden. Im Schein der Flammen erkenne ich die Gestalten von Männern und Frauen, die als Zuschauer unter Strohdächern hocken. Mir wird eine roh gezimmerte Holzbank als Sitz angewiesen, von dort soll ich mich nicht fortbewegen.

Es ist gegen Mitternacht, als plötzlich Trommeln und Flöten eine aufreizende Melodie anstimmen. Aufschreie von Frauen: aus dem Dunkel der Bäume erscheint eine Gestalt, hüpft in irren Sprüngen einmal vor, einmal zurück, scheint von etwas angelockt, dann von einer unsichtbaren Kraft zurückgestoßen. Nur zögernd nähert sich der Geist, im Licht der Flammen erkennbar, dem großen Feuer. Der Rhythmus der dumpfen Trommeln wird schneller, die Sprünge des Geistes höher – freier, ihm gehört jetzt der Platz! Die Flamme scheint ihn zu reizen. Er besteht aus grünem Gras, allerlei Pflanzen und trägt auf dem spitzen Kopf einen langen Wedel, der bei jedem Sprung auf und nieder wippt. Weiter hüpfend hebt er sich in die Luft und fliegt über das Feuer, nein, mitten durch die Flammen, die ihn fast unsichtbar machen, bis er auf der anderen Seite im Dunkel verschwindet.

Geheimbundmaske

Ein zweiter Geist erscheint. Seine Sprünge sind so schwerelos, daß es scheint, als berühre er den Boden nicht mehr. Sein Kostüm ist bunter, zwischen den Blättern oder Blumen werden Farben sichtbar. Auch er nähert sich langsam dem Feuer, umkreist es mehrere Male, springt mitten in die Glut. Weitere Gestalten tauchen auf, schleichen sich an, hüpfen durcheinander. Die Trommeln dröhnen wie rasend, die Pfeifen tönen schrill, wie Irrlichter fliegen die leuchtenden Blüten an den langen, dünnen Ruten durch die schwarze Tiefe der Nacht.

Die Gestalten vereinen sich – fliehen dann wieder in die Dunkelheit. Es sind Traumbilder: unwirklich, drohend.

Eine ganze Stunde dauert der Spuk, dann trete ich benommen den Rückweg an. Ich habe etwas gesehen, das ich mir nicht erklären kann, zu weit entfernt ist diese Welt für meine Empfindungen.

Rabaul am nächsten Tag ist glutheiß, nüchtern, voller Autos, hastender Menschen. Häßliche Betonbauten säumen die lange Hauptstraße. Doch dahinter, im Busch, lebt das wirkliche Neuguinea, lebt der Glaube an Geister, an die Gottheiten der Natur. Von diesem geheimnisvollen Land möchte ich noch mehr sehen und greife meine letzten Geldreserven an: Ich verkaufe Goldmünzen, die ich für Notfälle mitgenommen habe.

Der große Strom Neuguineas, der Sepik, soll das Ziel einer weiteren Unternehmung sein. Die dort lebenden Menschen sind durch ihre Kultur berühmt geworden; ihr Kunstschaffen, welches in engster Beziehung zu ihrer Religion steht, ist in ganz Ozeanien unübertroffen. Seit ich in Museen und Ausstellungen Beispiele der Sepik-Kunst gesehen habe, ist es mein großer Wunsch gewesen, diesen Fluß einmal selbst zu befahren.

Die kleine Hafenstadt Wewak, bei der ich nach wenigen Flugstunden lande, ist Ausgangspunkt meiner Reise in das Sepik-Gebiet. Nach einer Übernachtung gelingt es mir, einen Lastwagen zu finden, der mich nach Pagwi bringen will. Pagwi ist das einzige Dorf am mittleren Lauf des Stromes, das über eine Straße erreichbar ist. Mehrere Stunden schaukle ich auf der Ladefläche des klapprigen Fahrzeugs durch den Urwald, bis der Fahrer neben einer Wiese hält, in der Nähe des Dorfes.

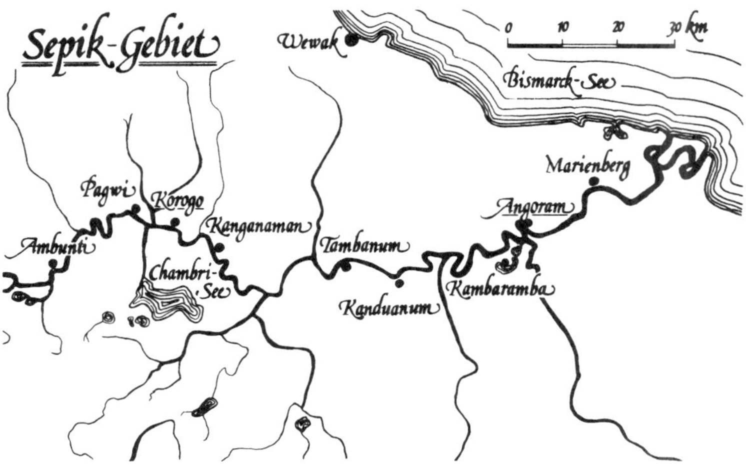

„Dort drüben ist der Sepik, du kannst jetzt aussteigen!" Mit wenigen Schritten gelange ich zum Ufer des über einen Kilometer breiten Flusses, dessen tiefbraunes Wasser träge dahinströmt. Ein paar Eingeborene stehen in der Nähe, ich gehe auf sie zu.

„Könnt ihr mir ein Kanu besorgen? Ich will nach Angoram fahren!" Es folgt eine aufgeregte Unterhaltung, einige Fragen. Ich soll warten.

In einem kleinen Kaufladen hole ich mir noch Dosenmilch und Kekse, von denen ich in den nächsten Tagen leben werde, denn im Rucksack habe ich viel zuwenig Verpflegung.

Eine halbe Stunde später kommt ein Einheimischer auf mich zu und erklärt mir mit Zeichen und Worten, daß er mich in seinem Kanu nach Angoram mitnehmen will, er muß nur noch auf seine Frau und sein Kind warten. Erst am späten Nachmittag beginnt die Fahrt in dem 15 Meter langen Einbaum. Der Bootsmann lädt zwei Fässer Benzin ein für den Außenbordmotor, dazu einige Habseligkeiten und Waren, dann schießt die lange Piroge in den Strom.

Wir halten uns meist an der Seite des Flusses, wo die Strömung am stärksten ist und wir schneller vorwärtskommen. Schon nach einer guten Stunde steuert mein Bootsmann auf ein Dorf am linken Ufer zu. Vorsichtig manövriert er das lange Kanu an zwei Pfähle im Wasser, bindet es fest. Die Bevölkerung ist vollzählig zum Empfang versammelt, während ich an die Böschung springe und hinaufklettere. Ein junger Bursche hat meinen

Haus Tambaran

Rucksack genommen und führt mich durch das Gras geradewegs in das Haus Tambaran – das Geisterhaus. Dort soll ich zunächst bleiben. 30 000 Jahre zurück in die Steinzeit! Ich sitze auf einer Art Bank an einer Seite des fensterlosen, dunklen Raumes. Von den Wänden und von der Decke starren mich Hunderte von furchterregenden Masken, Götterbildern, Ahnenfiguren und Tierdarstellungen an. Übergroße Augen, mit Schweinezähnen verzierte Mäuler, lange Haare und Federn, Krokodilleiber stehen und liegen um mich herum. Werde ich zwischen diesen Horrormasken und lebensgroßen Standbildern übernachten müssen? Der Aufenthalt in Korogo, so heißt das Dorf, war nicht vorgesehen, das Kanu sollte zu einer Missionsstation fahren, aber der Bootsmann erzählt mir, daß die Station verlassen und es außerdem zu spät sei, um weiterzufahren.

Tausende von Moskitos der übelsten Sorte schwirren um mich herum, haben mich bereits überall gestochen, wo ein Streifchen Haut freiliegt, aber auch durch die Strümpfe hindurch.

Nach einer Weile kommt Tabasi, mein Bootsmann, zurück und führt mich zu einer Hütte, die ich nur über eine kleine Leiter besteigen kann. Ein leerer Raum, hier darf ich schlafen. Im Nebenraum sind zwei Japaner dabei, ihr Abendessen auf einem Spirituskocher zu bereiten. Sie sind Völkerkundler der Universität von Tokio und kaufen hier Masken, Speere und Pfeile für das Museum in Japan. Und sie sind meine Retter! Ich weiß nicht, wie ich die Nacht überstanden hätte ohne das Moskitonetz, das sie mir leihen. Unter diesem schützenden Käfig kann ich ein wenig essen, meine Decke ausrollen und mich nach einem langen, ereignisreichen Tag zum Schlafen legen.

Am Morgen geht die Fahrt weiter, die Japaner haben anscheinend auf ein Kanu gewartet und nehmen jetzt das unsere. Ich bin froh, denn das bedeutet für die nächste Nacht wieder ein Moskitonetz! Die Ufer des Stromes sind mit Bäumen und Büschen bewachsen, an manchen Stellen auch mit dichtem Regenwald. Riesige Schmetterlinge sitzen auf den Blättern, und Orchideen hängen an morschen Baumstümpfen. Dann wieder Wiesen- und Sumpflandschaft mit hohen Gräsern, Schilf und niederem Grün. Eingeborene begegnen uns in ihren Kanus; einige sogar mit Außenbordmotor, andere staken ihren Einbaum dicht am Ufer entlang, stehend, mit einer langen Stange. Oft sind sie nackt; die braunen Körper, schweißbe-

deckt, glänzen in der Sonne. Nach mehreren Stunden auf dem Boden des Kanus, Beine ausgestreckt, kann ich kaum mehr sitzen. Die Hitze ist unbeschreiblich, und ich bin der Sonne wehrlos ausgesetzt. Die Moskitostiche brennen und jucken, schwellen an.

Mittags wieder ein Dorf: Kanganam. Wir gehen an Land.

Während die Fässer an der benachbarten Missionsstation mit Benzin gefüllt werden, bleibt mir genügend Zeit, das Haus Tambaran und die Kunstgegenstände zu bewundern. Es sind herrliche Arbeiten, die jedem Museum Ehre machen würden. Einige Stücke kann ich erwerben – soviele ich glaube tragen zu können. Besonders fallen mir hier die aus Schildkrötenpanzern gearbeiteten Masken auf: Gesichter mit Haaren und großen Augen. Die Schildkröte spielt eine wichtige Rolle in der Mythologie der Eingeborenen, ebenso das Krokodil. Es ist ihnen heilig. Bei den Initiationszeremonien, die jetzt wieder durchgeführt werden, nachdem der Druck der Missionare nachgelassen hat, werden den jungen Männern Schnitte in den Rücken beigebracht, damit so dem Krokodilrükken ähnliche Narben entstehen. Es gibt noch viele Krokodile im Sepik, aber die Jagd durch Europäer ist endlich eingeschränkt worden, um ein Aussterben zu verhindern.

Am Flußufer sind Männer damit beschäftigt, Sagopalmen aufzuschlagen. Die Steinklinge ihrer Äxte ist mit Bast am Stil festgebunden. Eine Frau wäscht das Sagomehl mit Hilfe einer vorsintflutlichen Anlage im Fluß. Das ist reine Steinzeitkultur!

Das schönste Dorf erreichen wir gegen 17 Uhr, es ist Tambanum. Unter schattenspendenden Bäumen stehen die Hütten hoch über dem Erdboden auf Stelzen. Um die Hütte zu erreichen, die mir zum Schlafen angewiesen wurde, klettere ich über eine steile Leiter durch die Öffnung in einen Raum, der die ganze Breite der Hütte einnimmt. In der Nacht höre ich die Kinder unter mir durch die Bodenhölzer lachen und kichern. Ein Auge blitzt durch den Spalt zwischen zwei Brettern. Ich belle wie ein Hund, höre einen Aufschrei, die Kinder rennen in wilder Flucht davon – die Hunde im Dorf beginnen ihrerseits zu bellen, und die Japaner kichern minutenlang. Ich schlafe gut, denn nun ist mir das Dorfleben nicht mehr so fremd.

Unter Steinzeitmenschen möchte ich allerdings nicht für längere Zeit leben, und als mein Kanu zwei Tage später in Angoram ankommt, bin ich nicht unglücklich bei dem Gedanken, die nächste Nacht in einem Bett zu liegen.

Die *Solveig* hatte in Rabaul ungestört auf mich gewartet, und sofort nach der Rückkehr begann ich, das Boot seeklar zu machen. Den ganzen Tag über arbeitete ich angestrengt, da ich keine Zeit mehr verlieren durfte, wollte ich noch vor dem Monsunwechsel durch die Torres-Straße und vor der Orkanzeit über den Indischen Ozean. Abends war ich müde, aber doch so angeregt durch die vielen Erlebnisse, daß ich noch nicht schlafen wollte. Einmal ausgehen, dachte ich. Einmal ins Kino, vor der langen Überfahrt!

Als ich an Land war, bemerkte ich zwei Goldmünzen in meiner Tasche, die ich zum Kauf angeboten hatte, aber nicht losgeworden war. Sollte ich mit dem Gold ins Kino gehen oder es besser doch zum Boot zurückbringen? Ich behielt die Münzen in der Tasche. Der Film hieß „Goldfinger“, und ich freute mich darauf, Gert Fröbe zu sehen; aber schon während der Vorstellung wurde ich unruhig. Ich bekam plötzlich Angst vor dem Rückweg in der Dunkelheit, ich war noch nie nachts durch Rabaul gegangen. Und mit den Goldstücken in der Tasche!

Sobald ich die kleine Landungsbrücke des Yachtclubs betrat, sah ich, daß mein Schlauchboot an einer anderen Stelle lag als vorher. Hastig stieg ich ein und pullte auf die *Solveig* zu. Auf halber Strecke schon erkannte ich den einheimischen Bootsmann der Nachbaryacht, der mir zurief und winkte. Er berichtete aufgeregt:

„Eben habe ich dein Schlauchboot gerettet, zwei Männer sind damit zum Strand gerudert – ich war gerade beim Fischen und bin ihnen nach. Sie flohen über den Strand, und ich habe dein Dingi zurückgebracht!“

Ich war ihm sehr dankbar, aber waren die beiden auch auf der *Solveig* gewesen? Das wußte er nicht, und ich ruderte ziemlich verstört zu meinem Boot. Dort sah ich die Bescherung:

Kleidung, Kameras, Fernglas, Schuhe, Bücher, Papiere, Lebensmittel, alles lag wild durcheinander auf dem Boden! Dazwischen ein Haufen abgebrannter Streichhölzer. Die Burschen hatten den Lichtschalter nicht gefunden! Es war kaum zu glauben, aber keine meiner teuren Kameras war beschädigt oder fehlte gar. Auch alle Papiere, wie Paß, Scheckbuch und Brieftasche, waren noch vorhanden – es fehlte nur Geld und ein paar Kleidungsstücke. Das war es also, was die armen Kerle gesucht hatten! Geld allein schien ihnen wichtig!

Mrs. Breething erzählte mir, daß die Angestellten in ihrem Betrieb sogar „Lohngruppen“ gebildet haben, von denen jeweils ein Mann am Wochenende den Lohn von vier Freunden und seinen eigenen kassiert, um sich mehrere Tage lang sinnlos zu betrinken oder Dinge anzuschaffen, die er gar nicht braucht. Danach lebt er wieder fünf Wochen lang in seiner Hütte von dem, was er auf seinen Feldern angebaut hat.

GELD!

Mit dem Geld ist alles anders geworden.
Hast du die Taschen voll, hast du Glück,
Glück, die Dinge zu haben, die du dir wünschst.
Bist du alt und denkst an Muscheln und Federn*,
schlag es dir aus dem Kopf, denn Geld ist es, was sie wollen.
Geld machte mich arm und bedürftig.
Geld machte mich nackt zu den Zehen.
Geld machte mich zum Dieb.
Geld machte mich zum Mörder.
Geld lehrte mich, Menschen in Klassen zu sehen.
Geld, du bist ein Unglück.

von Ronald Angu, einem Papua aus Neuguinea

* Anmerkung des Autors: Die alten Menschen erwarben Macht und Ansehen durch den Tausch von Muscheln, Federn, Schmuck oder sogar Frauen, aber die Jungen wollen nur noch Geld.

Vier Monate Wasser und Wind

Durch ein Gewirr von kleinen und großen Inseln, Korallenriffen und Untiefen tastete sich die *Solveig* nach Süden. Meist stand ihr der SO-Passat entgegen, nur bei leichtem Wind oder Flaute konnte ich sie mit dem Motor etwas schneller vorantreiben.

Wir befanden uns auf der Fahrt von Rabaul nach Samarai, einem kleinen Hafen an der äußersten Ostspitze Neuguineas. Dort wollte ich meinem Boot eine gründliche Überholung gönnen, die schon längst fällig war. Durch den vielen Bewuchs hatte sich die Geschwindigkeit erheblich verringert.

Der Kurs verlief durch die Woodlark und D'Entrecasteaux-Inseln, ein Seegebiet, das von Schiffen nach Möglichkeit gemieden wird. Ein englischer Segler hatte mir über diese Inseln unheimliche Geschichten erzählt: von Riffen, die nicht in der Karte eingezeichnet sind, von unberechenbaren Abweichungen der Kompaßnadel und von einem Geisterschiff, das ihm selbst schon begegnet sei. Vor der Insel Fergusson habe er zur Mittagsstunde einen kleinen Küstenfrachter beobachtet, der auf den gleichen Hafen zusteuerte wie er selbst, jedoch mitten über ein breites Riffgebiet hinweg. Eine Zeitlang habe er das Schiff noch gesehen, bis es dann am Horizont verschwand. Es sei sehr schnell gewesen.

Als er abends in den Hafen kam, wunderte er sich, den Frachter dort nicht zu finden und fragte die Einheimischen, ob sie wüßten, wo das Schiff geblieben sei, und ob es denn an jener Stelle eine Durchfahrt durch die Riffe gebe. Er erhielt zur Antwort, daß es sich um die *Mary* handle, die schon oft gesehen worden sei und die vor vielen Jahren auf dem Riff gesunken war. Mir ist das Schiff nicht begegnet, aber ich wachte eines Morgens auf, und sah nur 100 Meter vor mir ein Riff, dahinter eine Vielzahl kleiner Inseln! Es war der letzte Augenblick für eine Kursänderung!

Als ich mich von dem Schreck erholt hatte, studierte ich die Lage auf der Karte. Der Strom mußte mich mehrere Meilen versetzt haben, und offenbar waren zwei Leuchtfeuer nicht in Betrieb, die ich in der Nacht vergeblich gesucht hatte.

Diese Überfahrt nahm einfach kein Ende. Am 7. September hatten wir Rabaul verlassen und erst zwölf Tage später kam Samarai in Sicht. Zwölf Tage für knappe 500 Meilen, so langsam waren wir noch nie, aber vielleicht fiel es der *Solveig* schwer, die Südsee zu verlassen . . .?

Samarai war unser letzter Pazifik-Hafen, ein verschlafenes Städtchen auf der gleichnamigen winzigen Insel.

Als Handelsplatz heute von völliger Bedeutungslosigkeit, bot es gute Möglichkeiten für meine Bootsüberholung, da aus der früheren Zeit mit regem Schiffsverkehr noch mehrere gute Slipanlagen vorhanden waren.

In einer ruhigen, romantischen Bucht wurde die *Solveig* auf's Trockene gezogen. Der von Palmen umgebene Strand war fast zu schön zum Arbeiten, aber es mußte sein! Schon am ersten Tag, ich hielt gerade Pinsel und Farbtopf in der Hand, rutschte ein Balken ab, und ich fiel kopfüber vom Slipwagen in die Steine. Mein Gesicht war übel zugerichtet und zerschunden, dennoch konnte ich mir auch eine kurze Pause nicht gönnen.

Nach einer Woche glänzte das Boot in frischer Farbe und glitt leicht und rasch durch das Wasser zum Ankerplatz vor der Stadt. Soweit mein Geld noch reichte, kaufte ich Lebensmittel für die nächsten Monate und packte die Stauräume unter den Kojen voll bis in den letzten Winkel.

Eine Strecke von 8 000 Seemeilen bis zum Kap der Guten Hoffnung wollte ich in vier Monaten mit der *Solveig* zurücklegen. Ich fühlte den Umfang der vor mir liegenden Aufgabe sehr wohl und war entsprechend erwartungsvoll.

Alle Geräte und Einrichtungen an Bord befanden sich noch immer in gutem Zustand, und abgesehen von gelegentlichen Zahnschmerzen, die auf nervliche Belastung und Schlafmangel zurückzuführen waren, befand sich auch der Schipper in bester Verfassung.

Am 1. Oktober wartete ich morgens um 8 Uhr vor dem Holzhäuschen der Zollbehörde in Samarai, und nachdem der Beamte kam, waren die Ausreiseformalitäten bei einem netten Gespräch schnell erledigt. Ein Händedruck, ich sprang in mein Dingi, faltete es im Cockpit zusammen und verstaute das Paket im Vorschiff.

Nach wenigen Meilen war ich aus dem Windschatten der Insel heraus und der Passat legte sich mit der vollen Kraft von 5 Windstärken in die Segel. Mit Höchstfahrt schossen wir durch das blaue Wasser der Coral Sea. Der Wind frischte weiter auf, und die *Solveig* wurde am nächsten Morgen von einer See völlig überrollt. Das Cockpit war mit Wasser gefüllt, etwa 20 Liter waren durch die kleinen Ritzen in die Kajüte geflossen.

Ich setzte die Sturmsegel als Doppelfock. Nach vier Tagen hielt ich auf die Einfahrt der Torres-Straße zu. Mit den Sturmsegeln war ich zwar nicht mehr so schnell, aber wenigstens vor Überraschungen sicher.

Die Ansteuerung der Torres-Straße, die den Pazifik mit dem Indischen Ozean verbindet, erfolgt am besten nachts, da dann das Leuchtfeuer von Bramble Cay zu sehen ist. Bei Tag ist die nur zwei Meter hohe Sanddüne kaum zu erkennen.

Von Bramble Cay aus segelte ich durch die Bligh Passage, eine Fahrrinne in der mit Riffen übersäten Torres-Straße, die Kapitän Bligh seinerzeit entdeckt hatte. Drei oder vier Tage braucht eine Yacht für diese Durchfahrt, da die Navigation zwischen den Inseln und Riffen nur bei Tageslicht möglich ist. Ich ankerte nachts vor Rennel Island, dann vor Sue und in der dritten Nacht bereits nahe der Donnerstag-Insel, Thursday Island. Das karge Fleckchen Erde gehört zu Australien, und so hatte ich Gelegenheit, einmal auch australischen Boden zu betreten, als ich an Land ging und mir ein letztes Mal frische Eier, Brot und Butter kaufte.

Über eineinhalb Jahre war ich nun in der Südsee gewesen:

Heute, am 14. Oktober 1977, sollte die Überquerung des Indischen Ozeans ihren Anfang nehmen:

*Hier mein Logbuch**

14. 13.00: Nach kurzem Essen Anker auf. Schwieriges Manöver in der Strömung: Motor langsam voraus, Pinne mittschiffs festgelascht, so Trosse und Kette eingeholt. Von Hand gesteuert, nur Groß. Viele Untiefen und starker Tidenstrom (bis 6 kn).
16.00: Wind OSO 5. Bei Booby Island. Groß geborgen, Doppelfock gesetzt, ziemlich fertig von der Sonne und der Belastung, immer auf 2–4 m Wasser (trübe!) zu segeln. Jetzt endlich 10 m unter dem Kiel! Spaghetti.
19.00: Licht aus und schlafen gelegt.
15. Ruhige Nacht, aber schlecht geschlafen. Zu viel Sonne und Spaghetti? Wind O 4–5, gutes Etmal. Bin sehr dankbar für dieses Wetter. Kette und Ankerleine verstaut. 32°. Nochmals Spaghetti, da genügend Süßwasser im Kanister.
16. Ruhige Nacht, Seegang wird ruhiger. Wind O 4. Aufregende Nachrichten: Lufthansa-Jet gekapert, entführt. Bin sehr faul. Film entwickelt vom Sepik. Leider wieder acht Bilder verloren, da der Film nicht in die Spule gleitet. Heißer Tag. Starke Zahnschmerzen. Da kein „Loch" im Zahn, weiß ich nicht, was jetzt oder in Zukunft machen. Pfannkuchen.
17. Ruhige Nacht. Habe auf Wollmatratze geschlafen. Weiter Zahnweh von Zeit zu Zeit. Höre aufgeregt die Nachrichten von der Flugzeugentführung. Habe große Angst vor den Windverhältnissen im November. Aber da ist nun nichts mehr zu ändern. 34°, Wind OSO 4.
18. Nacht herrlich, sternenklar und friedlich. Nur in der Welt sieht es so unfriedlich aus. Wind etwas weniger, aber fein, ONO 3–4. Nachricht: die Geiseln im Lufthansa-Flugzeug befreit durch Spezial-Einheit. Endlich haben wir solche Spezial-Einheiten! Lasse das Boot vor dem

* Die *fortlaufenden* Angaben über Windrichtung, -stärke, gesteuerten Kurs, Segelführung, Barometerstand sowie die tägliche Position wurden aus Gründen der besseren Übersicht weggelassen.

Wind laufen, mal weiter nach S, mal weiter nach N. Solange die Route gut bleibt.
17.00: Wind läßt merklich nach, O 2–3. Pilz an den Schenkeln erscheint wieder – leider.

19. 12.00: Es wird immer langsamer! Nachts kaum noch Wind. OSO 1–2. Sehr heiß (36°). Habe Messungen genommen, verzichte aber auf Positionsbestimmung. Zahnweh. Nachmittags an elektrischen Leitungen gearbeitet. Neues Hauptkabel vom Sicherungsverteiler zur Toilette angeschlossen.
22.00: Wind fast völlig eingeschlafen. Segel „schlagen". OSO 0–1.

20. Heute nacht kaum vorangekommen. Nur mit Tablette geschlafen. Mache mir Sorgen. Soll ich doch durch das Rote Meer? Etmale gar nicht so schlecht. Wind SO 2. Heute oder morgen Kurswechsel nach SW nötig. Arbeite weiter an der elektrischen Anlage. 34°.
18.00: Total erschöpft von der Arbeit. Bin ganz taumelig.
19.00: Segelwechsel mit letzter Kraft. Boot sehr unruhig auf neuem Kurs. Wind SO 3.

21. 12.00: Unerträglich heiß. Sonne geht in diesen Tagen 90° über meinen Scheitel. Wind weniger und weniger – SO 1–2. Bin total erschlagen von der Hitze. 36°.

22. Heute keine Messung genommen. Fach mit Ersatzteilen und die Kästchen mit Schrauben sorgfältig geordnet.

23. Etmale noch brauchbar. OSO 2–3. Hitze wahnsinnig. Schlafe schlecht. Wollmatratze stinkt. Lese Geistergeschichten, um mich abzulenken. See immer unruhig, trotz schwachem Wind.

24. Wind heute noch schwächer, O 1–2, aber nachts immer gesegelt. Heiß, heiß.
13.00: Vormittag zwei Stunden motort zum Aufladen der Batterien. Auch noch der heiße Motor! Sehr stark nach Süden geraten, aber Kurs dazwischen nicht steuerbar.
17.00: Totale Flaute. Setze Motor ein. Zwei Stunden.

25. Ganze Nacht gedümpelt. Habe Sonnensegel gesetzt, um nicht zu verbrennen, und motore . . .
17.00: Bis jetzt über glatte See mit Motor. Hitze toll. Sonnensegel u. Segel geborgen. Eine weitere Nacht ohne Wind . . .

26. Kein Windhauch die ganze Nacht. Prachtvoller Vollmond. Eine verzauberte Welt. Große Schlange beim Boot. Lange im Cockpit gesessen gegen Mitternacht.
9.00: Leichte, ganz leichte Brise. Setze Doppelfock. Das Boot schleicht mit $1/2$ – 1 kn Fahrt. Nur möglich, weil fast keine Dünung mehr. Verzweifeln? Wozu? Hitze irre. Kraftstofftank mit den beiden 9-Liter-Kanistern aufgefüllt, die im Vorschiff verstaut waren. So läuft kein Diesel in die Segelbeutel. Wind ONO 0,5–1. 35° in der Kajüte. Drau-

ßen unerträglich heiß, da kein Sonnensegel. Im Radio jetzt ständig Meldungen über geplante Sanktionen gegen Südafrika. Hoffentlich gibt es dann keine Sanktionen gegen mich.
Was ist nur mit dem Wind? Ich komme ja in Teufels Küche!
13.00: Traurig. Zwei verlorene Nächte machen so viel aus. Nur 5 sm geschafft.
14.00: Immerhin bewegt sich das Boot wieder. Aber ich fahre eine Schlangenlinie. Der Wind ist zu schwach, um einen Kurs zu halten. Gestern habe ich Reis gekocht. Da ich draußen saß an der Pinne und es in der Kajüte ohnehin unerträglich war durch die Hitze des Motors, konnte ruhig auch der Kocher noch 25 Minuten heizen. Das gab zwei Mahlzeiten: gestern Reis mit Tomatensauce (warm) und heute Reis mit Kirschkompott (kalt). Ich trinke mehr, als ich Wasser verbrauchen dürfte, aber ich halte es nicht aus. Auch wasche ich mich, gestern sogar die Haare, mit dem Zusatzwasser aus den Kanistern. Ich muß einfach. Schweißklebrigkeit und Geruch sind sonst unerträglich.

27. Das nervenzermürbende Geschiebe geht weiter. NO 0,5. Heute nacht Segel geborgen. Völlige Stille auf der See. Fast unheimlich. Vollmond. Meine Hoffnung auf Wetterveränderung bleibt wohl unerfüllt. Wie soll es dann weitergehen? Ich darf nicht denken, deshalb lese ich – lese. Als Betäubung. Das Log zeigt 20 sm seit gestern.
18.00: Heute mittag setzte der SO ein, zeitweise mit Stärke 5, aber ich traute der Sache nicht, und tatsächlich ist jetzt alles wieder vorbei – Dümpelei wie vorher.

28. Die ganze Nacht totale Flaute. Märchenhafter Vollmond. Glatte See. Bin wie gelähmt. Ab und zu Fische beim Boot. Eine Schule Delphine, Haie, viele winzige Fische, wie Wasserflöhe. Manchmal ein Windhauch aus diversen Richtungen. Daher muß ich mal Doppelfock, mal Groß setzen. Auch nachts versuche ich, jeden Hauch auszunützen. Heute zwei Stunden motort.

29. 12.00: Bis jetzt war seit 6.00 ein leichter N-Wind. Habe 20 sm geschafft. Aber nun muß ich die Segel wieder bergen.
22.00: Mehrere Haie sind im hellen Mondlicht zu sehen. Ein großer (3 m)!

30. Habe Messungen gemacht. Aber wozu ausrechnen?

31. Heute nacht erstmals durchgesegelt. Wind N 1–2. Ich schöpfe etwas Hoffnung, aus diesem „Loch“ herauszukommen. Es gäbe soviel Arbeit, aber die Hitze macht es unmöglich. Mittags riecht es regelrecht verbrannt. Ich weiß nicht, was es ist, vielleicht das Holz? Ich kann die Genua nicht setzen, da dann die Selbststeuerung nicht so gut arbeitet, und ich kann mich einfach nicht in der Sonne aufhalten. Betrete das Cockpit nur minutenweise für Zähneputzen, Wasserholen zum Geschirrspülen, Reinigen der Bordwände vom Muschelbewuchs. Schlauch

zur Seewasserpumpe ist blockiert. Auch diese Reparaturarbeiten kann ich wegen der Hitze nicht ausführen. Dazu ist auch das Wasser zu knapp, ich würde literweise Flüssigkeit verlieren. Sitze jetzt bereits wieder in einer Pfütze (Schweiß). Lesen oder Radiohören. Nicht denken, nicht anstrengen. Kräfte sparen! Ich *muß* aber *Christmas Island* anlaufen, denn weder Wasser noch Lebensmittel werden ausreichen. Ich befinde mich südlich von *Timor* und hoffe, wenn ich diese große Insel passiert habe, mehr Wind zu finden.
Gestern abend habe ich mich auch wieder gewaschen im Cockpit. Etwa 5 l Wasser für Haare und alles. Ich hatte einen Faltkanister extra im Cockpit als Waschwasser. Viermal bisher habe ich mir diesen Luxus geleistet. Ich weiß nicht, wie ich es voriges Mal ohne dem ausgehalten habe. Es ist unerträglich, wenn der ganze Körper, besonders die Haare, völlig verklebt ist. Aber dann war es letztes Mal auch nicht so heiß. Heute kann ich kaum mehr atmen, das Wasser läuft herunter am Bauch (der mehr ein Loch ist als ein Beutel).
13.00: Immerhin 120 sm, wenn auch in drei!!! Tagen. Vielleicht, vielleicht!
15.00: Nichts da! Wieder totale Flaute! Nun steht es für mich fest, daß ich nach *Christmas Island* muß, wegen Wasser und Lebensmitteln. Ich spare also nicht mehr. –

November

1. Heute war ich sehr, sehr fleißig. Weiterhin völlige Flaute. So habe ich Sonnensegel gesetzt und begonnen, zunächst die Leitungen für Bug- und Hecklampe in der Toilette anzuschließen. Ich mußte die Leitungen an die Diodenlämpchen anlöten, brauchte den Honda-Generator. Habe diesen anschließend zerlegt und komplette Reinigung, einschließlich Ventileschleifen, durchgeführt. Bin in Schweiß gebadet. Positionslampenstecker geprüft und gereinigt.
   Habe auch eine Gruppe sehr netter Delphine gefilmt, meine Fensterrahmen mit Drahtbürste von Korrosion befreit und den zerbrochenen Fallbügel am Steckschott ausgebohrt und entfernt.
   Jetzt koche ich Reis, seit Mittag motore ich.
   20.00: Nun auch noch Westwind! Kann es schlimmer kommen?
2. Unruhige Nacht, da das Boot immer wieder durch den Wind ging. Selbststeuerung klappte nicht, der Wind war zu schwach. Habe jetzt den Bug gewechselt, segle nach Süden, um *Timor* nicht zu nahe zu kommen. Ich bin seelisch völlig durcheinander, weiß wirklich nicht, wie es nun weitergehen soll? Die wildesten Pläne (Australien?) gehen mir durch den Kopf.
   16.00: W-Wind hat voll eingesetzt. Laufe mit 4–5 kn nach Süden ab.

Wie lange? Die Position heute mittag brachte mich ganze 40 sm nach Westen, davon 25 mit Motor. Wind immer nur für ein paar Stunden.

3. 12.00: Immerhin etwas, aber 25 sm! Wie soll ich da ankommen? SW 1–2.
18.00: Etwas Wind setzt wieder ein, SW 2–3. Setze Segel.
24.00: Segel geborgen. Schlimme Dümpelei.

4. Im ersten Morgengrauen sehe ich Land, Inseln und Felsen, 5–10 sm. Das muß *Timor* sein. Wie komme ich nur so weit? Springe sofort heraus und starte den Motor. Himmel, wenn die mich sehen und aufbringen! Beim Motoren bemerke ich, daß ich in ganz kurzer Zeit (2 Stunden) so weit nach Westen komme, daß die Inseln außer Sicht sind. Der Strom muß enorm sein!
12.00: Das Log zeigt 40, und ich habe 80 sm gemacht! Also enorme Strömung. Direkt ein Grund, zu feiern!
19.00: Heute große Arbeit unternommen. Schlauch für Salzwasserpumpe ausgebaut. Dazu Boot halb ausgeräumt. Der Auslaß brach sofort ab, total verrottet! Das hätte ein großes Unglück werden können. Habe einen neuen Plastikhahn eingebaut, mit allen Schikanen. Dann die Sachen und Werkzeuge wieder eingeräumt.
Heute morgen sehe ich wieder Inseln! Ein schöner Schreck. Das müssen *Savu, Raijua* und *Dana* sein! Motor sofort eingesetzt. Ein schnelles Schiff kommt in Sicht. Küstenwache? Ich habe Angst, aufgebracht zu werden, da ich mich in indonesischen Hoheitsgewässern befinde. Halte meinen Kurs WSW. Nach einer Stunde ist es klar, daß es wohl ein Fischdampfer war. Große Erleichterung. Das fehlte mir noch, eingesperrt zu werden. Nur nicht mehr der Küste zu nahe kommen!

6. Heute nicht so weit gekommen. Aber etwa 30 sm täglich schafft der Strom. Das ist ein Segen, müßte sonst verzweifeln. Bin trotzdem ganz schön fertig. Der Motor, setze ihn nun täglich 2–3 Stunden oder länger ein, macht die Kajüte heiß, bis zu 38°. Ich lebe von einer Mahlzeit, von einem Tee zum anderen. Mache mir auch jeden Mittag zwei Tassen Tee, um die Stimmung aufzupulvern. Das ist meine „Droge". Sonst lasse ich den Kopf hängen und werde apathisch. Die letzten frischen Kartoffeln gekocht.

8. 2.00: Wind endgültig eingeschlafen, nachdem ich bereits seit einigen Stunden nur noch langsam gleite, kaum hörbar oder spürbar. Herrliche Sternennacht. Meeresleuchten.
5.00: Traumhafter Sonnenaufgang. Mondsichel, Morgenstern. Aus einem dunstigen, tiefroten Horizont, wolkenlos, steigt der Sonnenball in die Höhe. See spiegelglatt. Erst Frühstück, dann Motor angelassen.
Noch 700 sm bis *Christmas Island*, und der Treibstoff geht zu Ende! Kann noch 100 sm motoren, dann ist Schluß.

9. Höre Nachrichten der Deutschen Welle, Radio Australia, Stimme

Amerikas und BBC; Energie-Rede von Carter. Ich spare sicher Energie, und wer weiß, vielleicht setzen sich Segelschiffe in manchen Gegenden wieder durch?

16.00: Während ich diese Zeilen schreibe, sitze ich schon wieder in einer Pfütze von Schweiß. Dies ist der Grund, weshalb ich keinesfalls tagsüber schlafen oder ruhen kann. Es ist auch der Grund, weshalb ich keine Briefe schreibe oder andere Arbeiten an meinen Papieren mache. Zeit wäre genug! Habe mir den 25. 11. als Termin gesetzt, um *Christmas* zu erreichen. Aber Wasser ist sehr knapp, und ich trinke schon das scheußlich schmeckende Naß aus dem Plastik-Faltkanister.

10. Die Hoffnung auf einen Wetterwechsel mit dem Mond hat sich nicht erfüllt. Die Windstärke ist so gering, daß ich am Starnberger See gar keinen Versuch machen würde, ein Segel zu setzen. Aber hier habe ich zwangsläufig soviel Zeit, daß 1/4 kn Fahrt besser ist als gar keine. Not und Angst treiben mich dazu, jeden Hauch auszunützen. Finde im Cockpit lauter kleine Fussel von der Großschot, durch das dauernde Schlagen des Baumes reibt sie sich in den Blöcken ab. Habe auch keine Lust mehr zum Lesen, noch weniger, Musik zu hören. Ich denke an Garmisch, an München und daran, was die Zukunft noch alles bringen wird.

10.00: Berge die Segel nun doch noch nicht, solange sich das Boot irgendwie bewegt. Seit einer Stunde liegt das Besteck vom Frühstück in der Spülschüssel; kann mich nicht entschließen, es endlich zu waschen. Die Zunge klebt am Gaumen, der Schweiß rinnt, ich sollte mich auch kämmen, Zähne putzen. Bin wie gelähmt. Bei 37° kein Wunder. Das seit 20 Tagen!

Das Wasser hat heute wieder eine blaugraue Färbung, im Gegensatz zu dem strahlenden Saphirblau der Tage vorher. Haufenweise kleine Lebewesen; das Meeresleuchten nachts ist auch sehr stark.

12.00: 70 sm. Immerhin! Hätte die Segel bergen und das Sonnendach nehmen sollen. Bin durch die Hitze an der Grenze des Wahnsinns. Mache alles verkehrt.

14.00: SW 2, aber mehr West. Bin in den letzten Tagen durch ständige West-Komponente des Windes ohnehin weiter nach Nord gedrückt worden.

Im Radio höre ich: völlig anormales Wetter in Australien: 30° Hitze im Süden, Dürre und Waldbrände. Also Sommerwetter. Deshalb wohl hier auch das völlig verfrühte Sommerwetter. Laut Wetterkarte müßte ich im November noch 70–80% SSO haben, im Oktober sogar noch mehr und nur 3–4% Flaute. Dieses Passatwetter fehlt völlig seit dem 20. 10.! Eine große Dünung aus Süden hat eingesetzt, aber ich zweifle, ob der Wind nachkommt.

11. 8.00: Nachts guter Wind bis nach Mitternacht. Dann einige Stunden

Flaute mit fürchterlicher Dümpelei. Eine Lattentasche am Groß aufgerissen. Jetzt NW-Wind, 2–3! Habe Bug gewechselt. Nicht mehr so heiß, nur 33°.
12.00: Diese Brise (Monsun?) hat sich stabilisiert, WNW 2–3. Das fehlte ja noch! Jetzt habe ich so darum gekämpft, nicht zu weit nach Norden zu geraten, habe die ganze Nacht WSW-Kurs gesteuert, und nun kann ich nicht mehr W halten. Es ist wie verhext.
Das Wasser ist graugrün, muß aus einem Fluß kommen. Bis hierher vom Fly River?
War gestern so geschafft, daß ich mich in der Tafel im Datum versehen hatte mit der Deklination und folglich in der Breite ein Fehler entstand. Bin nun heute viel zu weit südlich geraten. Außerdem habe ich keine Strömung mehr, die schiebt! Sehr schade, die 20–30 sm haben so gutgetan jeden Tag.
14.00: Der Wind geht doch wieder auf SSW. Ich kann wieder W machen. Habe mit Topfreiniger die Muscheln an der Wasserlinie abgekratzt.

12. Bin nur neugierig, wann und wo ich einmal den Passat finden werde.
12.00: Heute wieder mehr geschafft. Habe erstens in der Nacht sehr aufgepaßt, zweitens war seit gestern mittag bis in den frühen Morgen (3.00) Wind, drittens half wohl wieder die Strömung mit.
Zwei Packungen Knäckebrot weggeworfen, da voller Würmer.
18.00: „Nachmittagswind" hält noch an, SSW 2–3. Werde nicht schlafen, solange das Boot gut läuft.
20.00: Der Mond ist als ganz, ganz schmale Sichel zu erkennen. Sah jetzt einen Monat lang täglich einen spektakulären Sonnenuntergang. Habe so etwas noch nie erlebt! Aber auch noch nie soviel Flaute.

13. SO 2. Eigenartig, daß ich so weit nördlich bin, denn die halbe Nacht steuerte ich SW! Muß Strom sein, aber macht nichts. Wind hat wieder eingesetzt, brauchte Segel nicht zu bergen.

14. 10.00: Erstmals seit Wochen die ganze Nacht Wind und nach Sonnenaufgang weiter! Es gelingt mir jetzt auch, das Boot mit Genua auf Kurs zu halten, mit fester Pinne. Es ist nicht mehr so heiß; der Wind kühlt, im Passat sind doch einige Wolken, also gelegentlich Schatten. Das Wasser ist tiefleuchtend blau wie mein Saphir.
12.00: 90 sm; Wind SSO 3. Ein schönes Etmal, meine Stimmung steigt sofort.
20.00: Weiterhin „Passatwetter". Habe den ganzen Nachmittag an der Kamera gearbeitet, um die Kontakte im Gelenk des Handgriffes zu reparieren, leider ohne Erfolg; diese Kameras sind zu kompliziert, um selbst etwas zu machen. War dann so fertig, daß ich zum Abendessen im Dunkeln nur Haferschleim gemacht habe.
Die Dünung wird immer stärker. Ich frage mich: bin ich nun in den

Passat hineingesegelt oder ist jetzt überall dieser SO-Wind? Werde es nie erfahren.

15. 10.00: Höre im Radio von Taifun in Manila und Zyklon in Südindien (Madras) mit vielen Todesopfern.
Was soll ich nur machen? Wohin weitersegeln?
13.00: Heute vormittag von Kopf bis Fuß gewaschen mit restlichem Wasser aus dem Kanister. Oh, war das nötig! Eigentlich müßte ich alle Schadstoffe aus dem Körper heraus haben bei soviel Schweiß jeden Tag. Eine Stunde Motor laufen lassen für Batterien; die halten nicht mehr viel.
17.00: Genua geborgen und Fock gesetzt. Ich kann sonst nicht so achterlich vor dem Wind segeln. SO 3–4.

16. 9.00: Unruhige Nacht, dabei segelte das Boot wunderbar. Habe wohl mittags zuviel Tee getrunken. Heute gibt es keinen. See viel ruhiger, bei gleichem Wind. Warum wohl?
12.00: Der Passat hat sich fest eingeweht. Wenn's nur so bleibt! OSO 3–4. Bin offensichtlich in der Nacht doch wieder nach S gesegelt. Zahlreiche Seevögel (Sturmvögel und rote Tropikvögel) kündigen die Nähe der Insel an.
16.00: Doppelfock gesetzt. Oh, wie angenehm die Bewegungen des Bootes! Bewölkung, zum ersten Mal seit Samarai!

17. 7.00: Heute will ich Papiere ordnen und einige Briefe schreiben, die auf *Christmas Island* aufgegeben werden. SO 3–4.
13.00: Bewölkung nach der Kulmination. Aber ich habe meinen Standort und kann die Insel heute nacht ansteuern. Lasse heute nachmittag noch Doppelfock stehen.
16.00: Der Wind setzt aus, schwere Gewitterwolken ringsum.
17.00: Regen setzt ein. Berge Doppelfock und starte den Motor. Wüste Dünung durch Regenböen.
18.30: Wind wieder da, Segel gesetzt.
20.00: Beginne nach der Insel Ausschau zu halten.

18. 2.00: Vorsegel geborgen, mit Groß beigedreht. Wage nicht weiterzusegeln in der völlig schwarzen Nacht. Mond ist untergegangen, ringsum Wolken und Regen.
6.00: Bei Tagesanbruch nichts von der Insel zu sehen. Mein Seafix-Funkpeiler arbeitet mal wieder nicht, die Kontakte im Batteriefach sind korrodiert. Eine ewige Plage damit! Ob den Herstellern da nichts Besseres einfällt?
8.00: Nehme eine Standlinie, die meine Position 20 sm von der Insel bestätigt. Hätte in der Nacht ruhig weitersegeln sollen! Aber sicher ist sicher.
10.00: *Christmas Island* in Sicht, etwa 8 sm voraus. *Sehr* schlechte Sicht, Insel im Dunst. Das war eine Angstpartie!

10.30: Beginne das Boot aufzuklaren. Habe Kopfweh von der durchwachten Nacht (nur von 2.00 bis 6.00 geschlafen). Hätte die Insel in der Dunkelheit *nie* gesehen, kaum das Leuchtfeuer bei der dichten Dunstwolke.

11.00: Noch einige Meilen. Bin etwas langsam mit dem leichten achterlichen Wind. SO 2–3.

12.30: Vor Anker in der *Flying Fish Cove Christmas Island.* Anker vertörnt sich zwischen den Korallen, aber ich lasse ihn erst mal liegen. Polizeichef ruft mir vom Ufer zu. Sofort Schlauchboot aufgeblasen – welche Arbeit nach der langen Fahrt! – dann an Land. Gleich gestolpert, fast gefallen. Bin schwindelig und sehr schwach auf den Beinen.

Diesel aufgefüllt, Benzin und Wasser. Wasser leider nicht sehr gut im Geschmack und voll von Bakterien. Kanister und Tanks mit Micropur desinfiziert. Segel nachgesehen und sorgfältig am Land gefaltet.

19. 15.00: Boot klargemacht.

18.00: Von Boje abgelegt.

19.00: Segel gesetzt. Wind OSO 3.

Passatwetter, Kabine aufgeräumt, höre Musik (Macbeth, Scala).

21. Nur 30°, ich glaube, die ärgste Hitze habe ich hinter mir.

19.00: Wind SO 5. Lege mich schlafen, mit Tablette, um trotz des Seegangs und der harten Bewegungen des Bootes tiefen Schlaf zu haben. Die elektrische Pumpe ist wieder kaputt, so brauche ich lange Zeit, um die Bilge auszuleeren.

22. 1.00: Aufgewacht, Bilge ausgepumpt.

3.00: Aufgewacht. Gegenstand an Deck gefallen. Alles abgesucht, nichts gefunden. Befürchte, irgendein Bolzen vom Mast. Suche morgen weiter.

9.00: Nach Frühstück (noch Milchbrot von *Christmas,* Honig, ranzige Butter und Tee) Deck und Mast abgesucht nach eventuell verlorenem Bolzen oder ähnlichem Stück. Konnte nichts entdecken. War es ein Fisch, der heute nacht an Deck knallte oder ein Traum? Die Zukunft wird es zeigen. –

10.00: Wind läßt nach; – zuerst merkte ich es nicht, dann knallte plötzlich ein Brecher über die Kajüte, der erhebliche Mengen Wasser hereindrückte.* Großes Aufwischen. Kurz danach ein weiterer Brecher ins Cockpit, halbgefüllt. Dann Ruhe. SO 4.

Trotz gutem Schlaf spüre ich die Belastung durch den Seegang. Jede Bewegung, auch Sitzen oder Liegen, ist anstrengend. Aber ich bin sehr glücklich, daß es vorangeht.

12.00: Wieder 100% bewölkt. Harte Eier zu Mittag und Dauermilch; erstaunlich, daß diese Eier (gekauft *Thursday Island* und sicher nicht frisch!) noch immer eßbar sind. Schätzungsweise 2 Monate alt.

* Bei plötzlich nachlassendem Wind wird die See zunächst steiler und die Brecher häufiger.

23. Das Log zeigt „500“, einen halben Tausender. Cocos-Inseln somit passiert. Halte mich sehr ruhig, arbeite nicht, um Kräfte zu sparen. Habe vor diesem Ozean große Angst, bin froh um jede Meile, die ich ohne Zwischenfall oder schlechtes Wetter zurücklegen kann.
Schlafe seit *Christmas* auf Rheuma-Matratze, ruiniere lieber die Matratze als meine Gesundheit auf dieser langen Überfahrt. SO 5.
Leider eine Segellatte verloren, da die Tasche zerrissen. Muß morgen unbedingt nähen.
26. 9.00: Wind O 4–5. Weiß einfach nicht, wie ich diese Lattentasche nähen soll, da alles zerrissen und Stoff nicht mehr sehr fest. Ein Problem, und ein gefährliches. Und ich nähe so schlecht!
Nach dem Frühstück wieder Zahnschmerzen, lange mit Wasser gespült, dann besser.
18.00: Mit dem Nähen ging es wirklich nicht. Habe dafür eine neue Segellatte so stramm eingepaßt, daß sie hält – hoffentlich. Die Risse sind so stark, daß eine vorläufige Reparatur, ohne Maschine oder entsprechende Routine, nicht möglich ist. Habe aber das Liek nachgenäht, wo die Naht kaputt war. Bis Kapstadt geht es vielleicht so. –
27. Gestern war ich völlig fertig, habe gefroren und fühlte mich heiß – bin 19.00 schlafen gegangen, mit Tablette. Verrückte Träume, zwei Fotomodelle auf Fahrrädern, lauter solcher Blödsinn – Schwäche. Geht mir heute viel besser, aber immer wieder Zahnschmerzen an den Zahnhälsen. Mußte mein restliches Frischbrot von *Christmas Island* wegwerfen, da verschimmelt und faul.

Dezember

1. Starke Bewölkung. Temp. 29°. Nachts 26°, es wird merklich kühler. 1000 Seemeilen von *Christmas Island.*
2. 14.00: Die See ist heute bedeutend ruhiger. Sonnig. Habe deshalb ausgiebig gekocht, mit Pfanni-Kartoffelbrei und Pilzen. Jetzt Reparaturen am Schnappverschluß meiner Türklappe unter der Koje (Lebensmittel). Die Ersatzteilkiste heraus!
3. Fühle mich zerschlagen, Kopfschmerzen, schwindelig.
14.00: Berge Doppelfock, setze Groß. SO 4–5. Lasse Fock im Cockpit, wird naß bei zunehmendem Wind. Blöd.
6. 9.00: Leine für Selbststeuerung ist nachts gebrochen. Habe die Enden einfach zusammengeknotet. Blauer Himmel, tiefblaue See. SSO 4.
Keinen Appetit. Esse nur ein Ei und 2 Scheiben Knäcke. Mir ist heiß, sind aber nur 30°. Neue Batterie ins Radio.
8. Motor verliert Kühlwasser! O 3–4.
9. Den ganzen Vormittag am Motor gearbeitet. Regenschauer. OSO 3–4. Am Motor hatte ein Flansch durch Elektrolyse korrodiert. (Messing-

hahn zum Ablassen des Kühlwassers am Zylinderkopf). Hahn ausgeschraubt (nur eine Drehung des Gewindes ist noch vorhanden!). Flansch mit Polyester-Reparaturmaterial geschlossen. Zwischendurch Ventile nachgestellt, Generator ausgebaut und alle Kontakte gereinigt und geschliffen. Anschließend unter dem Motor mit viel Wasser und Putzmittel gründlich aufgewischt und saubergemacht.

19.00: Segel umgebaut, um nicht weiter Nord zu machen. Todmüde. Das war eine Vorahnung – um Mitternacht kam neues Wetter!

10. 4.00: Das Boot ist nicht mehr zu halten, berge Groß. Teilweise 7–8 kn. SO 6–7.

18.00: SSO 7–8. Ein wilder Tag. Schwere See und Brecher. Steuerleine gebrochen, neue Leine mit viel Mühe eingezogen. Es mußte ja kommen in diesem Ozean! Immer wieder mußte ich hinaus, die Selbststeuerung nachregulieren, Bilge ausleeren (Eimer), da Batterie leer.

20.00: Motor laufenlassen, um Batterie zu laden. Pumpe wieder elektrisch. Alles i. O. Schöner Sonnenuntergang läßt morgen auf „Milderung“ hoffen.

11. 3.00: Lange auf. Schlafen unmöglich. Tolle Brecher.

5.00: Etwas ruhiger. Lege mich wieder hin.

8.00: Wind setzt voll ein bei strahlender Sonne. Wunderbarer Anblick der weiß-tiefblau leuchtenden See in der Morgensonne. SO 7.

12.00: Wind läßt nach. Reffe nicht aus wegen großem Seegang. OSO 4–5.

13. 10.00: Perfektes Wetter, warm. O 3–4. Ich räume meine Lebensmittelfächer aus, vorn Steuerbord, und die Backbord-Hundekoje. Finde genügend Brot für die Überfahrt (Vita-Vollkorn und Knäcke), entdecke aber eine ganze Menge Thunfischdosen – durchgerostet, ausgelaufen. Das Fach vorne ist sehr naß. Die restlichen Dosen (etwa 30–40) gewaschen, getrocknet und zum baldigen Verbrauch bereitgelegt.

14. Habe heute aus den durchgerosteten Thunfischdosen gegessen – und auf die Wirkung gewartet. Da gutes Wetter und unter Doppelfock, glaubte ich, mir das leisten zu dürfen. Nichts geschah. Werde also jetzt diese Dosen der Reihe nach essen, bis die letzte angerostete verbraucht ist. Um einen schöneren Anblick zu genießen, lege ich das Fleisch mit der Gabel aus der Dose auf eine Untertasse.

Bin heute merkwürdig deprimiert gewesen, alles schien mir blöd und sinnlos, das Leben ein Alptraum. Habe mich total und gründlich gewaschen, rasiert. Jetzt, gegen Abend, bessert sich die Stimmung.

15. Wind OSO 5. Habe begonnen, mein Buch zu schreiben. (2 000 sm!)

16. Die japanische Batterie, in Suva gekauft, hält fast keinen Strom mehr, nimmt auch wenig auf. Bin deshalb in Sorge wegen Licht, nachts auf der Kap-Route.

Im Cockpit ganze Haufen kleiner Fliegender Fische. Jeden Tag sammle

ich sie auf. Das wäre guter Köder zum Angeln, habe aber nicht die geringste Lust dazu. Leider zuwenig Butter eingekauft, habe nur noch 2½ Dosen. Also heute keine Spiegeleier oder Pfannkuchen wie gestern!
13.00: Den leichten Wind und die Doppelfock genutzt, um die Entenmuscheln an der Bordwand abzukratzen. Miese Arbeit. Entdecke dabei, daß mein weißer Anstrich doch wieder Blasen bekommen hat. Schade! Anschließend Cockpitboden geöffnet und den Plus-Anschluß der Batterie von Säurerückständen gereinigt.

17. 10.00: Nun habe ich wieder Doppelfock! Der Wind kommt eher etwas aus Norden, deshalb war es sooo schwer, mit Groß einen westlichen Kurs zu steuern.
Habe den Großbaum abmontiert und festgestellt, daß die Reffeinrichtung durch Korrosion des Aluminiums am Mast zerstört ist. Größere Reparatur fällig! Ausgerechnet auf dieser Strecke! Jetzt kann ich nicht mehr ohne Schwierigkeit reffen! Mist! – Wetter versöhnt mich mit allem sonstigen Ärger. Wind O 5.
14.00: Habe vorhin ganz deutlich eine Männerstimme rufen gehört. Im Boot höre ich oft Stimmen, aber diesmal war es erstaunlich. Kam von See draußen. Der Wind ist frisch, strahlende Sonne. Der Rufer hat sich gemeldet: ein Seevogel!
Immer wenn ich unter Doppelfock fahre, bereite ich ausgiebigere Mahlzeiten. Heute z. B. Kakao (Samoa!) und Spiegeleier. Heute abend Spaghetti und Tomatensauce. „Schnelle" Sachen, wie Tütenmilch und Kekse oder Cornflakes mit Milchzucker, bleiben für die „unruhigen" Tage. Esse übrigens fleißig von meinem guten deutschen Honig, habe ihn noch in Garmisch vor der Abfahrt gekauft, er hat sich einwandfrei gehalten. Hat ein Glas etwas kristallisiert, stelle ich es auf den heißen Motor (nachdem er abgestellt ist!).

19. 12.00: Wie zu erwarten, nur wenig S gemacht. Muß jetzt „runter" und aufpassen, denn *Rodriguez* ist in der Nähe.
18.00: Habe fleißig am Buch gearbeitet.

22. 9.00: Viel, viel Wind und Seegang. OSO 6. Mit der kleinen Fock kann nichts passieren. Das Boot wird gelegentlich geworfen, Rumpf kommt aus dem Wasser und knallt zurück.
Frühstück war nervenaufreibend. Cockpit dauernd überflutet, kann nicht mehr heraus, ohne überschüttet zu werden. Drei Hosen sind schon naß.
Möchte mich so gerne waschen, bei den Bewegungen unmöglich. Wasser hätte ich genug . . . Feuchtigkeit in der Kabine 90%!
Bin sehr schnell, Log zeigt bis zu 7 kn, Schnitt 5 kn. Es wird jetzt sehr anstrengend, bin froh, daß ich mich bisher so gut geschont habe und so reichlich gegessen. Habe gestern den ganzen „Siegfried" auf Tonband gehört.

23. 14.00: Habe mich total gewaschen, Bart geschnitten. Brahms Violinkonzert.
Dunkelroter Sonnenuntergang, also weniger Wind?
24. 12.00: Richtige Weihnachtsstille auf See!
17.00: Es wird völlig ruhig, habe dennoch keine Möglichkeit zu feiern. Oder? Inzwischen Doppelfock gesetzt (14.00).
20.00: *Heiliger Abend:* Ruhige See, leichte Brise O 2, Stille, Vollmond. Schlaftablette.
25. 8.00: Wind völlig eingeschlafen, berge die Segel.
26. 14.00: Fest – Weihnachtsessen! „Wiener Rahmgulasch" und „Pfanni Kartoffelpüree". Herrlich! Habe in letzter Zeit diesen Heißhunger auf Zucker, esse täglich Zucker mit dem Löffel.
Eine genaue Messung war heute nicht möglich, habe nur Länge genommen. *Genau unter der Sonne!* (90°)
18.30: Sieht ganz fürchterlich aus draußen. Regen peitscht die grauen Wassermassen zu Bergen, bei dem Wind . . . (O 6). Habe drei Schüsseln rausgestellt, um Süßwasser zu bekommen. Heute habe ich 3 000 sm von Chr. Isl.
27. 9.00: Was für eine Nacht! Erst Regen, viel Wind, dann „normal" 5–6. Um 23.00 ein Schlag, noch einer. Riesige Brecher rauschten über das Boot, begruben alles. Sollte ich auf flachem Wasser in einer Brandung sein? Durch das Fenster im Mondlicht weißer Schaum. Luk auf: Cockpit bis zum Süll gefüllt! Ich starre entsetzt, wie langsam, ganz langsam der Wasserspiegel sinkt. Weitere Brecher. Was ist nur los? Gut, das Fenster im Steckschott. Habe mich am Schienbein verletzt. Bewegungen des Bootes schier unerträglich. In den Morgenstunden läßt der Wind nach, Regen, Regen, Regen.
11.00: Es regnet noch immer. Waschschüssel wurde nachts über Bord gespült. Habe 6 000 sm seit Samarai!
Den Ausfall der Windmeßanlage bedauere ich sehr. Besonders nachts schwer zu schätzen.
31. Trotz guten Schlafs und sehr guter Stimmung fühle ich doch Schwäche durch die Segelei seit 1. 10.! Die Kraft hat einfach nachgelassen. Ich glaube, es liegt vornehmlich an der Bewegungslosigkeit. Ist ja wie Stubenarrest, liegend und sitzend.
Es war ein erlebnisreiches, interessantes Jahr.
13.00: Bin nun also vor der Südspitze von *Madagaskar.* Und das Glück läßt den Wind auf NO drehen. Das Jahr ging jedenfalls gut zu Ende. Die riesige Strecke von Samarai ohne Zwischenfall oder Schaden am Boot; auch gesundheitlich ging es, seit ich die Pilzinfektionen besiegen konnte. Ich bin sehr dankbar für 1977. Höhepunkt war sicherlich die Fahrt von Vila durch die Hebriden und Salomons nach Rabaul – und dann Neuguinea.

Januar 1978

1. Ruhige Nacht, mit Tablette geschlafen. Abends noch etwas Radio gehört. Die Strömung schiebt auch gewaltig mit. Wolkenlos, warm, aber nicht heiß. Tropikvögel und Fliegende Fische gibt es nicht mehr. Sehe jetzt öfter große Fische springen. Ein Dorado (Goldmakrele) begleitete das Boot drei Tage bis zum Jahresende. Jetzt ist er verschwunden.
   Lese zur Zeit Knef: „Geschenkter Gaul" und Solschenizyn: „Krebsstation".
   Mir wird schwindelig, wenn ich an die gesegelte Strecke (6 400 sm!) denke.
2. 13.00: Lese gerade bei der Knef: „Engels* nagt an Schinkensemmel" (1944). Die Vorstellung stoppt mich – kann nicht mehr lesen, nicht mehr denken, sehe „Schinkensemmel".
   17.00: Nun war Segelwechsel fällig, NW setzte ein (4). Die Fallen sind, wo sie auf den Scheiben am Masttopp aufliegen, gefährlich dünn geworden. Müssen bis Kapstadt halten! Außerdem schwitze ich. 34° in der Kajüte. Habe noch die unterste Lattentasche genäht, die aufgerissen war. Hoffentlich hält auch die. 8 000 sm sind eben kein Pappenstiel.
4. 9.00: Der Südwind hat gehalten, aber in der Nacht hatte ich Alarm! Eines der beiden Vorstage hatte sich gelöst, der Splint war aus dem Bolzen gerutscht. Schwierige Arbeit in der Dunkelheit: Stag erst klarbringen vom Fall vom zweiten Stag, dann Bolzen einführen und Splint. War sehr froh, daß das Fach so schön ordentlich und Splinte und Bolzen sofort zur Hand waren.
   12.00: Sonnig, aber nun viel kühler (28°), ersten großen Sturmvogel gesehen. Bin jetzt dankbar für jede Meile, die ich bei ruhigem Wetter und mäßigem Wind zurücklegen kann.
5. Segelwechsel, muß den „Rutsch" nach Süden stoppen. Da „unten" ist es zu stürmisch. Kühl heute nacht (24°!), Barometer hoch, Feuchtigkeit gering.
6. Es weht stark, es geht also los. War aber in dieser Gegend zu erwarten (N 6). Habe heute früh die beiden Focks noch trocken hereingebracht. Jetzt zischen die Brecher über Deck, sogar durch den Lüfter kam eine „volle Ladung" herunter. Wurde zweimal – beim Aufschieben des Luks – gebadet; verdrießt mich besonders wegen der gestern frisch gewaschenen Haare! Mache 5 kn Fahrt.
   Meine Gedanken springen vor und zurück. Versuche zu lesen, es gelingt immer nur für ein paar Minuten. Füße gegen Pantry gestützt. In Unterhosen. Ich schwitze. Nur 28°.
   18.00: Barometer hoch, es klart auf. Blauer Himmel wird sichtbar. S 5.

* Anmerkung: Es handelte sich um den Regisseur Erich Engels.

22.00: Es pfeift, aber das Boot liegt sehr ruhig. SSO 6–7. Steuerung sehr gut eingestellt. Irre Fahrt (6–7 kn!).
24.00: Wind unheimlich, aber die Segel stehen gut – lege mich wieder schlafen.

8. 9.00: War so erschöpft, daß ich lange geschlafen habe. Lasse Segel vorläufig noch stehen.
10.00: Wind läßt nicht nach. Gerefft.
12.00: Es wird stürmisch, die See baut sich gewaltig auf. SSO 7. Verkleinere alle Segel.
14.00: Es hat aufgeklart, und ich habe ungefähre Position. Nicht sehr genau. Bin jedenfalls schön vorangekommen. Die letzten 1 000 sm liegen vor mir!
20.00: Habe zwei Drehungen ausgerefft. Gehe immer nackt an Deck, dann werden keine Sachen naß; kann sie ja in diesem Klima nicht trocknen. W ist nicht weiter zu halten. Aber ich habe noch Raum nach S. Fotos und Film gemacht, da tolle See.

9. 80 sm W gemacht. Blauer Eimer ging über Bord.

10. 8.00: Sehr ruhige Nacht. Mit Tablette wie tot geschlafen. Bin trotzdem noch dösig. See beruhigt. Sonne. Frühstück in Ruhe. O 3–4.
Hoffe, um den 25. in Kapstadt zu sein, wenn ... Meine Gedanken gehen wild durcheinander. Freunde, Bekannte, Briefe, Fahrtroute gehen mir im Kopf herum; kann aber keine Ordnung in meine Gedanken bringen. Heute nacht auch verrückt geträumt. Wußte nicht – selbst als ich wach war –, daß ich im Boot bin. Tastete mit der Hand an den Boden, wunderte mich, daß kein Parkett!
12.00: Barometer fällt. Totale Bewölkung. Wechsle die Batterien im Radio und in der Uhr aus. Mache Bestandsaufnahme der übrigen Batterien und verpacke sie neu. Muß mich sehr vorsehen, nicht weiter nach Süden zu geraten, komme sonst vor der Küste in einen Gegenstrom.
15.00: Richtig grausliches Wetter setzt ein. ONO 6. Regen, graue See, zunehmend stürmischer Wind. Muß Doppelfock bald bergen; wann, hängt vom Seegang ab, der noch mäßig ist. Ölzeug liegt schon bereit. Nur gut, daß Generator, Benzinkanister und Waschsachen (habe mich wieder ganz gewaschen!) aufgeräumt sind. Wäre jetzt schwierig, das Boot haut von einer Seite auf die andere ... Muß mich beim Sitzen abstützen.
17.00: Es hat sich eingeregnet, der Wind nachgelassen. Ich koche Reis. Wärme des Kochers läßt sich leicht aushalten. Ich friere fast, bei 26°!

11. 8.00: Sonnig. Ruhig. Mache kaum noch Fahrt. Immerhin jetzt doch eine Menge Muscheln am Boot. Bin ganz dösig im Kopf, kann nicht mehr lesen. Jeden Satz zweimal, und dann verstehe ich ihn noch nicht richtig.

9.00: Es wird heiß. Fühle mich sehr schwach, esse erstmals Schoka-Kola, um „wach“ zu bleiben. Wind kaum der Rede wert. Barometer fällt noch weiter, muß also auf sehr viel Wind gefaßt sein. Das scheint das „Spiel“ in dieser Gegend. Noch 200 sm zur Küste. Sonne glüht (33°).

Quartz-Uhr auf Ortszeit Südafrika gestellt und Batterien ausgewechselt.

22.00: Es geht los: Gewitter, Blitze, toller Wind, Regen. Das Boot schießt wie verrückt durch die noch nicht zu rauhe See. Eine Höllenfahrt. Wie überhaupt die Segel heil herunterholen? 7–8 kn! Blitze erhellen die Kajüte. Viele.

12. 2.00: Es geht nicht mehr, die Segel müssen runter, sonst gibt es Bruch. Der Seegang nimmt zu, das Boot schießt durch das Wasser, sieht gespenstisch aus im Schein der Salinglampen.

Lasse das Boot treiben. War eine harte Arbeit (auf der ganzen Fahrt noch nie so schlimm), zuerst das Groß, dann die Fock herunterzuholen. Alles heil geblieben. Winde mich aus dem patschnassen Ölzeug und trockne mich mit Lappen ab. Lege mich wieder hin, versuche zu dösen, zu schlafen. Mir ist mies. Was für eine Gegend!

7.00: Wind läßt etwas nach, S 6–7, setze die Fock wieder.

8.00: Zu hart für die Fock. Hole sie runter, reffe Groß. Die untere Segellatte geht verloren – wegen der kaputten Reffeinrichtung dauert alles zu lange. Bin wütend auf mich, hätte die Latte vorher herausziehen sollen. Dann Fock runter, F II gesetzt, Groß mit sechs Umdrehungen gerefft.

10.00: So geht es jetzt. Alles andere als gemütlich, da Seegang quer aufprallt. Aber die Segel scheinen so nicht gefährdet. Barometer beachtlich gestiegen: Das alte Spiel! Wenn's oben ist, läßt der Wind nach, dann fällt es wieder usw.

12.00: Seegang wird bedrohlich. Teekanne am Boden umgeworfen. Wasserkessel von Petroleumflasche getroffen, hat Emaille stark angeschlagen. Barometer steigt weiter.

15.00: Seegang nimmt weiter zu. Alles fliegt. Boot knallt.

18.00: Wind läßt nach, bereite bequeme Nachtruhe vor: Schlafanzug – es ist kalt, 23° –, Wollmatratze.

22.00: Nach genau 24 Stunden ist alles vorbei. Reffe aus.

13. 6.00: Es ist nicht mehr auszuhalten. Boot wird immer wieder aus dem Kurs geworfen, da Wind zu schwach und Dünung enorm. Die große Fock würde auch nichts ändern. Mache Frühstück.

20.00: Doppelfock gesetzt. Lege mich schlafen.

14. 13.00: Wind NO 4. Bin sehr zufrieden.

20.00: Fleißig gefilmt und fotografiert. Bin sehr, sehr müde. Wovon? Sollte das versaute Wasser aus dem kleinen Tank schuld sein? Diese braune Brühe – fürchterlicher Geschmack – ist eine böse Pleite. Wie konnte das geschehen? Ich denke, es ist das Eisenrohr-Knie in der Einfülleitung; es ist verrostet und verrottet. Muß das in Kapstadt alles kontrollieren. Hätte auf jeden Fall das Wasser aus dem kleinen Tank in Christmas Island versuchen müssen. Oder habe ich es versucht? So wie jetzt ist es direkt gefährlich. Sogar die Nudeln, die ich gekocht habe, ebenso der Kakao, waren kaum genießbar. Vom Tee nicht zu reden. Zwei Schiffe gesehen. – Es geht los!

15. 8.00: Wind heute nacht sehr schwach, hat aber „durchgezogen". Bin wie betäubt. Was ist geschehen? Konnte kaum hoch vom Lager. Das Wasser? Oder meine allgemeine Verfassung?
9.00: Wind schwächer, lasse weiterlaufen, kann so aus dem Dampfertreck herausbleiben. Später muß ich allerdings auf W-Kurs gehen. Fühle mich immer noch schwach. Hoffentlich kein Vorbote für wüstes Wetter. Barometer fällt wieder, aber langsam. Die letzten 500 sm sind angebrochen!

16. 8.00: Südwest, kann Kurs steuern. Muß jetzt arbeiten, um voranzukommen. Steuere *Kap Agulhas* an (wenn möglich). Bis dahin will ich von der Küste abbleiben.
12.00: Glück gehabt, daß ich noch Messung nehmen konnte. NW 7. Fock geborgen, drehe bei. Nach Norden segeln mit F II hat nicht viel Sinn, komme dabei nur in den Dampfertreck.
Die See baut sich auf. Und wie!
18.00: Plötzliches Nachlassen. Warte ab.
19.00: Setze Fock, schon um Schlagen des Baumes zu vermeiden. Schnelle Fahrt durch eine wirre See. Boot schlägt.
22.00: Plötzliches Auffrischen. Muß Fock sofort bergen. Komme gar nicht schnell genug ins Ölzeug.

17. 7.00: Die ganze Nacht beigedreht, keine Besserung. Schlecht geschlafen, Alpträume.
8.10: Es wird noch härter. Groß gerissen. Berge sofort. Es ist ein Kreuz mit der Reffeinrichtung! Bei hartem Wind schaffe ich es einfach nicht!
8.15: Habe eine Messung genommen. Will aber später wiederholen, falls möglich.
Allein das Geräusch des pfeifenden Windes, der immer wieder erwartete Aufprall großer Brecher und die Ungewißheit machen mich langsam mürbe.
Auch die Welt spielt verrückt. Israel, Palästinenser, Somalia, Äthiopien, Pakistan, DDR: Spiegel-Reporter ausgewiesen, Rhodesien – „Befreiung" etc. Wie die Blöden alle, wenn man das so im Radio hört. Seit Samarai 7 610 Seemeilen!
8.30: Nach dieser Messung, und sie muß halbwegs genau gewesen sein, habe ich 80 sm!!! zurückgelegt, ohne eigentlich zu segeln, zumindest nicht nach Westen! Soviel macht der Strom aus? Kaum zu glauben, zu

schön, um wahr zu sein. Will heute mittag auch eine Breite messen. Muß dann versuchen, das Segel zu nähen, da draußen über dem Kajütdach. O weh!
10.00: Stelle fest: Wasserfarbe grün! Versuche Echolot und siehe: 140 m, bin auf *Agulhasbank!* Was für ein gutes Navigationsmittel, das Echolot!
Empfange UKW-Rundfunk, Peilsender.
12.00: Küste ganz ferne in Sicht! Aber keine Schiffe. Wie kommt das? Fahren die so nahe unter Land? Barometer steigt weiter, sehr langsam. Der Wind ist so stark, daß ich die Haare glattgekämmt habe, wenn ich das Luk öffne. NW 9.
18.30: Den ganzen Nachmittag an den Segeln gearbeitet. Neue Latte zurechtgeschnitten und eingesetzt. (Wo die Latte fehlte, war die Naht durch Killen gerissen!) Groß wieder am Baum angeschlagen. Boot segelklar, will aber bei diesem Westwind nicht noch einmal die Segel riskieren. Der Seegang ist zu toll.

18. 9.00: Bin völlig zerschlagen von dieser Nacht. Es ist kalt (20°). Alles fliegt herum, man könnte verrückt werden.
Nachts Schiffe gesehen! Eine Messung ergibt: wenigstens keine Länge verloren durch die Winddrift. Schon mal etwas. Bin von der Bank herunter und hoffe, wieder vom Strom erfaßt zu werden, der um die Bank herumläuft. Seegang ist grausam steil und konfus. Letzteres ist besonders unangenehm.
Bin sehr nervös, möchte jedes Stück zerschmeissen, das herumfliegt oder klappert. Selbst der Radioansager ärgert mich. Wie lange soll das noch gehen? Der laut Wetterbericht zu erwartende Süd ist natürlich nicht gekommen. Barometer steht.
18.00: Seit Mittag ist Sturm. W 9–10. Ich kann nichts mehr machen, auch nicht kochen. Segel schon um 11.00 geborgen. Dabei leider eine gute Latte verloren, aber das Segel ist heil. Wellen 6–7 m, vielleicht auch mehr. Es sind Berge, von deren Rücken ich eine weite Aussicht habe. Brecher knallen gegen die Bordwand, wie beim Zusammenstoß. Das wird wieder eine Nacht!

19. 7.00: Die Nacht war wie erwartet. Langsam geht mir die Luft aus. Wind zwar etwas leichter WNW 8, Richtung aber unverändert; erst nach der Standortbestimmung sehe ich, ob Segeln lohnt.
9.00: Die eben gemessene Länge gibt mir etwa 60 sm nach W, die der Strom gemacht hat, gegen die Abdrift. Ganz beachtlich! Bin nun auf die Breite gespannt!
12.30: Pos. 35°27′ S, 23°20′ O! Habe somit 80 sm gemacht, ohne zu segeln und gegen den Wind! Alles Strom! Nur noch 240 sm bis Kapstadt! Wenn nur der Wind mal drehen würde.

20. 7.00: Neues Bühnenbild: ruhige See. Wie das? Bin auf der *Agulhas-*

bank. N 3. Es ist eine Erholung. Ich merke, wie zerschlagen meine Glieder sind. Fürchte allerdings, daß ich nun keine so günstige Strömung mehr habe, die mich nach Westen setzt.

9.00: Noch 180 sm zum Kap! Das muß doch zu machen sein, und zwar bald! Wind immer mehr West. Mist!

12.00: Sehe seit einigen Tagen, besonders abends und morgens, Albatrosse. Herrlich, wie die fliegen!

21. 7.00: Setze Segel. Stelle mit Schrecken fest, daß der Kopf meiner Fock abgerissen ist!

8.00: Muß und will Doppelfock setzen. Zunächst einmal: Reparatur der einen Fock. Dauert 1/2 Std.

11.00: O 5. Dieser Ostwind ist ein Geschenk des Himmels. Habe gefilmt, aber nur noch einen halben Film übrig; brauche ihn für Kap und Kapstadt-Ankunft.

13.00: Pos. 35°18′ S, 20°40′ O. Noch 120 sm bis zum Kap. Bin sehr froh über diese genaue Position für die Navigation in der kommenden Nacht. Es ist sehr dunstig, kaum Sicht, trotz des wolkenlosen Himmels. Muß nachts Wache halten.

19.00: Großer Tanker überholt in 1 sm Abstand. Reichliches Abendessen mit Haferschleim, esse ihn plötzlich ganz gern. Große Taschenlampe, Leuchtpistole, Fernglas und Wecker bereitgelegt.

22. 8.00: Gleich nach Sonnenaufgang fing es an zu blasen. Die Nacht war gut, mehrere Schiffe in der Nähe, eines ganz nahe, aber nie auf gefährlichem Kurs. Mir waren die Schiffe ganz recht. So wußte ich, daß ich auf richtigem Kurs war und nicht von einer Strömung zur Küste getrieben wurde, die hier so gefährlich ist. Mein Kurs führte an *Danger Point* vorbei. Die „Großen" gaben mir Sicherheit, und mit Hilfe des Weckers war ich jede halbe Stunde auf zur Kontrolle.

13.00: See wird sehr steil. SSO 9. Brecher werfen das Boot. Sextant zu Boden gefallen, bevor ich ihn zurücklegen konnte. Muß ihn nun neu justieren. Das Boot wird geschleudert, trotz der sehr kleinen Segel, Takelage zittert, Ruder knarrt, ich kann kaum sitzen. Habe Eimer festgebunden. Am letzten Tag (???) noch das ärgste Wetter. Irgendein Bruch an den Segeln oder Achterholern wäre kein Wunder. See weiß schäumend.

14.30: Fast hatte ich es geahnt, daß ich zum Schluß noch eins abbekomme. *SSO 9.* Es wäre doch auch zu einfach gewesen! Wenn ich nur wenigstens ein Schiff sehen könnte; möchte wissen, ob ich auf genauer Route bin. Aber nur weiß schäumende See. Das Boot wird so gerissen, daß ich den Kurs nur noch schätzen kann. Jeden Augenblick warte ich auf einen Bruch, irgendwo. Hier sind so starke Strömungen, daß der Kurs nach Kompaß auch keine Sicherheit bietet, und der Funkpeilung traue ich sowieso nie recht.

15.30: Barometer fällt rasch. Noch 60 sm nach Kapstadt.

16.30: Zwei Schiffe waren eben nahe. Kaum zu sehen, wegen des Wassers in der Luft. Sicht miserabel, kann also auch nicht auf Leuchtfeuer rechnen. Müßte in etwa vier Stunden beim Kap sein, dann die Doppelfock bergen und nach NNO segeln. Mit einer Sturmfock? Die Segel gebärden sich wie verrückt, knallen gegeneinander wie Gewehrschüsse. Wenn das nur gutgeht! Fürchte, heute nacht per Hand steuern zu müssen, wenn der Wind nicht ein wenig nachläßt. Das Bild draußen ist gespenstisch. Habe fotografiert, ob das zur Wirkung kommt?
Jetzt habe ich 8 000 sm voll. Aber ankommen muß ich!

19.00: Muß jetzt raus, die Doppelfock bergen und eine Sturmfock setzen. Es ist so wahnsinnig draußen, ich muß alle Energie zusammennehmen, um jetzt hinauszugehen. Es ist auch kalt. Habe Schoka-Kola gegessen. Die Luft ist mit Sprüh gefüllt. Vielleicht sind es mehr als 9 oder 10 Windstärken? Habe ja keinen Windmesser mehr.

24.00: Boot steuert sich unter Fock selbst. SO 6! Auch der Seegang hat nachgelassen, kann jetzt in der Kajüte bleiben. *Kapstadt voraus in Sicht!* Das waren Stunden! So etwas habe ich noch nie erlebt! Die kleine Fock war fast zu viel Tuch. Bin ja dann „blind“ losgebraust, von Brecher zu Brecher, denn von der Küste war in den ersten zwei Stunden nichts zu sehen. Konnte dann ein Leuchtfeuer ausmachen und identifizieren. Von da an war es leichter. Aber so total von Wasser überschüttet zu werden und bei der Kälte (16°)! Mache mir jetzt Milch heiß und esse den Rest Kekse dazu; dann wird mir wieder warm.

23. 1.00: Kapstadt noch etwa 7–10 sm. Was mache ich mit dem Rest der Nacht? Die Milch hat mir gutgetan, fühle mich besser, aber furchtbar müde. Bin durch die Schoka-Kola noch nicht eingeschlafen.

2.00: Es brist wieder auf. Ist mir egal, ich komme bald auf geschütztes Wasser.

Die Berge (Tafelberg!) im Vollmond sehen zauberhaft aus, daneben die tausend Lichter der großen Stadt. Doch die Kälte hält mich in der Kajüte.

4.00: Bin jetzt ziemlich nahe – der Wind hat nachgelassen –, behalte die Fock oben und lege mich hin! Muß einfach etwas schlafen.

6.30: Berge Fock und motore auf geschütztes Wasser, da hier ziemlich kabbelig, um Tee und Frühstück zu machen.

8.00: Habe auch etwas aufgeräumt, Anker herausgeholt, Ankertrosse, Festmacher. Je nachdem.

10.00: Hafeneinfahrt. Molen neu gebaut, kenne mich nicht mehr aus.

10.30: *Yachthafen.* Sofort wahrgenommen, Liegeplatz direkt vor Clubhaus!

Zurück nach Europa

In den ersten Tagen nach der viermonatigen Überfahrt fühlte ich mich unsagbar schwach. Ich konnte meine Stimme nicht mehr kontrollieren und war so aufgeregt, daß ich laut und pausenlos mit irgend jemandem gesprochen habe.

Gleich nach meiner Ankunft wurde ich von Joan, der „Seele“ des Yachtclubs, in die Arme genommen, und von nun an kümmerte sie sich um jede Kleinigkeit. Joan Fry ist die Leiterin des Royal Cape Yachtclubs, der für die kommenden Wochen mein Zuhause wurde und in dem Joan als „Familienoberhaupt“ der Fahrtensegler ihre fürsorgliche Hand über uns hielt.

So halfen denn auch wirklich alle zusammen, als ich nach einer Woche begann, die *Solveig* für die Weiterfahrt instandzusetzen. Das Boot wurde mit dem Kran aus dem Wasser gezogen, aufs Trockene gestellt und erhielt seinen ersten vollständigen Neuanstrich. Eine Reihe zum Teil recht komplizierter Reparaturen schloß sich an, und nach vierzehn Tagen intensiver Gemeinschaftsarbeit wäre ich reif gewesen für einen ausgedehnten Erholungsurlaub.

Doch die Zeit drängte. Der Südost-Passat wird ab Ende Februar unzuverlässig, der Sommer geht zu Ende, die Weiterfahrt nach Norden ist gefährdet.

Ich hatte mich entschlossen, über den Atlantik nach Rio zu segeln, um von dort aus die Küste Süd- und Nordamerikas zu befahren, bis nach Neufundland; jedoch mit einer längeren Unterbrechung in der Karibik.

So hieß es am 26. Februar um 18.15 Uhr „Leinen los“! Die gesamte „Familie“ des Yachtclubs war am Kai versammelt, und unter Winken und Rufen von Freunden und Bekannten steuerte ich aus der Hafeneinfahrt heraus, nicht ohne vorher zu versprechen, bestimmt wiederzukommen!

Eine Ozeanstrecke von 4 000 Meilen lag vor mir. Fünf Seehunde leisteten mir bis Robben Island noch Gesellschaft, verließen mich dann, und ich war wieder allein.

Genau 48 Tage dauerte die Überfahrt nach Südamerika, bis ich mich am Spätnachmittag des 15. April 20 Seemeilen vor der Einfahrt zur Hafenbucht von Rio de Janeiro befand – oder zumindest meinen Berechnungen nach befinden mußte.

Schon seit Kapstadt hatte mich der Atlantik mit Flauten, Gewittern und Sturmböen oft an den Rand der Verzweiflung gebracht, und nun, auf den letzten Meilen, bescherte er mir eine weitere Überraschung: Von der gebirgigen Küste und den vorgelagerten Inseln war durch eine Nebelwand nichts, aber auch gar nichts zu sehen. Erst eine Stunde vor der Ankunft zeichnete sich die Kontur des berühmten „Zuckerhuts“ schemenhaft vor dem Bug der *Solveig* ab. Gerade noch vor Einbruch der Dunkelheit konnte ich an einer Brücke im Yachtclub festmachen, um dann wie bewußtlos in Schlaf zu fallen.

Fünfeinhalb Monate war ich seit Neuguinea auf See gewesen und hatte in diesem Zeitraum 11 500 Seemeilen zurückgelegt. Jetzt fühlte ich die Anstrengung. Ich brauchte ein paar Tage, um wieder auf die Füße zu kommen und die Einreiseformalitäten zu erledigen, dann stürzte ich mich in das turbulente Treiben der Weltstadt.

Rio ist wirklich aufregend: lebendig, unberechenbar, bunt und geheimnisvoll und – das Leben funktioniert trotz totaler Desorganisation.

Für mich lagen die Dinge nicht ganz so einfach: Ich konnte mich von den Belastungen der monatelangen Seefahrt nur langsam erholen, und ich hatte Verständigungsschwierigkeiten.

Kein Einheimischer verstand Englisch oder Französisch, ich selbst sprach kein Portugiesisch, und so gab es ständig neue Verwirrungen. Doch nach vier Wochen wußte ich zumindest, daß im Straßenverkehr der Stärkere grundsätzlich und immer recht hat: es gibt nur schnelle oder tote Fußgänger. Auch den Ampeln kommt demnach eine völlig untergeordnete Bedeutung zu.

Meinem Übereifer hatte ich es am Ende noch zu verdanken, daß ich im Yachtclub Liegegebühren für die *Solveig* zahlte, während andere Segler überhaupt nicht zur Kasse gebeten wurden. Ein äußerst hilfsbereiter deutscher Kapitän, Dick Grubbe, hatte sich eigens für mich eingesetzt, die unverhältnismäßig hohe Liegegebühr etwas zu reduzieren, mit dem Ergebnis, daß ich eines Morgens ins Büro beordert wurde, um die jetzt tatsächlich ermäßigte Summe zu bezahlen. Die anderen Yachten dagegen verließen den Hafen, ohne auf dem Büro vorgesprochen oder auch nur einen Dollar bezahlt zu haben. Hier gilt die Regel: Wer lange fragt, der zahlt.

Vier Monate blieb ich in Brasilien. In dem alten Fischerhafen von Bahia fand die *Solveig* neben dem Fort Sao Marcelo einen wunderschön gelegenen Ankerplatz. Die Stadt mit ihrem farbigen, stark afrikanisch geprägtem Leben gefiel mir so gut, daß ich meinen Aufenthalt dort länger ausdehnte, als ursprünglich geplant.

Doch am 11. August war es dann soweit: die *Solveig* war seeklar. Ich folgte auch dem Ratschlag der Einheimischen und opferte der Göttin des Meeres einige Schmuckstücke, die ich auf dem Markt erstanden hatte.

Dieses Opfer muß sie sehr erfreut haben, denn ich kann mich nicht erinnern, jemals eine so weite Strecke wie die 3 000 Seemeilen von Salvador nach Martinique unter solch glänzenden Wetterbedingungen zurückgelegt zu haben. Nach fünf Tagen steuerte ich bei strahlend blauem Himmel bereits in die Lagune von Recife. Dort erhielt ich im Club einen Liegeplatz, an dem es möglich war, den Mast zu legen und die elektrischen Leitungen neu einzuziehen. In weiteren drei mal 24 Stunden segelte ich von dort zu der dicht am Äquator gelegenen Insel Fernando Noronha. Eine Trauminsel, die wohl niemand vergessen wird, der ihre bizarren Felsgebilde und leuchtenden Sandstrände einmal gesehen hat. Etwa tausend Einwohner führen hier ein beschauliches Leben, und sie sind freundlich wie alle Brasilianer.

Einen Tag lang wanderte ich über die Insel und setzte die Fahrt dann fort, immer bei idealem Wetter. Aber es wurde sehr heiß. Die Sonne stand 90° über mir, und seit Mai 1976 segelte ich erstmals wieder auf der Nordhalbkugel. Ich passierte die Mündung des Amazonas, und, von einem kräftigen Strom getrieben, steuerte ich schon zwei Tage später auf Cayenne zu. Navigatorisch war dies eine der schwierigsten Aufgaben, die ich bisher bewältigt hatte. Die Küste von Guyana ist flach, ohne auffällige Landmarken, das Wasser schmutzigbraun von den Urwaldströmen, die dort münden. Flaches Wasser bis 50 Meilen vor der Küste! Auf den letzten 20 Meilen hatte ich meist keine 5 Meter Wasser mehr unter dem Kiel. Das kostete Nerven. Und seit Tagen diese Hitze! Aber ich hatte den Äquator passiert, ohne in eine der berüchtigten Flauten zu geraten, und segelte am Spätnachmittag des 7. September den Cayenne-Fluß hinauf. An den Ufern undurchdringlicher Dschungel, der ohne Unterbrechung in die riesigen Wälder des Amazonasbeckens übergeht. Die Stadt Cayenne, die ich am nächsten Morgen durchstreifte, ist die Hauptstadt von Französisch-Guyana.

Ein glücklicher Zufall wollte es, daß ich Gelegenheit erhielt, mit einer Gruppe unternehmungslustiger Franzosen zu einer Urwaldfahrt aufzubrechen.

In einem Einbaum, einer 15 Meter langen Piroge, fuhren wir fünf Tage lang durch die Wälder des Maroni River flußaufwärts. Durch schäumende Strudel, wilde Stromschnellen und dichten Busch steuerte der Bootsmann die Piroge, die oft zu kentern drohte, in dem reißenden Wildwasser.

Einmal versperrte ein umgestürzter Urwaldriese den Nebenarm des Flusses, in dem wir uns befanden, und nur mit Hilfe einer Motorsäge und in stundenlanger Arbeit konnte das Hindernis beseitigt werden. Unvergeßlich die Abende und Nächte im Dschungel, in einer Hängematte unter dem Strohdach der Eingeborenenhütte. Daneben der rauschende Fluß. Frühmorgens im Fluß gebadet, aus dem Fluß getrunken, mit Flußwasser gekocht und auf dem Fluß weitergefahren. Obwohl ich an einem Dreizehnten (September) zurückkam, fand ich die *Solveig* unberührt an ihrem Ankerplatz. Diese Flußfahrt war Höhepunkt und Abschluß meiner Zeit in Südamerika.

Von nun an hatte ich zunächst nur das eine Ziel, meine Weltumsegelung zu vollenden, indem ich, von Süden kommend, bei Barbados den Kurs kreuzte, den ich bei der Ausfahrt vor drei Jahren in westlicher Richtung gesegelt war.

Bei leichtem Wind und unter der glühenden Sonne Guyanas glitt die *Solveig* weiter an der Küste entlang und lief abends dicht an der Teufelsinsel vorbei. Die ehemalige Gefangenenkolonie lag so friedlich vor mir im Schein der untergehenden Sonne, daß ich mir nur schwer vorstellen konnte, welche Leidensgeschichten sich dort einst abgespielt hatten. Eine tiefgrüne, malerische Tropeninsel! Aber von hier entkommen? Der bloße Gedanke machte mich schaudern. Zunächst ein paar Meilen See, 3–4 Meter tief, mit reißendem Tidenstrom. An Land die grüne Hölle. Nur mit einem Schiff war es überhaupt möglich, Guyana zu verlassen, und so ist es wohl manchmal versucht worden.

Auch im Boot spürte ich das mörderische Klima. Es war sehr heiß, ich vermied jede Bewegung – lag den ganzen Tag auf der Koje. Die Brise wehte

Die Leiche eines Strafgefangenen wird vor der Teufelsinsel im Meer versenkt (nach einem zeitgenössischen Gemälde)

gleichmäßig aus Osten, um die Segel brauchte ich mich nicht zu kümmern. Ein Tag verlief wie der andere, bis wir uns am 21. 9. Barbados näherten. In meinem Logbuch notierte ich:

„Zu meinem Erstaunen spüre ich plötzlich, wie meine Spannung unheimlich wächst, die Vollendung der Weltumsegelung, obwohl nur ‚technisch', steht bevor und läßt mich nicht so unberührt, wie ich dachte!"

22. 9. 7.30: Barbados zum vierten Mal in meinem Leben in Sicht! Werde die Insel weit an Steuerbord lassen.
10.00: Barbados fast querab. Messung gemacht. Kleiner Regenschauer. Es ist nicht mehr so heiß.
12.30: Position 12°56′ N, 59°55′ W.
Zweite Weltumsegelung vollendet!!!

Sich selbst steuernd und völlig ungerührt segelte die *Solveig* am 23. September auf geradem Kurs dem Diamond Rock zu, dem Ansteuerungspunkt für die Insel Martinique. Genau 34 622 Meilen hatten wir bis hierher gemeinsam zurückgelegt. Am gleichen Abend fiel der Anker in der Bucht von Fort de France. Martinique hatte uns wieder, und am Morgen wurde ich vom Zöllner freudig begrüßt und beglückwünscht.

Einen langen, erholsamen Winter verbrachte ich im Tropenparadies der Karibik, bis ich im März der *Solveig* eine gründliche Säuberung und einen Neuanstrich unter und über Wasser zukommen ließ. Nach der harten Arbeit, die ich auf dem Slip in Fort de France allein durchführte, füllte ich meine Bestände an Lebensmitteln auf und segelte am 25. März an der Küste von Martinique entlang nach Norden.

Ich hatte keine Aussicht, am gleichen Tag noch die Überfahrt nach Dominica zu schaffen, und ankerte deshalb in der Bucht von St. Pierre, einer kleinen Stadt am Fuß des berüchtigten Mont Pelée. Um die Jahrhundertwende war dieser Vulkan ausgebrochen und hatte die damals blühende Stadt unter Asche und Steinen begraben, zusammen mit 32 000 Einwohnern, von denen nur der einzige Insasse des Gefängnisses überlebte. Das Gewölbe der Gefängniszelle war dick und stark und schützte ihn vor dem glühenden Steinregen.

Beim ersten Tageslicht machte ich seeklar. Das Schlauchboot wollte ich achteraus schleppen bis zur nächsten Insel. Das Groß war gesetzt, ich hievte den Anker an Deck, und die *Solveig* nahm langsam Fahrt auf.

Da sah ich, daß ich vergessen hatte, die Bodenbretter herauszunehmen und sprang in das Schlauchboot zurück, um die Bretter zu holen. Hinter mir hörte ich ein leises „Klick", der Karabinerhaken war aufgesprungen – ich trieb im Schlauchboot! Keine Riemen, keinen Außenborder zur Hand, beides war schon im Cockpit verstaut. Für ein paar Sekunden war ich wie gelähmt, sprang dann ins Wasser, um mein Schiff schwimmend einzuholen. Aber die Brise war stärker geworden, die Pinne festgelascht, und das Boot steuerte auch ohne Fock seinen Kurs geradewegs in die See hinaus. Ich schwamm verzweifelt, mußte aber bald aufgeben und sah zu meinem Schrecken, daß inzwischen der Wind auch das leichte Schlauchboot vor sich hertrieb. Ich lag im Wasser zwischen meinen beiden Booten, die sich in verschiedenen Richtungen von mir entfernten. Das konnte doch einfach nicht wahr sein!

Eine Yacht segelte dicht an mir vorbei, ohne meine Rufe zu hören, da die Maschine lief. Mit letzter Kraft erreichte ich dann doch noch das Schlauchboot und kletterte über den Wulst. Ich stand auf, gab wie wild Zeichen und wurde endlich von Fischern gesehen.

Gemeinsam fuhren wir der *Solveig* nach, aber es dauerte eine Weile, bis ich den Männern klargemacht hatte, daß sich das Segelboot allein, ohne Besatzung, steuerte. Erst nach 20 Minuten hatten wir die *Solveig* eingeholt, ich stieg über, startete den Motor und schleppte die beiden Fischer in die Bucht zurück, wo sie ihre Netze liegen hatten.

Nie werde ich erfahren, wie sich der Karabinerhaken von alleine öffnen konnte, in jedem Fall aber ist ein ehrlicher Seemannsknoten doch sicherer als die Technik!

Am Abend ging ich dann in der Prince Rupert Bay von Dominica vor Anker, um mich von dieser Anstrengung zu erholen.

Nordwärts setzte ich die Fahrt fort nach Antigua, St. Martin und nach St. Barthelemy, einer früheren schwedischen Kolonie, die jetzt zu Frankreich gehört. Der Hafen ist von einem romantischen alten Städtchen umgeben, es heißt Gustavia, und viele Straßennamen erinnern noch an die schwedische Zeit; auf der Zitadelle weht eine schwedische Flagge.

Das Boot und der Käptn waren in allerbester Verfassung, als wir am 15. April St. Thomas in den U. S. Virgin Islands erreichten. Ein dicht gedrängter Fahrplan lag vor mir, wollte ich doch bis Juli an der amerikanischen Küste entlang nach Neufundland segeln. So war die *Solveig* schon nach wenigen Tagen wieder unter Segel auf dem Atlantik mit Ziel Beaufort. Ein steifer Passat, der in den ersten Tagen stürmisch wehte, brachte mir das höchste Etmal dieser Reise: 150 Seemeilen in 24 Stunden! Nach einer Woche flaute der Wind ab, und wir hatten zunächst ideales Segelwetter unter blauem Himmel, bis der Wind – im Bermuda-Dreieck – einschlief. Diese Gegend gilt als berüchtigtes Flautengebiet. Nur langsam kam ich noch voran, ganze Wiesen von Sargasso-Kraut bedeckten die See. Aber es war nicht das Kraut, das meine Fahrt hemmte. Das Kraut hat in alten Zeiten die Seefahrer geschreckt, weil sie annahmen, sie befänden sich auf flachem Wasser in der Nähe einer Küste. Ich habe verschiedene Bücher studiert, um herauszufinden, worauf sich die in jüngster Zeit aufgestellten

Behauptungen stützen, daß im Bermuda-Dreieck Schiffe und Flugzeuge auf unerklärliche Weise verschwunden seien. Für jeden der angeführten Vorfälle ließe sich eine natürliche Ursache zumindest vermuten.

Niemals ist der Beweis erbracht worden für so unsinnige Theorien, daß Kraftwerke von Atlantis unter der Meeresoberfläche noch Strahlungen aussenden oder daß außerirdische Wesen gerade in diesem Gebiet sich ihre Opfer suchen, die dann auf andere Sterne entführt oder getötet werden. Solche Geschichten gehören in das Reich der Fabel.

Tatsache ist jedoch, daß das Gebiet zwischen den Bahamas und den Bermuda-Inseln wettermäßig immer für eine Überraschung sorgt. Im übrigen verschwinden Schiffe auch anderswo auf den Ozeanen. Es liegt nun einmal in der Natur der Sache, daß ein schnell sinkendes Schiff nicht unbedingt Wrackteile an der Oberfläche zurückläßt, die dann auch gefunden werden. Ungewöhnliche Kompaßablenkungen gibt es an vielen Stellen der Erde, zum Beispiel auch bei Neuguinea.

Ich segelte also zunächst gemütlich weiter durch die braunen Wiesen des Sargasso-Krautes. Später kamen einige Tage totaler Flaute, und im Golfstrom erlebte ich schließlich Wind aus allen vier Himmelsrichtungen, Regen, Strömung, Hitze, Seegang und Dünung und was sonst noch einem kleinen Boot und seiner Besatzung das Leben schwer machen kann.

Am 9. Mai steuerte ich die amerikanische Küste im Raum Savannah an.

Vorgelagerte Sandbänke, flaches Marschland, das erst aus geringer Entfernung zu erkennen war, dazu die Regenschauer, die mir jede Sicht nahmen, machten den Landfall schwierig. Ich wollte die Einfahrt in den Beaufort River finden, um dann flußaufwärts in dem Städtchen gleichen Namens zu ankern. Gerade noch zur rechten Zeit, kurz bevor die Dämmerung anbrach, setzte der Regen für eine halbe Stunde aus, und wie eine Vision tauchte am Horizont die große Boje aus dem Dunst, die den Mündungskanal des Flusses markiert. Bis 23 Uhr segelte und motorte ich stromaufwärts zur Stadt und warf dann das Eisen am flachen Ufer.

Für die bevorstehende Fahrt durch die Flüsse und Kanäle brauchte die *Solveig* einen Matrosen, um den Kapitän am Ruder abzulösen. Kathy, eine Lehrerin aus Washington, hatte sich anheuern lassen und wartete bei ihren Freunden in Beaufort auf meine Ankunft. Die Bankiersfamilie nahm mich gastfreundlich in ihrem herrschaftlichen Hause auf, das im Kolonialstil des vorigen Jahrhunderts erbaut ist und von der Bibliothek mit offenem Kamin bis zum modernen Badezimmer alles aufweist, was einen Aufenthalt angenehm macht. Einen besseren und romantischeren Empfang in den USA hätte ich mir nicht wünschen können!

Zwei Tage ruhte ich mich aus, begann dann eine hochinteressante, abwechslungsreiche Fahrt durch die Kanäle des Intracoastal Waterway, der dicht innerhalb der Küstenlinie mit einigen Unterbrechungen bis New York verläuft. So idyllisch und entrückt hatte ich mir die USA nicht vorgestellt!

Die Bunlap-Leute in ihrem Dorf (oben und unten rechts)

Vorhergehende Seite: Der Häuptlingssohn von Bunlap, im Hintergrund das Männerhaus

Freund Patteson

Eine stille Lagune in den Salomonen

Folgende linke Seite: Ein Krieger der Schlammenschen – Mount Hagen
Folgende rechte Seite: Eine Zuschauerin beim Mount Hagen-Fest

Nächtlicher Geistertanz auf der Gazelle-Halbinsel

Linke Seite: Sagowäsche am Sepik – Neuguinea

Im Hochland von Neuguinea

Das berühmte Tischtuch über dem Tafelberg

Im Passat

Die Folgen eines kleinen Navigationsfehlers – Kap der guten Hoffnung

Bei Flaute verliere ich das Gefühl für Zeit und Raum

Der Finger Gottes – Atlantikinsel Fernando de Noronha

Rechte Seite: Erholsame Tage im Bras d'or Lake

Mit einer Piroge durch Stromschnellen und Seitenarme des Maroni-River – Guyana

Kurz vor dem Ziel...

Die Einsamkeit der Wälder und Seen ringsum, die fast unberührte Landschaft, meist auch Tierschutzgebiete mit zahllosen Vögeln, vermittelten jede Stunde neue Eindrücke. Nur wenige größere Schiffe begegneten mir in diesen Wochen, denn die Kanäle sind manchmal nur auf 1,70 Meter gebaggert und werden daher vorzugsweise von Yachten und Motorbooten benutzt. Wenn wir die Fahrrinne nicht genau einhielten, dann lief die *Solveig* wohl auch auf Grund oder auf „Schiet", wie der Seemann sagt. Aber der Boden war Schlamm, und so kamen wir bald wieder frei. Einmal begegnete uns eine deutsche Yacht, die *Kormoran* mit Joachim Schult jr. Wir waren gerade zum ersten Mal festgefahren, und die Besatzung zog uns aus dem Dreck; anschließend gab es abends auf dem Ankerplatz viel zu erzählen!

Die Kanäle sind schleusenfrei, doch zahlreiche Brücken spannen sich über die Gewässer. Tag und Nacht waren die Brückenwärter auf ihrem Posten und öffneten die Durchfahrt, sobald die *Solveig* in Sicht kam. Verschwiegene, stille Ankerplätze fand ich genügend in den Seitenarmen der Flüsse. Gelegentlich eine Marina, die Kraftstoff, Restaurant und oft auch einen Supermarkt zu bieten hatte. Dann wieder in die Einsamkeit der Wälder. Es war eine herrliche, unvergeßliche Fahrt!

Die anschließenden Tage in Washington – ich hatte die *Solveig* im Hafen von Annapolis in der Obhut der US Navy zurückgelassen – reichten kaum aus, um die nötigen Einkäufe zu machen. Nur wenig Zeit blieb mir, um Freunde zu besuchen und einige der Sehenswürdigkeiten zu besichtigen. Die Zeit drängte, denn der Sommer war nicht lang. Wir segelten durch den Delaware-Kanal nach Cape May und von dort auf den Ozean hinaus. An New York vorbei, legten wir die Strecke bis zur Insel Marthas Vineyard ohne Aufenthalt zurück! Im Norden bot sich noch zweimal die Möglichkeit, durch einen Kanal die Seefahrt abzukürzen.

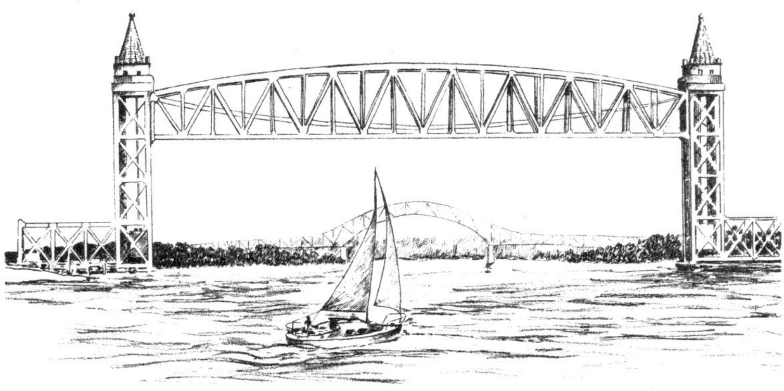

Im Cape Cod-Kanal

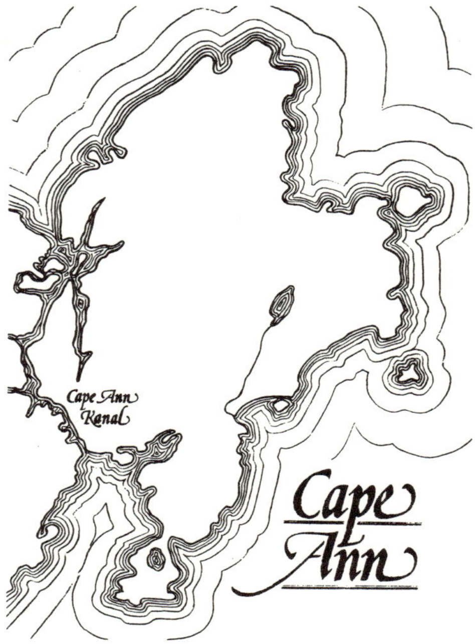

Zunächst segelte ich durch den Cape Cod-Kanal, blieb eine Nacht am Cape Cod selbst und fuhr dann über die weite Bucht nach Cape Ann. Auch diese Halbinsel konnte ich abschneiden, indem ich durch den kanalisierten und von herrlichen Wäldern umgebenen Annasquam-River fuhr. Und von hier an wurde es nun mit dem Segeln zusehends härter, je weiter ich nach Norden kam. Launisches Wetter, kalte Nächte, starker Wind machten die Weiterfahrt zur Penobscot Bay in Maine nicht gerade angenehm. Aber ich hatte mich dort mit einem Freund, Paul Wolter aus Hamburg, fest verabredet. Wir trafen uns erstmals in Tahiti 1976, und er schwärmte mir vor von der landschaftlichen Schönheit im nördlichsten Teil der USA. – Und ich wurde nicht enttäuscht.

Skandinavische Szenerie, mit unzähligen, fast immer unbewohnten Felsinseln, dicht bewaldet. Dazu eine Sonne – wenn sie scheint – wie in Oberitalien. Das eiskalte Meerwasser des Labrador-Stromes läßt die Temperaturen aber selten unangenehm hoch steigen.

Prozentual zur Bevölkerungszahl leben hier die meisten Millionäre der USA.

Paul vermittelte mir die Bekanntschaft mit Jimmy Rockefeller, der in den fünfziger Jahren mit seiner Yacht Tom Neale in der Südsee besucht hatte. Rockefeller gab der zivilisierten Welt die erste Kunde von dem einsamen

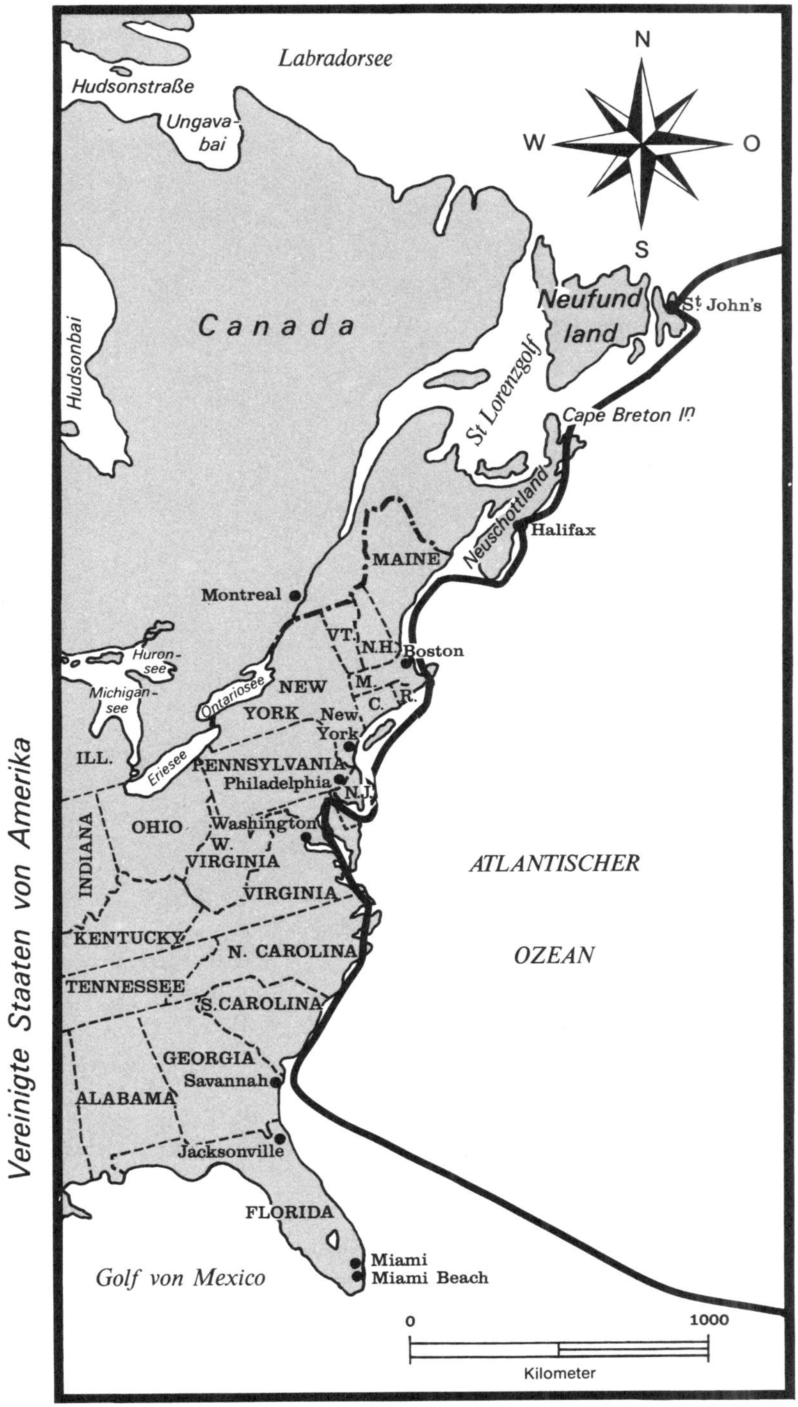
Labradorsee
Hudsonstraße
Ungava-bai
N
W
O
S
Canada
Hudsonbai
Neufund land
St John's
St Lorenzgolf
Cape Breton In
Neuschottland
Halifax
MAINE
Montreal
VT.
N.H.
Boston
Huron-see
Michigan-see
Ontariosee
NEW YORK
M.
R.
C.
New York
ILL.
Eriesee
PENNSYLVANIA
Philadelphia
N.J.
INDIANA
OHIO
Washington
W. VIRGINIA
VIRGINIA
ATLANTISCHER
OZEAN
KENTUCKY
N. CAROLINA
TENNESSEE
S.CAROLINA
GEORGIA
Savannah
ALABAMA
Jacksonville
FLORIDA
Miami
Miami Beach
Golf von Mexico
0
1000
Kilometer
Vereinigte Staaten von Amerika

Inselbewohner. Jetzt widmet er sich in Camden einem neuen Abenteuer-Hobby: Er baut alte Flugzeugtypen aus den zwanziger und dreißiger Jahren nach und besitzt ein eigenes Museum. Alle Nachbauten, auch die des berühmten Dreideckers des Fliegerbaron von Richthofen, sind flugfähig.

Mit so einem originellen Oldtimer, einem Zweisitzer ohne Kabinendach, starteten wir von der Wiese vor seinem Landhaus zu einem Rundflug über Camden und die Wälder von Maine. Den Flugzeugmotor hatte er von Hand angeworfen, und er erlaubte mir auch, die Tür neben meinem Sitz offenzulassen. So könne ich besser nach unten fotografieren, meinte er.

Nächster Höhepunkt war die Halbinsel Nova Scotia in Kanada und danach die von Paul empfohlene Fahrt durch die Seen der Insel Cape Breton.

Noch bei Regen schlüpften wir durch einen winzigen Kanal in den südlichsten der Bras d'or Lakes. Es folgten zwei Tage strahlender Sonne, das Deck der *Solveig* wurde richtig warm, und ich steuerte das Boot über die 100 Kilometer lange Wasserfläche der Seen zwischen bewaldeten Hügeln auf die nördliche Ausfahrt zu. Im Atlantik empfing uns eine lange Dünung, und schon am ersten Abend setzte eine frische Brise ein, die während der Nacht zu Stärke 7 und mehr anschwoll.

Den ganzen nächsten Tag ritt die *Solveig* in immer dichter werdendem Nebel von Wellenkamm zu Wellenkamm. Das Wasser war grün, wir querten die Mündung des St.-Laurence-Stromes, vielleicht wurde auch dadurch der Seegang immer konfuser. Nach einer weiteren Nacht bei starkem Wind war der Nebel noch dichter geworden. Meine Navigationsausrüstung für die südlichen Meere half mir wenig, hier hätte ich ein Radargerät gebraucht. Mit dem ziemlich schwachen Funkpeiler bekam ich jedoch das Signal der Insel St. Pierre herein und wollte dort im Hafen Schutz suchen. Am Nachmittag hörte ich aus dem undurchdringlichen Weiß des Nebels den dumpfen, heulenden Ton der Sirene vom Leuchtturm St. Pierre, auf den ich nun zusteuerte.

Da – nur hundert Meter vor mir wird plötzlich durch den Schleier eine graue Wand sichtbar! Ich bin vor der Küste der Insel, und die anrollenden Seen schießen zu gewaltiger Höhe auf, während sie sich donnernd auf den Felsen brechen. Ein fürchterlicher Anblick, ich drehe sofort ab, versuche der Küste zu folgen, doch dann zeichnet sich die Kontur eines riesigen Felsens, der senkrecht in der schäumenden See steht, vor dem Bug ab. Unmöglich zwischen diesen Hindernissen die Einfahrt zum Hafen zu finden! Dabei habe ich mich schon auf frische Butter und das gute französische Brot gefreut, das ich zum Frühstück essen wollte. Die Insel St. Pierre ist französisches Territorium, ein letzter Überrest der einstigen französischen Kolonien an der Küste von Quebec.

Das Wetter bessert sich rasch, in den folgenden Tagen kommt die Sonne wieder zum Vorschein, und in der Nacht zum 23. Juli finde ich mit Hilfe der Leuchtfeuer die schmale Einfahrt zum Hafen von St. John's. Um zwei Uhr früh geht die *Solveig* bei einem kleinen Fischdampfer längsseit.

Neufundland ist der letzte Außenposten der Zivilisation an der Küste Amerikas, weiter nördlich beginnt das Eis. An einem Drittel aller Tage im Sommer bildet sich über dem kalten Wasser des Labradorstroms der gefürchtete Nebel, und im Winter fegen Stürme über die mit Schnee und Eis bedeckten Hügel. St. John's ist eine lebendige Stadt, denn hier laufen die Fischdampfer und Walfänger, Frachter und Spezialschiffe ein, um Lebensmittel und Wasser aufzufüllen und Reparaturen ausführen zu lassen, bevor sie wieder ihren Aufgaben in den Nordmeeren nachgehen. Für mich ist St. John's der Absprunghafen für die Atlantiküberquerung nach England.

Gleich nach der Ankunft machte ich mich daran, die Kajütfenster auszubauen; alle Dichtungen waren verrottet, und das Wasser konnte so ziemlich ungehindert eindringen. Ich ließ neue Fenster anfertigen und baute sie in dreitägiger Arbeit selbst ein. Als diese und andere Arbeiten abgeschlossen waren, glaubte ich, mit der *Solveig* endgültig auf Heimatkurs gehen zu können. Ein dummer Zufall wollte es, daß die Türe eines Autos mit aller Wucht zugeschlagen wurde und mein Daumen dazwischen war. Erhebliche Quetschungen und Blutungen waren die Folge, aber der Knochen blieb heil. Zwei Tage mußte ich liegen, konnte auch dann den Daumen nur notdürftig gebrauchen. Während der ganzen letzten Woche meinte es die Sonne noch einmal besonders gut und brannte strahlend auf uns nieder, in Neufundland selbst im Sommer ein seltenes Ereignis!

Über vier Jahre war ich mit der *Solveig* unterwegs, nie wurde ich von dem treuen Boot im Stich gelassen, obwohl ich ihm oft reichlich viel zugemutet hatte. Als erste weltumsegelnde Yacht war sie bis in die nördlichen Teile Kanadas vorgedrungen. Ich rechnete mir aus, daß ich im ganzen seit 1960 zehn Jahre lang in kleinen und kleinsten Booten über die Weltmeere geschippert war und nun meine siebte Atlantiküberquerung bevorstand.

Der 3. August war als Abfahrtstag vorgesehen, und jetzt soll wieder mein Logbuch berichten:

3. 6.00: Aufgewacht. Sehr kalt. Heizofen geholt, mehrmals vergeblich versucht, ihn anzumachen. Daumen ist noch zu schwach! Feuerzeug neu aufgefüllt und neue Gasflasche in Ofen eingesetzt. Dann wieder versucht: *Explosion!* Alles schwarz. Haare abgebrannt, Hände verbrannt und zwei große Wunden am Bein. Kajütdach aus der Verriegelung gerissen, Riegel verbogen, ebenso die Schienen. Schockwirkung. Blieb bis Mittag im Bett, dann erst mal Kabine gereinigt, mich und Haare gewaschen, verbrannte Haare rasiert. Nachmittags Lebensmittel gekauft, habe gerade noch 5 Dollar – gestern meine letzten Mark und Dollars gewechselt!
   16.00: Neue Verbände am Daumen und an Brandwunden am Bein. Sehe böse aus im Gesicht, alles verschwollen. Fühle mich dösig, kann aber auch die unnatürliche Hitze heute sein. Wetter gefällt mir nicht, aber Wetterbericht sagt mäßigen SW für morgen voraus. Was tun? Muß doch endlich hier herauskommen!
4. 17.00: Leinen los. Aus dem Hafen mit Motor. Immer noch heiß. Bin nervös und aufgeregt.
5. Es beginnt leicht zu regnen, total bewölkt, gute Sicht. Wind ist jetzt stetig. Bin sehr dankbar, brauche das ruhige Segeln, um meine diversen Wunden zu heilen.
   16.30: Temperatur sinkt rasch. Eine Hummel hat mit letzter Kraft das Boot erreicht, ist dann nach wenigen Minuten gestorben.

20.00: Wetterbericht sagt Depression für morgen mit starkem Wind voraus.
24.00: Wetterbericht hat Sturmwarnung wiederholt. Tropische Depression mit Wind bis 35 kn.
Nehme erstmals den Schlafsack, fühle mich so mies. Ist ja nicht wirklich kalt. Verbrennungen am Bein, im Gesicht und an der Hand machen mir zu schaffen. Daumen wird besser.

6. Noch immer totale Flaute. Denke über die Sicherheit des Bootes nach – nur ein wunder Punkt: Die Akkus unter den Schläuchen der Cockpit-Abflüsse! Wird das Boot über 90° geworfen, könnten die Akkus herausfallen, da nicht gesichert. Muß bei einer künftigen Fahrt unbedingt geändert werden. Warum fällt mir das jetzt erst ein??? Auch der Außenborder könnte im Achterschott die Schläuche abreißen! Der Diesel ist auch eine Gefahr – auf Gummifüßen –, wenn er sich losreißt. Schläuche hätte ich zumindest sichern sollen, solange Zeit war, in Martinique!
7. Kalt, will den Gasofen anzünden (dieses Unglücksgerät!), etwas bricht im Regler. Zerlege den Ofen völlig, finde den verbogenen Hebel, biege ihn gerade – es geht wieder nicht! Zum Verzweifeln, alles nochmal auseinander! Verliere eine Menge Gas in die Bilge (traue mich deshalb nicht, Tee zu kochen). Schließlich stellt sich heraus: auch die Düse war verstopft!
8. 18.00: Wüste Dünung. Kann das Schlagen der Segel nicht mehr verantworten. Berge das Tuch, ein Höllentanz beginnt. Kann mich nur noch hinlegen und stillhalten.
   20.00: Dünung hat soweit nachgelassen, kann essen; Suppe, um meine Nerven zu beruhigen.
9. 10.00: Wetterbericht sagt Sturm voraus für heute nachmittag, 35–45 kn! Aus West. Bin nun wirklich nervös, da das Barometer schnell gefallen ist.
   12.00: Es saut richtig, der Wind legt langsam zu. Habe alle Kleidung und sonstigen Kram aufgeräumt, muß für plötzliches Wetter bereit sein. Dichter Nebel macht die Lage noch unheimlicher; Wind kommt jetzt, aber von Süden, und ich bin auf gutem Kurs. Warte auf den Sturm.
   22.00: Alles sehr ruhig. Schöne Nacht. Mondlicht.
12. 18.00: See hat sich aufgebaut, Boot „schleudert". Gut, daß ich mittags noch gekocht habe, Regenböen bis 7. Böse, schwarze Wolken ringsum. See dunkel.
   2.00: See baut sich weiter auf. Ruppig. Alles andere als gemütlich. Wage nicht, mich schlafen zu legen.
14. 2.00: *Sturmstärke!* – Habe im Halbdunkel Sturmsegel gesetzt. Wind W, 8–9.
15. 11.00: Unverändert. Werde langsam müde und kalt. Heizofen hat ein Leck, wage nicht, ihn zu benützen bei geschlossenem Luk.

Sturm noch immer voll im Gang. Weiß nicht, wie lange ich überhaupt noch Segel tragen kann. Im Radio Nachrichten über die Katastrophe im Fastnet-Race. Immerhin ein Drittel der Strecke ist geschafft, werde *sehr* froh sein, wenn ich England erreicht habe.
17.30: Sturm. Speedometer geht bis 8 und 9 kn bei der Talfahrt von den Wellenhöhen. Das ist die Grenze, kann Segel *noch* stehen lassen. Bin ganz schön bedient. Angst vor der Nacht.

16. Eine wilde Nacht. Schlafsack wurde naß. Kann's nicht ändern. Es ist merklich wärmer, aber der Heizofen fehlt. Bin müde und friere. Wind läßt nach.
18 Tote gab es im Fastnet-Race, hat BBC heute gemeldet. Möchte die Überfahrt hinter mich bringen, ist absolut kein Spaß!

17. Habe ausgiebig gefrühstückt; wenn der Wind so bleibt, muß ich Segel wechseln, dann wird Kochen sehr schwierig. Wünsche mir einmal ruhige See. Bin der Schaukelei müde. Hätte nicht gedacht, daß das Wetter sooo unfreundlich ist auf dieser Route. Geeignet, um mir das Ende der Fahrt herbeizuwünschen.

18. 10.00: Ein Wal blieb längere Zeit beim Boot. Riesengroß und widerlich langsam, schwamm absolut Zeitlupe neben mir, entfernte sich dann. Muß 20 Meter lang gewesen sein.

19. 11.00: *Die letzten 1000 sm dieser Reise sind angebrochen!*
16.00: Eine See explodiert auf und über dem Boot. Wasser kommt literweise durch den Lüfter über Kocher und Küche. Die Schapps unter der Koje springen auf, Konserven rollen auf den Bodenbrettern. Riesensauerei! Draußen ein Spinnakerbaum losgerissen von der Reeling und quer über das Kajütdach zwischen Lüfter und Mast geklemmt. Wenigstens nicht über Bord! Kurz darauf läßt der SW-Wind nach, stoppt völlig, kommt dann aus NW! Der Himmel reißt auf, als ob jemand einen Vorhang weggeschoben hätte. Habe so einen plötzlichen Wechsel noch nie erlebt. Die See springt nun mit alter Dünung und neuem Seegang.
17.00: Laufe wieder unter Doppelfock. Endlich Ruhe! Wind WNW, 3–4. Alle Knochen tun mir weh, fühle mich wie durch eine Maschine gedreht.

22. Das Wetter tut mir gut. Weiß nicht, wie ich weitere Sturmtage ausgehalten hätte. Es wird spät, September, bis zur Ankunft in England.
19.00: Ruhiger Abend. Bin zum ersten Mal seit vier Jahren in europäischen Gewässern! Komisches Gefühl.

23. 14.00: Strahlender Sonnenschein. Deutsche Welle meldet für Nordsee Regen und nur 19° – ein kühler Sommer! Fürchte, der Daumennagel muß herausgeschnitten werden nach der Ankunft.

24. 1.00: Stürmischer Wind setzt ein. Boot fegt mit 7 kn über die noch glatte See. Regenschauer, bis zu 9 Windstärken.

6.00: WSW 8–9. Unhaltbar mit diesem Wind. Leider hat Segel bereits einen Riß. Hole Doppelfock herunter. Das Tuch ist so morsch, habe sofort einen neuen Riß, wenn ich mit beiden Händen anfasse. Nur gut, daß die Sturmfocks noch einwandfrei. Segelwechsel bei diesem Seegang dauert 40 Minuten. Mein Daumen schmerzt, habe Küchenhandschuh angezogen, um den Nagel vor Wasser zu schützen.

29. Heute ist der dritte Tag mit Ostwind! Einigermaßen geschlafen, in der Hundekoje aufgerollt. Schwere Träume, Angst und Beklemmung. Die Zukunft liegt mir im Magen.
Lese Briefe und vernichte alles Unnötige. Habe mich seit Wochen nicht waschen können. Das Boot ist zu unruhig, um Wasser in die Schüssel zu gießen – und zu halten.

30. Entschließe mich, wegen des jetzt schönen und ruhigen Wetters die große Körperwäsche zu beginnen. Entdecke beim Aufsetzen des Wassers, daß zwei Beine des Kochers abgebrochen sind. Verdammt! Hält das dritte noch?
18.00: Fühle mich wie aus dem Ei gepellt. Hole frische Wäsche aus dem Schrank, stelle dabei fest, daß viel Wasser innen an der Bordwand heruntergelaufen ist. Weißer Pullover hat Rostflecke bekommen. Für eine neue Fahrt muß alles von innen gedichtet werden.

31. 12.00: Höre das Nebelhorn des Leuchtturmes von *Round Island. England!!!*
13.30; Feuerschiff Seven Stones passiert.
15.00: Mit der Sicht – nur ¼ Seemeile – ist es recht ungemütlich. Strom müßte mich laut Stromkarte eigentlich nach NW versetzen.
16.00: In der BBC höre ich die Nachricht von dem Orkan, der die Insel Dominica verwüstete. Der schwerste Orkan dieses Jahrhunderts! 160 Meilen Wind! 16 Tote – vorläufig –, alle Verbindungen abgeschnitten. Nur ein britischer Zerstörer ist dort, kann aber wegen 80 Meilen Wind und Seegang nicht landen. Nur Hubschrauberverbindung. Daß es immer die Ärmsten treffen muß!
17.30: Beobachte mit Spannung und Bewunderung den Heilungsprozeß an meinem Daumen. Sagenhaft, wie die Natur dieses zerstörte Gebilde Stück um Stück wieder aufbaut. Nebel.
19.00: Muß großes Glück gehabt haben, bin trotz der Strömung um *Lands End* herum. Konnte zwar nichts sehen, kein Land, keine Insel, keinen Felsen, aber der Meilenzahl nach muß ich vorbei sein. *Lizard Point* ist jetzt die nächste „Hürde“. Wenn ich nur das Feuer sehen könnte! Bei dem Nebel wohl kaum zu erwarten.
24.00: Der Nebel hat sich gelöst! Sehe das Feuer von *Lizard Point* querab.

1. Kann es nicht verstehen: bin nicht im geringsten erregt oder erfreut bei dem Gedanken an die Ankunft. Wird sicher schön sein, wieder ruhig schlafen usw. Aber die Reise ist zu Ende – das ist sehr, sehr traurig. Versuche gar nicht daran zu denken.
2. 2.00: Muß mich entschließen, auf anderen Bug zu gehen. Lästig, wegen Selbststeuerung im Dunkel.
   2.30: Manöver abgeschlossen. Versuche mich wieder zu legen, sind aber noch zu viele Schiffe da. In der Ferne, ganz, ganz weit an den Wolken: der Widerschein der Leuchtfeuer der französischen Küste.
3. 7.30: Nehme erste Messung und bereite dann Tee; mühsam am Boden, Kocher schaukelt, Spiritus läuft aus. Aber ist ja wohl der letzte Tag. Bin nun doch aufgeregt. Ist es der Landfall oder die Rückkehr nach Europa? Weiß es nicht. Bin auch zu müde, um nachzudenken. Konnte mir seit vorgestern nichts mehr kochen. Pumpernickel aus Martinique, Butter aus USA (Camden) und Neufundland, Fischdosen – darunter Thunfisch –, letzte Dose von der Ausfahrt in Menorca! Immer noch tadellos!
   9.30: Sehe weiße Felsen voraus. Muß laut Standort *Isle of Wight* sein.
   17.30: *Gosport Harbour!* Von Hafenmeister wahrgenommen und Liegeplatz (102) in der Marina zugewiesen. Kopf und alle Knochen schmerzen, bin sehr, sehr müde und erschöpft. Räume Deck auf, die Segel und die Kajüte.

Wie erschöpft ich war, merkte ich erst in den folgenden Tagen, nachdem ich ein paar Nächte geschlafen hatte und mich mit reichlich Wasser duschen konnte. Meine Glieder taten weh und das Laufen fiel mir noch schwer. Jeden Tag ging ich in die Stadt, um mich wieder an normale Bewegung zu gewöhnen. Der erste Weg führte mich zur Post, wo ich Telegramme abschickte und versuchte, die eine oder andere Telefonverbindung mit Freunden zu bekommen.

Für frische Nahrung, gute Butter und Brot entwickelte ich einen wahren Heißhunger. Auch eine Reparatur war unbedingt noch fällig: auf den Primus-Kocher konnte ich nicht verzichten, die Füße mußten wieder angelötet werden.

Jedesmal, wenn ich über die langen Schwimmstege an Land ging, betrachtete ich die neuen Boote der Yachtwerft. In so einer geräumigen Kajüte, nicht allein, mit Kühlschrank und einer großen Pantry, mit reichlich Platz für die Ausrüstung – ja, da würde ich schon gerne noch einmal auf große Fahrt gehen! Doch jetzt wollte ich mit der *Solveig* diese Reise zu einem guten Ende bringen.

Das Wetter war kalt geworden, ich durfte nicht lange in England bleiben, der Herbst lag schon in der Luft. Bei strahlender Sonne verließ ich Gosport und erlebte den Kanal diesmal friedlich und windstill. Bis Dover war es eine geradezu gemütliche Fahrt entlang der Küste Englands, der Wetterbericht meldete nur im Norden Tiefdruckgebiete.

Hinter Dover kam eine Brise auf, die es mir zunächst schwermachte, die Verkehrswege einzuhalten. Prompt wurde ich von einem Küstenwachboot der Navy angepreit:

„Sie befinden sich im Widerspruch zur Verkehrsregel!"

Wie nett, wie höflich, gegenüber so einem Sünder. Ich rief zurück:

„Ändere Kurs!" und erhielt als Antwort:

„Okay – und gute Fahrt!"

Nach einigen Stunden begann es zu wehen, die Nordsee machte ihrem schlechten Ruf alle Ehre und wollte mir zum Schluß wohl noch eine Mahnung erteilen, mit der Alleinsegelei in Zukunft vorsichtiger zu sein. Ich kam nicht zur Ruhe, saß bei dem unfreundlichen Wetter im Cockpit an der Pinne und steuerte die *Solveig* durch die graue See der Heimat zu.

Wir sehnten uns beide nach einem Hafen. Wir wollten nach Helgoland, dann nach Cuxhaven und weiter durch Kanäle und Flüsse bis zum Ausgangspunkt Regensburg.

Am Nachmittag des 13. September klarte es auf. Die Sonne schien vom blauen Himmel und ließ die Schaumkämme der Wogen weiß aufleuchten. Ein grauer Streifen tauchte über der Kimm auf – Helgoland.

Zwei Stunden später waren die roten Felsen der vertrauten Insel deutlich zu erkennen, der letzten Insel, die ich auf dieser Reise ansteuern würde. Jedes der Eilande, deren Strände, Häfen und Lagunen ich kennengelernt hatte, übte seinen ganz besonderen Reiz, seinen eigenen Zauber auf mich aus.

Aber ich war froh und dankbar, daß ich jetzt gesund in die Heimat zurückkehrte. Langgehegte Wünsche und Erwartungen waren in Erfüllung gegangen; mit einem kleinen Boot und geringem Aufwand hatte ich viel von der Welt gesehen, hatte mein Wissen bereichert und Erfahrungen gesammelt.

Die Segel der *Solveig* und meine Haut waren von der Tropensonne ausgegerbt, aber unsere Sehnsucht nach der blauen Weite der Ozeane war ungebrochen.

Heftige Windböen und Regenschauer trieben uns von Helgoland nach Cuxhaven.

Durch Elbe, Geeste, Weser und Ems, von Schleuse zu Schleuse aufwärts gehoben, begannen wir unsere Fahrt nach Süden. Zwischen grünen Wiesen, an Dörfern und Städten vorbei gelangten wir schließlich in den Rhein und zwischen die sonnigen Hügel des Maintales.

Die Heimat war mir nicht fremd geworden, aber vieles hatte sich verändert, was mich nachdenklich stimmte. Ein neuer Anfang mußte gefunden werden.

Deck und Cockpit der *Solveig* waren mit Ruß und Staub der Straßen und Fabriken bedeckt.

Von Nürnberg aus setzten wir die Reise nach Regensburg auf Rädern fort, bis sich beim Anblick des Domes der Kreis dort wieder schloß, wo die Fahrt, viereinhalb Jahre vorher, ihren Anfang genommen hatte.

Anhang

Mein Schiff

Die Solveig III

In der Scheune eines alten Bauernhauses bei Eggstätt am Chiemsee wurde die *Solveig III* im Winter 1966/67 „geboren“. Sie verließ die wannenartige Mulde, in der ihr Körper aus Glasfaser und Polyester gespritzt worden war, als 77. Boot der „Condor“-Klasse.

Ihr Konstrukteur und Erbauer Helmut Stöberl hatte die kleine Fahrtenyacht mit der Absicht entworfen, daß sie sowohl auf einem Binnensee als auch auf dem Meer gesegelt werden sollte. Der Kiel und der Bleiballast sind deshalb mit Bolzen unter dem Rumpf befestigt, damit beide bei einem Transport auf dem Anhänger abgeschraubt werden können.

Länge über Alles	7,30 m	*Segelausrüstung:*
Breite über Alles	2,30 m	
Tiefgang	1,30 m	1 Großsegel normal
Gewicht ca.	2 t	1 Großsegel 4/5 Größe
Ballast ca.	700 kg	1 Genua
Segelfläche mit Fock I		2 Fock I
und Großsegel	26 qm	2 Sturmfock
Hilfsmotor: Farymann-Diesel	9 PS	1 Fock II
Wassertanks:	je einmal 80 Liter	Mast und Großbaum sind aus
	und 40 Liter	Aluminium
Kraftstofftank:	30 Liter	

Meine Ausrüstung

Bevor ich mit der *Solveig III* zum zweiten Mal auf Weltumsegelung ging, ließ ich die Inneneinrichtung sowie verschiedene Anlagen des Bootes auf meiner Werft am Starnberger See von Grund auf umgestalten.

Der neue Motor wurde weiter nach mittschiffs gesetzt, um ihn leichter warten zu können und das Gewicht besser zu verteilen.

Die gesamte Pantry wurde neu konstruiert mit einem einschiebbaren Primus-Petroleumkocher. Ich halte Petroleum noch immer für den sichersten und preisgünstigsten Brennstoff, der zudem fast überall erhältlich ist. Ein Niro-Spülbecken mit einem kleinen Gaskocher (für Notfälle) wurde eingebaut, dazu je eine Handpumpe für Süßwasser aus den beiden Tanks und für Salzwasser zum Geschirrspülen.

Ferner konnte eine Reihe von Schubladen und Schränkchen untergebracht werden, in denen ich meine Navigationsbücher, Aktenunterlagen, Kleinteile, kleine Werkzeuge, Besteck, Tonbandkassetten und einen Teil des Filmmaterials aufbewahrte.

Für Kleidung und Schuhe sowie Haushaltswäsche war mittschiffs ein Schrank eingebaut und gegenüber der Raum für das Pumpklosett. Meine Lebensmittel, insbesondere Konservendosen für etwa vier Monate, verstaute ich unter den Steuerbordkojen auf der ganzen Länge des Bootes.

In der folgenden Liste sind die wichtigsten Ausrüstungsstücke, die ich für meine Reise an Bord genommen hatte, zusammengefaßt.

Allgemeine Ausrüstung:

1 CQR Anker, 25 Pfund
1 Patentanker
1 Stockanker
20 m Ankerkette 8 mm
Ankerleinen, Festmacher, Schoten, Flaggenleinen, Fallen u. a. Tauwerk
Alle Arten von Schäkeln, Bolzen, Blöcken
Die Flaggen aller besuchten Länder
Segelgarn, Segelreparaturbeutel
Taucherbrille und Schnorchel
1 Wecker
2 Petroleumlampen
Diverse Fender und Schläuche
Papiere und Unterlagen
Büromaterial
2 Paar Bootsstiefel
2 Paar Bootsschuhe
2 x Ölzeug
2 Paar Gummihandschuhe

1 Rucksack
Mehrere Kanister für Wasser, Petroleum und Spiritus
2 Kassettenrecorder und Kassetten
1 Paar Kopfhörer
1 Transistorradio (Weltempfänger)
1 Gaslampe
1 Schiffsuhr
1 Schreibmaschine
1 Spiritus-Vervielfältiger
Dokumente und Gebrauchsanweisungen

Haushalt:

3 Wolldecken
Bettwäsche
Haushaltwäsche
Kleidung
Schuhe
2 Eimer
2 Taschenlampen
Kochtöpfe
Porzellan- und Plastikgeschirr
1 Wollmatratze
Plastikschüsseln zum Waschen
Putzmittel und Waschpulver
Lappen
Besen
Eßbesteck für 3 Personen
Küchenmesser, Taschenmesser
Feuerzeuge und Streichhölzer
Bürsten und Schrubber

Navigationsgeräte:

1 Sextant, 1 Reservesextant
1 Satz Sextantspiegel und Schrauben
1 Peilkompaß
1 Handkompaß
1 Funkpeiler
1 Echolot 120 – 240 Meter umschaltbar
1 VDO Sumlog
1 Windmeßanlage für Windrichtung und Windgeschwindigkeit
1 Fernglas 7 x 42
1 Quartz-Schiffsuhr
1 Barometer
1 Hygrometer
1 Thermometer
Kursdreiecke, Zeichengerät
Etwa 200 Seekarten
1 Taschenrechner TI 59 mit Ladegerät

Motor:

1 Dieselmotor 9 PS mit Hydraulikantrieb direkt auf die Propellerwelle
1 angebauter Generator für 12 V zum Nachladen der Batterien
2 Batterien Dryfit je 36 Ah
1 Starterbatterie 55 Ah
2 Amperemeter für Ladung und Verbrauch
2 Voltmeter
1 Betriebsstundenzähler
1 Verteiler- und Sicherungskasten „Bordnetzverteiler“
1 elektrische Lenzpumpe

Elektrische Leitungen für Lampen, Positionslampen, Salinglampen, Rasierer, Steckdosen, Radio, Ladegeräte der Filmkameras
1 Generator (2 PS) für wahlweise 220 V Wechselstrom oder 12 V Gleichstrom

Werkzeuge:

1 Meßbrücke für die Überprüfung elektrischer Anlagen Volt, Ampere, Ohm
1 Säureheber für Batterien
1 Bohrmaschine zum Bohren, Schleifen, Sägen (220 V)
1 großer Werkzeugkasten mit allen Zangen, Schlüsseln, Gewindebohrern, Bohrern, Hammer, Feilen etc.
1 Kasten mit diversen Schrauben, Muttern, Bolzen in Messing und Niro
1 großer Kasten mit Ersatzteilen aller Art für Kocher, Lampen, Geräte
1 Kasten Ersatzteile für elektrische Anlagen
1 Kiste Ersatzteile für Dieselmotor und Außenbordmotor sowie Generator
1 Satz Schiffsfarben für Unterwasseranstrich sowie Lacke für Aufbauten (12 Dosen)
Diverse Spezial-Leime sowie Plastikmasse für Reparaturen an Motor, Geräten und am Bootskörper, auch unter der Wasserlinie. Dichtungsmittel, Öle, Fette, Klebebänder, Sandpapiere, Schleifpapiere, Poliermittel, Pinsel.

Foto- und Filmgeräte:

2 Filmkameras Super-8 Nizo
2 Leicas M 4
5 Objektive
1 Blitzgerät
1 Scheinwerfer mit Akku
1 Unterwassergehäuse
2 Stative
2 Fernauslöser
(mechanisch und elektrisch)
1 Filmentwicklungsdose
1 Satz Flaschen für die Chemikalien
1 Wechselbeutel
1 Vergrößerungsgerät
1 Dunkelkammerlampe
1 Satz Schalen für Entwickler, Zwischenbad, Fixierbad
Größere Mengen Filmmaterial in Farbe und Schwarzweiß

1 Trockenpresse 220 V mit Hochglanzplatten, Schwämmen und Chemikalien
1 Karton mit Vergrößerungspapieren verschiedener Formate schwarzweiß

Bücher:

22 Seehandbücher
deutsch und englisch
Diverse Leuchtfeuerverzeichnisse,
Tidentafeln
1 Reed's Almanach
Nachschlagewerke
Romane
Wörterbücher

Seenotausrüstung:

1 Preßluftflasche zum Aufblasen
des Schlauchbootes
2 Schwimmwesten mit Signalmitteln
1 Leuchtpistole
1 Satz Signalraketen mit Fallschirm
1 Signalhorn
1 Handblitzgerät
1 Handscheinwerfer
1 Satz Signalflaggen
1 große Reiseapotheke mit Medikamenten, Verbandsmaterial, Spritzen und weiterem Material zur ersten Hilfeleistung

Schlauchboot:

1 Schlauchboot für 4 Personen mit 2 Paar Riemen und 5 PS Außenbordmotor
1 Luftpumpe, 1 Lenzpumpe, Benzinkanister, Bodenbretter, Reparaturmaterial

Segeln über Ozeane

Um lange Seetörns alleine durchhalten zu können, hatte ich bestimmte Wege gefunden, die Gefahren soweit wie möglich herabzusetzen.

Die größte Belastung und Ursache für viele Fehlleistungen oder gar Unfälle ist die Müdigkeit, der Feind Nr. 1 des Alleinseglers. Deshalb sollten zunächst einmal die Segel leicht zu bedienen sein. Ich habe auf einen Spinnaker verzichtet und sogar das normale Großsegel und die Genua während der vier Jahre nur an wenigen Tagen eingesetzt. Stattdessen fuhr ich für gewöhnlich das verkleinerte Groß (4/5) und die Arbeitsfock (Fock I). Mit einer zweiten Fock I konnte ich unter Doppelfock segeln, wobei das Groß natürlich vorher geborgen wurde.

Bei Windstärken ab 6 und darüber barg ich die Doppelfock ganz und setzte zwei kleine Sturmfocks.

Auf diese Weise war die *Solveig* nicht gerade „schnell", aber mit so wenig Segelfläche ging ich kein unnötiges Risiko ein, und der tatsächliche Zeitverlust war so gering, daß er kaum ins Gewicht fiel. Was machte es schon aus, ob ich für eine Überfahrt 52 oder 53 Tage benötigte!

Dagegen gewann ich nicht nur Sicherheit für die Segel selbst (ein Satz Segel genügte mir für die ganze Reise) und für das Rigg, sondern ich wurde bei weniger Krängung und verminderter Geschwindigkeit des Bootes auch nicht so schnell müde.

Meiner Meinung nach ein hoher Gewinn für einen niedrigen Preis!

Um aber überhaupt schlafen, essen, arbeiten und ruhen zu können, mußte ich das Boot dahin bringen, daß es sich selbst steuerte. Mit einer guten Selbststeuerung, die das Boot stetig auf dem richtigen Kurs hielt, war zudem noch ein beträchtlicher Zeitgewinn verbunden. Ohne Unterbrechung segelte ich Tag und Nacht, die durchschnittlichen Etmale betrugen 80–100 Seemeilen.

Fast alle kleinen Yachten fahren heutzutage eine sogenannte „Windfahne" am Heck, mit deren Hilfe über eine komplizierte Mechanik ein spezielles Ruder gesteuert wird, welches das Boot auf dem richtigen Kurs hält. Als ich meine erste Atlantik-Überquerung im Jahre 1963 vorbereitete, waren derartige Anlagen noch kaum erhältlich. Ich war gezwungen, mir ein eigenes Selbststeuersystem auszudenken.

Auch bei späteren Reisen verzichtete ich auf eine Windfahne, weil meine Einrichtung zuverlässig arbeitete, nichts kostete und in keiner Weise reparaturanfällig war. Nur selten verließ ich die Kajüte, in der ich vor Wasser, Sonne und Wind geschützt arbeiten konnte. Wenn keine Kurskorrektur nötig war und kein Segelwechsel, brauchte ich die Pinne manchmal für Tage oder sogar Wochen nicht anzufassen.

Unter solchen Voraussetzungen konnte ich mit meinen Kräften so gut haushalten, daß ich außergewöhnlichen oder plötzlichen Anstrengungen immer gewachsen war.

Selbststeuerung

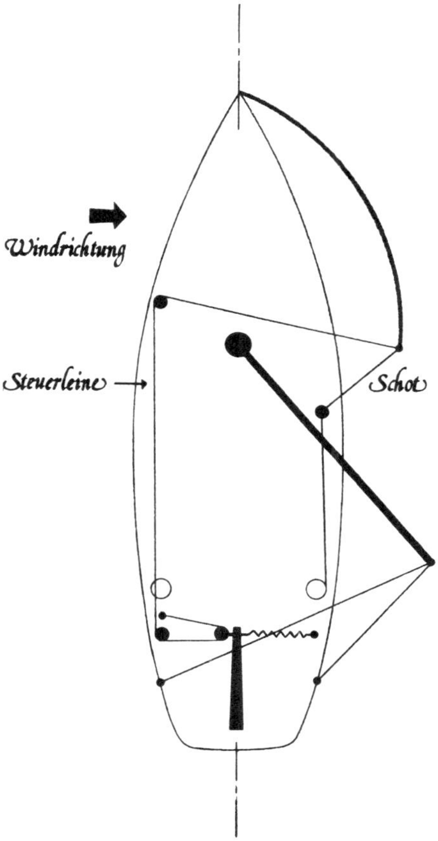

Selbststeuerung bei normaler Besegelung

Wenn sich das Boot gegen die Windrichtung aus dem Kurs bewegt, also anluvt, verstärkt sich der Druck im Vorsegel, und die Steuerleine wird angezogen, die Pinne nach Backbord bewegt. Das Boot fällt ab, es steuert nach Lee. Der Zug der Steuerleine wird auf der anderen Seite durch einen Gummistropp ausgeglichen.
Geht der Bug nach Lee, fällt also vom Wind ab, so vermindert sich der Zug auf der Pinne, und der Gummi zieht diese zurück nach Steuerbord. Das Boot luvt an.

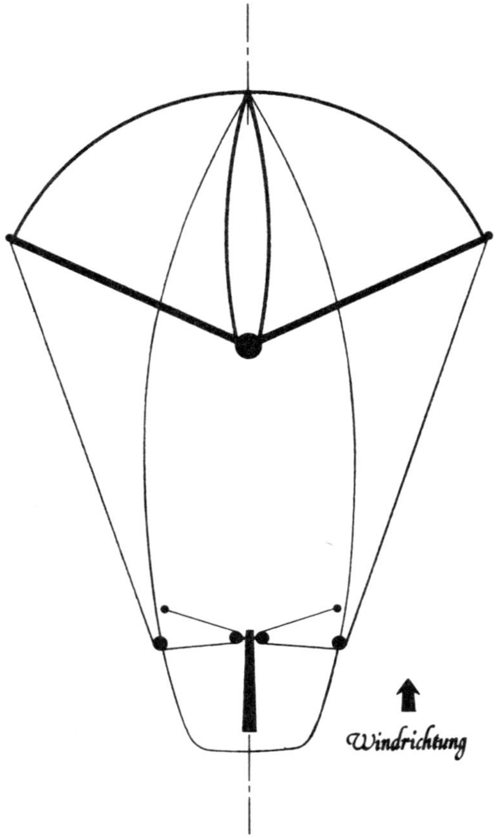

Selbststeuerung unter Doppelfock

Mit zwei Vorsegeln, die an den Vorstagen oder fliegend gefahren werden, läuft die Yacht vor dem Wind. Die beiden Segel sind ausgebaumt und werden durch Achterholer in der gewünschten Stellung gehalten. Wird die Pinne nur mittschiffs festgezurrt, so läuft das Boot meist von selbst mit dem Wind.
Ich hatte die Achterholer, wie aus der Abbildung ersichtlich, über eine Scheibe mit der Pinne verbunden und über eine weitere Scheibe an der Pinne an einer Klampe belegt. Auf diese Weise war es mir möglich, den einen oder den anderen Achterholer zu fieren und dadurch bis zu 15° im Kurs von der Windrichtung nach beiden Seiten abzuweichen.

Navigation

Während meiner Ozeanüberquerungen bestimmte ich täglich oder jeden zweiten Tag die Position durch die Berechnung von Standlinien mit Hilfe des Sextanten und der Nautischen Tafeln. In den tropischen Regionen, in denen ich die meiste Zeit verbrachte, war die Sonne fast alle Tage – zumindest zeitweise – zu sehen, dazu der Mond oder einer der Planeten. Eine kurze Messung, den Almanach und die Tafel richtig aufschlagen, die nötigen Werte entnehmen, ein paar Rechnungen auf einem Blatt Papier, und eine Höhenlinie konnte in die Karte eingezeichnet werden. Dies dreimal nacheinander in Abständen, und der Schnittpunkt der drei Linien ergab den Standort. Die astronomische Navigation ist so einfach geworden, daß es für eine kleine Yacht auf See keine bessere Methode der Positionsbestimmung gibt.

Außer dem Nautischen Almanach verwendete ich die Tafeln H. O. 249, auf dem letzten Teil der Reise auch einen programmierbaren Rechner TI 59 mit Navigations-Modul. Das Gerät arbeitete schnell und zuverlässig, ich konnte mir die Rechnungen auf dem Papier ersparen. Es sind jedoch bei der Benutzung des Rechners die gleichen Kenntnisse erforderlich wie für den Gebrauch der Tafeln, und diese sollten ohnehin immer an Bord sein, falls das elektronische Gerät beschädigt wird oder aus anderen Gründen ausfällt.

Mein Sextant war ein alter englischer Heath mit Nonius-Ablesung aus dem Jahre 1919, den ich seit meiner ersten Langfahrt vor 20 Jahren an Bord hatte.

Bei der Sextant-Messung hielt ich eine Stoppuhr in der Hand und zog danach in der Kajüte die gestoppten Sekunden von der abgelesenen Chronometer-Zeit ab. Eine Quartz-Schiffsuhr diente als Chronometer, und ich konnte mit meinem Spezial-Kurzwellenempfänger zu jeder Stunde ein Zeitzeichen empfangen, um die Genauigkeit der Uhr zu überprüfen.

In Küstennähe navigierte ich mit dem Kompaß, dem Log, einem Peilkompaß und – vor allem nachts – auch oftmals mit dem Echolot. Die gemessene Tiefe konnte ich dann mit der Karte vergleichen und wußte ungefähr, in welchem Abstand von der Küste ich mich befinden mußte.

Das Echolot sollte mindestens bis zu einer Tiefe von 120 Meter anzeigen, um für die Navigation in dieser Weise nützlich zu sein.

In nördlichen Regionen, in denen häufig Nebel und Bewölkung aufkommen, wäre ein Radargerät sicher vorteilhaft. Es ist allerdings die Frage, inwieweit sich das umfangreiche Gehäuse auf einer Yacht anbringen läßt und ob genügend Batteriekapazität zur Verfügung steht.

Mein Funkpeiler war leider zu schwach, um wirklich von Nutzen zu sein. Ich werde in Zukunft in diesem Punkt nicht sparen, sondern ein empfangsstarkes Gerät mitnehmen; auch wenn ich es nur selten benötige, so steht doch bei den wenigen Malen immerhin die Sicherheit des Bootes auf dem Spiel.

Für meine Fahrt brauchte ich eine große Zahl von Seekarten, zumal ich die Ozeane nicht nur überquerte, sondern mich lange Zeit in den Inselgruppen des Pazifik aufgehalten und dabei an die 180 Ankerplätze und Häfen angesteuert habe. Hierzu sind jeweils Karten in großem Maßstab erforderlich, die ein genaues Bild der Insel, der Riffe oder sonstiger Gefahrenstellen geben.

Der Einkauf von Seekarten in überseeischen Hafenstädten ist schwierig, da die Lager meist unvollständig und die gewünschten Karten nicht greifbar sind. Außerdem werden erhebliche Preiszuschläge als Versandkosten berechnet. Es lohnt sich also, möglichst alle Seekarten vor Antritt der Reise zu besorgen. Ich holte mir meine Karten in London, ließ mir weitere Spezialkarten von Pazifikinseln aus den USA kommen; darunter befand sich sogar eine original deutsche Seekarte aus der Kaiserzeit von 1914 für den Bismarck-Archipel!

Verzeichnis der im Text verwendeten Fachausdrücke

Abdrift – durch den Wind verursachtes, seitliches Abtreiben eines Bootes
achteraus – vom Schiff aus nach hinten oder hinter dem Schiff
Achterholer – Leine zum Trimmen (Halten) des → Spinnakerbaumes
achterlich – von hinten kommend
achtern – hinten
Achterstauraum – Stauraum hinter dem → Cockpit
anpreien – ein Schiff laut anrufen, z. B. durch ein Megaphon
Antifouling – spezielle Giftfarbe zur Verhinderung von Bewuchs am Unterwasserschiff
auflandig – Wind, der von See kommt und auf das Land gerichtet ist
austrimmen (der Segel) – die Segel in ihre bestmögliche Stellung zum Wind bringen

backbord – die linke Seite eines Schiffes
Baum – eine → Spiere, die beweglich am Mast befestigt ist und ein Segel hält, z. B. das → Groß am Großbaum. Ein Baum kann aus Aluminium oder aus Holz gefertigt sein
beidrehen – Manöver, um das Boot so zu legen, daß es möglichst wenig Fahrt voraus macht
Bilge – Raum unter den Bodenbrettern, wo sich alles Wasser sammelt
Bug – vorderes Ende eines Schiffes
Bugbeschlag – Stahlbeschlag am → Bug, an dem → Vorstage und Segel befestigt werden
Bugkorb – Reling aus Stahl zur Sicherung beim Segelsetzen
Bug segeln, auf dem – auf einer Seite segeln, d. h. das Boot liegt durch den Winddruck nach einer Seite über

Cockpit – der im hinteren Teil des Bootes liegende offene Sitzraum
Crew-List – gesetzlich vorgeschriebene Namensliste der Besatzung mit Angaben über Alter, Geburtsort, Nationalität und Paßnummer für Zoll und Polizei

Dingi – kleines Beiboot
dümpeln – unregelmäßiges Geschaukel bei Windstille oder am Ankerplatz
Dünung – Wellenbewegung des Wassers, die von einem nachlassenden oder nicht mehr vorhandenen Wind hervorgerufen wurde

Echolot – elektronisches Gerät zur Bestimmung der Wassertiefe mit Hilfe des Schalles
einpicken – einhaken
Etmal – die in 24 Stunden von einem Schiff zurückgelegte Strecke – von 12 Uhr mittags bis 12 Uhr mittags –

Fall – Kunststofftauwerk oder Stahlseil zum Setzen eines Segels
Fender – aus Plastik, Gummi oder Faser hergestellter, weicher Ball, der ein Schiff vor Beschädigung an einer Hafenmauer oder → Pier schützt
Festmacher – Leine zum Festmachen des Bootes
Flunke des Ankers – der spitze „Arm" eines Ankers, der sich in den Grund eingräbt
Fock – gewöhnlich dreieckiges Vorsegel, welches vor dem Mast steht

Genua – extrem großes und leichtes Vorsegel, das bei schwachem Wind gesetzt wird
GFK – Glasfaserverstärkter Kunststoff (Bootsbaumaterial)
Groß – Großsegel
Großfall – → Fall zum Setzen des Großsegels

Heck – der hintere Teil eines Bootes
hoch am Wind segeln – ein Boot im spitzen Winkel gegen die Windrichtung segeln lassen, in der Regel 40° – 50°

Immigration Police – Einwanderungspolizei, die mit der Kontrolle der in das Land einreisenden Personen betraut ist

justieren – genau einstellen

Kajüte – der geschlossene Wohn- und Schlafraum unter Deck
Kalmenzone – Gebiet häufiger Windstillen und schwacher Winde
kentern des Tidenstromes – Richtungswechsel des Gezeitenstromes
killen – Flattern des Segels
klarbringen – ordnen, entwirren
klar machen – bereit machen
Knoten – kn = Geschwindigkeit, 1 sm/Std.
Koje – fest eingebauter Schlafplatz an Bord
Koker – Rohrhülse bzw. Rohr, durch welches z. B. der Ruderschaft geführt wird
koppeln – Bestimmung des Standortes aus Zeit und ungefährer Geschwindigkeit
krängen – seitliche Neigung eines Bootes
Kreuzseen – unangenehmer → Seegang, der durch sich kreuzende Wellenzüge entsteht

Landfall – das Erkennen der Küste nach einer längeren Seereise
Lee – Richtung, in die der Wind weht

lenzen – auspumpen, trockenpumpen
Lenzrohre – Abflußrohre, durch die das Wasser in die See zurückfließt
Liek – die Kante eines Segels
Luk – verschließbare Öffnung im Deck
Luv – Richtung, aus der der Wind kommt

Marina – gewerblicher Bootshafen, gewöhnlich mit Tankstelle und Wasseranschluß
Masttop – die Spitze des Mastes
Monsun – jahreszeitlich bedingter Wind, der Winter und Sommer in entgegengesetzten Richtungen weht
Motu – kleine Insel auf einem Korallenriff

Nautische Tafeln – mathematische Tafeln, aus denen die Werte zum Zeichnen einer Standlinie entnommen werden können
Niedergang – Treppe an Bord eines Schiffes

Pantry – Kücheneinrichtung an Bord
Passat – durch die Erdumdrehung hervorgerufener Wind, der ganzjährig aus der gleichen Richtung weht (Osten)
Peilung – Richtungsbestimmung
Pier – Anlegebrücke für Schiffe
Pinne – in der Regel eine Holzstange, mit der das → Ruder von Hand bedient wird
Poller – meist eiserner Pfahl zum Festmachen von Leinen an Land oder auf einer → Pier
Positionslampen – vorgeschriebene weiße, rote und grüne Lampen, die nachts die Fahrtrichtung eines Schiffes erkennen lassen
pullen – „rudern", Bewegen eines Bootes mit zwei → Riemen

querab – Richtung senkrecht zur Längsschiffrichtung

reffen – die Segelfläche durch Rollen oder Falten verkleinern
Reffkurbel – Kurbel mit welcher der → Baum gedreht wird, um das Großsegel einzurollen, zu → reffen
Riemen – Ruderriemen (vom Laien meist als „Ruder" bezeichnet) zur Fortbewegung eines Ruderbootes
Rigg – die gesamte → Takelage, d. h. Mast, → Stage und Wanten einschließlich des beweglichen Tauwerks
rollen – seitliche Bewegung um die Längsachse des Bootes
Ruder – das Steuer eines Bootes

Ruderkopf – Beschlag mit dem die → Pinne am Ruderschaft befestigt wird
Rumpf – Bootskörper

Saling – Querstreben am Mast
Salinglampen – die an der → Saling angebrachten Lampen, mit denen das gesamte Deck beleuchtet werden kann
Schapp – kleines Fach im Boot
Schot – die Leine, welche ein Segel hält und mit deren Hilfe das Segel bedient oder dichtgeholt wird
Schott – eine Zwischenwand im Schiff
Schwell – → Dünung, die in einen Hafen hineinläuft oder durch vorbeifahrende Schiffe entsteht
Seegang – die durch den gegenwärtigen Wind erzeugten Wellen
Seemeile – sm = eine Bogenminute auf dem Gradsystem der Erde = 1,852 km
Sextant – Instrument zum Messen eines Winkels, in der astronomischen Navigation des Winkels zwischen Horizont und Gestirn
Slip – Schiene oder schräge Bahn auf der ein Boot aus dem Wasser gezogen wird
Slup – Segelboot mit einem Mast, einem Vor- und einem Großsegel
Speedometer – Geschwindigkeitsmesser
Spiere – Rundholz, z. B. → Baum
Spinnakerbaum – der → Baum, der den Spinnaker bzw. die → Fock ausspannt
Splint – Stift oder Ring, der einen Bolzen vor dem Herausrutschen sichert
Stag – Stahlseil zum Abstützen des Mastes
Steckschott – eine Türe, die eingesteckt wird, um den Eingang zur → Kajüte zu schließen
steuerbord – rechte Seite eines Bootes
Steuerleine – dünne Leine, mit deren Hilfe mit dem Vorsegel die → Pinne gesteuert wird (siehe Abb. S. 263)
Strom – Wasserströmung
Sturmsegel – kleines Segel aus besonders starkem Tuch, sehr fest genäht, um großem Winddruck standzuhalten
Süll – erhöhte Umrahmung des → Cockpits
Sund – natürliche Wasserstraße zwischen dem Festland und einer Insel oder zwischen zwei Inseln

Takelage – -Mast, -Bäume und alles bewegliche und nichtbewegliche Gut, welches notwendig ist, um Mast und Segel zu halten
Tampen – auch Ende genannt, ein Stück geflochtenes Tauwerk (Leine)
Tide – Gezeit
Tidenhub – Höhenunterschied zwischen Hoch- und Niedrigwasser

verholen – ein Boot entweder schleppen oder von Hand mit einer Leine ziehen, also nicht mit dessen eigener Kraft bewegen
Vorstag – das → Stag (Stahlseil), welches den Mast von vorne, also vom → Bugbeschlag aus, hält

wahrnehmen – die Leinen eines Bootes annehmen und festmachen
Windmeßanlage – elektronisches Gerät zum Messen von Windstärke oder auch der Windrichtung
Winsch – eine Winde

Literatur

Buck, Peter H.: Vikings of the Pazific, Chicago 1938
Cook, James: Captain Cook's Journal, London 1893
Forster, Georg: Reise um die Welt, Frankfurt/M. 1976
Hermann, B. und Bonnemaison, J.: New Hebrides, Papeete 1975
Luckner, Felix Graf von: Seeteufel – Abenteuer aus meinem Leben, Herford
MacLean, Alistair: Captain Cook, London 1972
Neale, Tom: Meine Trauminsel, Köln 1968
Robson, R. W.: Queen Emma, Sydney 1965
Uhlig, Helmut: Menschen der Südsee, Berlin 1974

Zusätzliche Quellen

Handbuch der Westküste Südamerikas, II. Teil, Hamburg 1969
National Geographic Nr. 6, Washington, Dezember 1974
Pazific Islands Year Book, Sydney 1978

Weltumsegelun

Grüne Routenführung: 2. Weltumsegelu
Rote Routenführung: 1. Weltumsegelu

Zurückgelegte

Regensburg – Istanbul 1564 sm
Istanbul – Gibraltar 2420 sm
Gibraltar – Las Palmas 940 sm
Las Palmas – St. Vincent (Karibik) 2950 sm
St. Vincent – Panama 1431 sm
Panama – Marquesas 4075 sm
Marquesas – Tahiti 825 sm

Tahiti – Fiji 2097 sm
Fiji – Rabaul (Neug
Rabaul – Samarai (
Samarai – Kapstadt
Kapstadt – Rio de J
Rio de Janeiro – Re
Recife – Cayenne 16